高等职业教育电子商务类专业系列教材

电子商务概论

第 4 版

杭俊 编著

在全球化和数字化的浪潮中，电子商务已崛起并成为推动经济发展的关键引擎。本书致力于构建一个全面、系统且紧跟时代脉搏的电子商务知识体系，旨在帮助学习者掌握电子商务的核心技能、理论与思维方式。

本书紧跟电子商务的发展新趋势，通过精心设计的项目式学习路径，深入挖掘电子商务的关键知识与技能。内容涵盖电子商务的起源、演进及其在现代实践中的应用，包括网络技术、视觉设计、安全与电子支付、营销管理、客户服务以及电子商务的管理规范等关键领域。

全书以课前思考为引导，通过8个精心设计的具体项目，结合"工具实操""场景实践""图文解说"等多样化内容，强化和提升学习者解决实际问题的能力。同时，在内容上融入了素养教育元素和创新创业视角，培养学习者的社会责任感和职业道德，同时激发学习者的创新思维和创业潜能，增强教学内容的时代感与教育价值。本书不仅是一本教材，更是一把钥匙，引领学习者深入探索电子商务的广阔天地。我们坚信，通过系统的学习，学习者将全面掌握电子商务的发展趋势，习得必要的专业技能，为未来的职业道路奠定坚实的基础。

本书适用于各院校的管理类、经济类、信息类专业学生，同时也适合其他专业学生及对电子商务感兴趣的人士阅读参考。书中的实验环节无须额外购买软件平台，为学习者的自主学习提供了便利。

图书在版编目（CIP）数据

电子商务概论 / 杭俊编著. -- 4版. -- 北京：机械工业出版社，2024.12. --（高等职业教育电子商务类专业系列教材）. -- ISBN 978-7-111-77125-8

I. F713.36

中国国家版本馆CIP数据核字第2024H3L560号

机械工业出版社（北京市百万庄大街22号　邮政编码100037）
策划编辑：乔　晨　　　　　**责任编辑：乔　晨　张美杰**
责任校对：樊钟英　李　婷　封面设计：鞠　杨
责任印制：常天培
固安县铭成印刷有限公司印刷
2025年1月第4版第1次印刷
184mm×260mm · 16.5印张 · 397千字
标准书号：ISBN 978-7-111-77125-8
定价：49.00元（含实操手册）

电话服务　　　　　　　　　网络服务
客服电话：010-88361066　　机 工 官 网：www.cmpbook.com
　　　　　010-88379833　　机 工 官 博：weibo.com/cmp1952
　　　　　010-68326294　　金　书　网：www.golden-book.com
封底无防伪标均为盗版　　机工教育服务网：www.cmpedu.com

前言

在信息技术的浪潮中，互联网技术的普及与发展已成推动社会变革的重要力量，引领我们进入一个充满活力的网络经济时代。电子商务在微观层面，影响企业的经营行为、组织管理模式以及消费者的消费行为；在宏观层面，它对国家的国际经济贸易关系、发展速度以及在全球经济中的竞争力都产生了深远的影响。企业已经认识到，电子商务不仅是一种趋势，更是在全球化市场竞争中生存和发展的关键。随着企业的快速发展，院校在培养电子商务人才方面也面临着新的挑战，需要紧跟社会发展的步伐，为企业培养和输送更多具备电子商务知识和技能的专业人才。

由于电子商务是信息技术与经营管理活动相结合的成果，它要求学习者不仅要掌握信息技术，还要具备企业管理和经营的知识。当前，许多教材偏重于技术视角的介绍，而忽视了电子商务中的商务核心问题。然而，随着电子商务的发展，它已经超越了纯粹的技术问题，融入了丰富的理论并逐渐形成自己的体系。因此，电子商务人才需要尽早构建起自己的电子商务理论体系，以在技术和管理两方面都具备竞争力。

本书采用"三阶八项目"的项目化教学设计。全书分"认识（溯源与发展）—探究（技术与管理）—初探（创新创业）"三个阶段，"认识电子商务""探究电子商务中的视觉设计技术""初探电子商务创新与创业"等8个项目，体现产教融合，反映实际工作逻辑，旨在为学习者打开电子商务领域的专业认知视角和构建专业知识体系。有效呈现"电子商务的道与术"是本书的编写理念。本书在编写视角上采用"技术和管理"双视角，遵循"以基础沿革为前导，技术技能为支撑，运营与双创为目的"的基本思路。技术主题的设计，充分考虑新时代互联网的发展和实际业务需要，涉及网络、视觉、安全与支付三个方面，管理主题回归电子商务的本质属性，从营销到客服再到创新创业，聚焦营销导向、创新变革、创业实践。

我们在保持前三版主体框架和特色的基础上，结合编者多年的电子商务教学与研究经验，从企业经营管理和从业者实战的角度出发，广泛吸收了国内外相关研究成果，并针对我国电商市场的发展现状，通过大量案例进行了系统介绍和细致分析。同时，响应政府对当代大学生自主创新与创业的号召，对全书内容进行了更新和修订，增加了时代发展的新元素，并对部分内容进行了增删。

本书的主要特点如下：

（1）内容上参标对标。依据国家电子商务专业教学标准，参考国家"1+X"证书制度及全国电子商务技能竞赛赛项要求编写，全书共分8个项目，基本涵盖电子商务领域现有专业知识与关键技术。

（2）设计上以任务驱动项目化实践。采用项目化编写模式，以"任务驱动"引领，对传统的理论知识教学进行创新，每个项目配有"工具实操""场景实践"，以工具实操形式巩固所学，以关键场景假设指引学习。

（3）配套上资源丰富多元。结合当前职教改革要求与智慧教材编写思路，配有教学计划、电子课件、在线课程等种类多样的教学资源和教学资源包，适合线上线下混合式教学。

（4）形式上灵活新颖。本书的设计相对新颖灵活，在具体内容上包含"素养园地"等育人元素，同时设计了"我的报告"页和"我的学习评价"页等师生交互表单，要求学习者在表单中提出自己"不理解的问题""发现与创新"，要求老师从"基本概念掌握""学习思路与语言表达""思考的正确性""综合得分"四个方面给学习者做项目测评。每个教学项目都是相对独立的学习任务群，达成具体的学习任务。

全书编写立意遵循"立德树人"的指导思想。以服务我国、区域经济发展为背景，让学习者坚定理想信念，培养积极担当的价值观、人生观。主张以朴素、灵活的方式，崭新、准确的数据，鲜活、翔实的案例，平实、生动的语言，将电子商务专业知识以丰富的内容与形式展现给学习者，以期让广大学习者学有所获。由于电子商务是一个不断发展和更新的领域，许多理论仍在成熟过程中，所以在编写本书的过程中，编者进行了适当的探讨，并在教学实施中留有取舍的空间。

本书的完成是集体智慧的结晶，编者在此对所有提供帮助和支持的个人和机构表示衷心的感谢。为方便教学，本书配备了电子课件等教学资源，选用本书作为教材的教师可以登录机械工业出版社教育服务网（www.cmpedu.com）或在线课程网站（http://mooc1.chaoxing.com/course-ans/courseportal/227373341.html）免费下载相关资源。咨询可致电：010-88379375，服务QQ：565862353。

电子商务的发展是不可逆转的趋势，它代表着经济发展的方向。自2001年我国首次试点开设电子商务专业以来，无论是在技术还是理论上，该领域已经历了巨大的变化。因此，我们的教材也必须与时俱进。编者希望通过本书与学习者共享成果，为同行提供参考，并以此自我激励。欢迎读者在使用中对本书提出宝贵意见。

目录

前言

项目一　认识电子商务 1
任务一　熟悉电子商务的产生与发展 2
任务二　识记电子商务的概念与影响 6
任务三　理解电子商务系统的结构与运作流程 10
任务四　熟悉电子商务工作岗位与能力需求 15
图文解说 18
场景实践 19

项目二　探究电子商务中的网络技术 23
任务一　熟悉网络的演变与发展 24
任务二　理解网络基础技术 27
任务三　识记和探究网络技术的应用 33
图文解说 40
场景实践 41

项目三　探究电子商务中的视觉设计技术 47
任务一　熟悉Web技术与网页设计基础 48
任务二　识记视觉设计的构成元素 54
任务三　运用与探究商品图片的拍摄与处理 61
任务四　探究电子商务视觉中常见的UI设计 64
图文解说 71
场景实践 72

项目四　探究电子商务中的安全与电子支付 77
任务一　熟悉电子商务中的安全问题与关键技术 78
任务二　识记电子商务中的安全协议和安全策略 92
任务三　识记和运用电子支付的概念与工具 98
任务四　理解和探究数据安全与数据合规 101

| 图文解说 | 105 |
| 场景实践 | 106 |

项目五　探究电子商务中的营销管理　111

任务一　识记网络营销的内容、理论与策略	112
任务二　运用与探究市场调研的方法	117
任务三　探究电子商务的选品与货源	121
任务四　运用与探究营销活动策划和文案写作	124
图文解说	129
场景实践	131

项目六　探究电子商务中的客户服务　135

任务一　熟悉和理解电商客服	136
任务二　理解与探究客户行为数据和行为模型	141
任务三　理解电子商务物流服务的内容、模式与技术	145
图文解说	155
场景实践	156

项目七　探究电子商务中的管理实务　161

任务一　熟悉电子商务领域常用法律法规	163
任务二　熟悉电子商务领域常用管理制度	167
任务三　理解电子商务领域的合规管理	170
图文解说	175
场景实践	176

项目八　初探电子商务创新与创业　181

任务一　理解创新与创业	182
任务二　探究电子商务领域的创新创业案例	186
任务三　探究电子商务发展中的新形态	189
任务四　理解新兴技术助力电商发展	193
图文解说	196
场景实践	198

参考文献　202

附　工具实操手册

project 1

项目一
认识电子商务

课前思考

亚马逊的诞生是偶然的吗？

1994年，一位名为杰夫·贝佐斯（Jeff Bezos）的年轻人在浏览互联网时无意间发现一组数据，该数据显示：网络用户在一年的时间里猛增了2 300%。这组数据让他发现了一个巨大的市场，在随后的日子里，他仔细分析了几乎所有市场上的现有商品，采用逐项淘汰的方法，最终选择书籍作为自己最初经营的商品。一个属于杰夫·贝佐斯的企业亚马逊（Amazon）网上书店在西雅图正式建立并投入运营，5年后年销售额超过了6亿美元。

亚马逊的巨大成功并不因为贝佐斯以前有过图书销售经验。他发现图书属于低价商品，易于运输，买家基本可以接受不验货先付钱购买的条件。同时，在图书行业里也存在这样一些有利因素：一方面，在全球范围内，每时每刻都有400多万种图书正在印刷，其中100多万种是英文图书。然而，即使是最大的书店也不可能库存20万种图书。另一方面，贝佐斯通过观察图书销售行业特有的供应商体系发现，图书市场上可以有很多出版商，但没有一个出版商能够垄断市场，也就是说，没有出版商能够制约亚马逊网上书店的图书供应，阻止其作为竞争者进入这个市场。正是这些因素和许多细节，让亚马逊网上书店成为电子商务历史上一颗璀璨的明星，贝佐斯也因此开创了电子商务的先河。

> **小贴士**
>
> 车库文化：翻开美国的畅销书《车库》，可以发现车库实在是人类进步的摇篮。叱咤风云的IT巨头雅虎（Yahoo）、惠普（HP）、苹果（Apple）、微软（Microsoft）、英特尔（Intel）、亚马逊（Amazon）……竟然都是从旧车库里走出来的！车库文化形成了一种创业精神。

学习目标

【知识目标】
➢ 熟悉电子商务的产生、发展、环境与条件。
➢ 理解电子商务的定义与内涵。

【能力目标】
➢ 能列举电子商务行业关键岗位,对岗位能力需求有清晰认知。

【素养目标】
➢ 树立正确的就业观和择业观。

任务一 熟悉电子商务的产生与发展

一、电子商务的产生

电子商务产生于 20 世纪 60 年代,发展于 20 世纪 90 年代。20 世纪 60 年代中期出现了计算机网络和电子商务的早期应用——电子数据交换(Electronic Data Interchange,EDI),20 世纪 90 年代成就了大多数基于互联网的电子商务企业。

世界上对于电子商务的研究始于 20 世纪 70 年代末,此时正值第四代计算机的产生与发展,这一时期计算机技术开始应用于社会的各个领域,其中数据库技术和网络技术,正是后来电子商务技术的最初基础。

电子商务的产生和发展不是偶然的,是市场发展的必然结果。它产生和发展的重要条件是:计算机的广泛应用、网络的普及和成熟、信用卡的普及与应用,以及政府的支持与推动。

1. 计算机的广泛应用

自 1946 年第一台计算机诞生以来,计算机技术的发展十分迅速,业界一直存在的"摩尔定律"等现象就很好地说明了这一点。处理器的处理速度越来越快,处理能力越来越强,价格越来越低,应用也越来越广泛,这为电子商务的应用提供了最基本的物质基础。

> **小贴士**
>
> 摩尔定律:计算机第一定律——摩尔定律,1965 年由英特尔公司(Intel)名誉董事长戈登·摩尔(Gordon Moore)提出。他在准备一个关于计算机存储器发展趋势的报告时发现,集成电路上可容纳的晶体管数目大约每隔 18 个月便会增加一倍,性能也将提升一倍。

2. 网络的普及和成熟

电子商务的应用与网络的发展是密切相关的。1969 年,科学家开始研发世界上第一个真正意义上的计算机网络阿帕网(Advanced Research Projects Agency Network,ARPAnet),历经数十年发展成为互联网。如今互联网已逐渐成为全球通信与交易的媒体。正因为互联网兼有传统通信媒体的特征，加之快速、可靠、高效、费用低廉的特点，全球网络用户呈几何级数飞速增长，形成了电子商务的市场环境。网络为电子商务的发展提供了应用条件，但网络发展的速度比电子商务的实际应用速度要快很多，这预示着机遇与风险是并存的。

> **小贴士**
>
> 几何级数增长：几何级数增长就是成倍数增长。

3. 信用卡的普及与应用

信用卡因方便、快捷、安全等优点而成为人们消费支付的重要手段之一，并由此形成了完善的全球性信用卡计算机网络支付与结算系统，同时也为电子商务中的网上支付提供了重要手段。欧美国家电子商务的飞速发展，很大程度上受益于信用卡消费制度。只有建立一整套完善的信用保障体系，才有可能解决电子商务的网上支付问题。2003年以前，我国电子支付体系的参与方是各大银行，网络银行为主的支付方式得益于银行信用保障体系的建立；2003年以后，随着以支付宝为代表的第三方机构涉足支付业务，我国的电子支付市场开始快速发展，为电子商务的发展提供了"闭环"支持。

4. 政府的支持与推动

政府为电子商务的发展提供了有力的支持，并指明了电子商务的发展方向。

1997年底，在亚太经济合作组织非正式首脑会议上，时任美国总统克林顿倡议世界各国共同促进电子商务的发展，引起了全球首脑的关注。同年，欧盟发布《欧洲电子商务协议》，美国随后发布《全球电子商务纲要》。

1998年11月18日，时任中国国家主席江泽民在亚太经合组织第六次领导人非正式会议上就电子商务发言时说，电子商务代表着未来贸易方式的发展方向，其应用和推广将给各成员带来更多的贸易机会。

数十年间，我国电子商务的发展始终与设备终端、互联网络、支付方式和政府推动等关键因素紧密关联。

（1）设备终端与网络发展。电子商务的设备终端已从计算机端渗透到手机端，随着芯片技术的发展逐渐延展到物联网领域。随着可穿戴设备和RFID（Radio Frequency Identification，射频识别技术）的发展，将来芯片可以植入任何物品，物品与物品间产生的各种关联变化将被技术联系在一起，产生更多的商业价值。

互联网络的发展一方面表现为网民基数、云计算、大数据等基础条件的发展，另一方面以"互联网+"的方式持续助力传统产业的转型升级。新产品、新模式层出不穷，应用场景不断被扩宽、延展。

（2）电子支付发展。在过去的十年，我国的电子支付迅猛发展。电子支付方式，特别是微信和支付宝，已经家喻户晓、广泛应用。随着中国人民银行（央行）推出数字人民币，即"DCEP"（Digital Currency Electronic Payment，数字货币电子支付），这一领域再次历经革命性变革。电子支付方式的变革，加速了各种经济活动。电子支付不仅是技术变革，更是国家监管乃至法律在该领域的创新与改革。

（3）政府的支持与推动。政府对电子商务的推动，通常表现在国家对电子商务长远发展和合规性约束等方面所出台的各类政策与法规。在我国，电子商务行业的主管部门主要包括：中华人民共和国商务部电子商务和信息化司、中华人民共和国工业和信息化部、中华人民共和国国家市场监督管理总局以及中华人民共和国互联网信息办公室。数十年间，各部门拟定了大量电子商务的相关标准、规则、法律法规，不断地推动我国电子商务的健康、快速发展。同时，电子商务行业也得到了清晰的定位，在《上市公司行业分类指引》（2012年修订）中，电子商务行业属于"F52 零售业"；在《国民经济行业分类》（GB/T 4754—2017）中，电子商务行业属于"F52 零售业—F5292 互联网零售"。可预见，在政府的有力推动和明确指引下，我国电子商务的发展将呈现去泡沫化、规范化的整合效应，新的增长动能和增长点将会持续显现。

二、电子商务的发展与启示

1. 电子商务发展概述

通常认为，电子商务历经了两个发展阶段：基于 EDI 的电子商务和基于互联网的电子商务。

（1）基于 EDI 的电子商务（20 世纪 60 年代至 20 世纪 90 年代）。20 世界 60 年代末期，美国的贸易商们在使用计算机处理各类商务文件时发现，由人工输入一台计算机中的数据，70% 来源于另一台计算机的输出文件，于是人们开始尝试在贸易伙伴的计算机上使用一套软硬件以实现数据的传递与转换。这样的做法显著地减少了人为因素在文件传递和处理过程中的干扰，大大提升了数据的准确性和人们的工作效率，EDI 应运而生。

> **小贴士**
>
> EDI（Electronic Data Interchange，电子数据交换）是将业务文件按一个公认的标准从一台计算机传输到另一台计算机的电子传输方法。由于 EDI 大大减少了纸质票据，因此，人们也形象地称其为无纸贸易或无纸交易。

（2）基于互联网的电子商务（20 世纪 90 年代至今）。20 世纪 90 年代中期后，互联网迅速普及，逐步从大学、科研机构走向企业和家庭，其功能也从简单的信息共享演变为大众化的信息传播。1991 年，商业贸易活动开始正式进入互联网领域并引发电子商务热潮。戴尔（Dell）、亚马逊（Amazon）等商业公司的成功，激发了人们对电子商务的普遍关注。

2. 基于中美视角的电子商务发展

对于电子商务的发展，如果从各国实际发展的视角来看，往往界定得更加清晰，同时也存在一定的差异。这里我们简单了解一下美国的电子商务发展和我国的电子商务发展。

（1）基于美国视角的电子商务发展。美国是全球电子商务发展最早的国家，一直走在世界的前列，引领着全球电子商务发展的潮流。作为这场电子商务运动的倡导者和推动者，美国国内的电子商务发展经历了以下四个阶段。

1）萌芽期（1991—1994 年）。1991 年，美国政府向社会公众开放互联网，允许在网上开发商业应用系统。1993 年，时任美国总统克林顿提出建设信息高速公路计划。1994 年，时任美国副总统戈尔进一步提出了建设全球信息高速公路的倡议，引起世界各国的强烈反响，全球出现了网络建设的热潮。

这一时期是全球电子商务的萌芽期。此间，随着互联网的兴起，众多美国网络公司纷纷成立，他们以提供信息聚集网络浏览者，吸引广告商投放广告而获得收入。

2）体验期（1995—1999 年）。1995 年，互联网上的商业业务信息量首次超越科教业务信息量，电子商务从此大规模发展。1996年，美国两大信用卡国际组织共同发起制定保障在互联网上进行安全电子交易、适用于B2C模式的安全电子交易协议（Secure Electronic Transaction，SET协议），并在全球推广。1997年，美国政府制定了全球电子商务市场框架文件，推动全球电子商务的自由竞争发展，美国和欧盟共同发表了有关电子商务的联合宣言。当年美国在网上开设的商店已达2万家。1998年初，美国政府宣布了三项免税政策草案，将网上购物这种商业形式与传统的贸易方式加以区别，用法律形式保护新型的电子商务市场。当年北美网上购物的人数达100万人次。从1998年开始，美国政府通过法案决定联邦政府机构的全部经费开支实行电子化付款，加快了美国全国金融的电子化、网络化。

这一时期可谓电子商务的体验期。企业与消费者之间的电子商务在这一时期兴起，据美国官方统计数据显示：1999年，美国第四季度B2C的交易额达53亿美元，占全部商品零售总额的0.64%。

3）成长期（2000—2004年）。这一时期，企业间电子商务（即B2B）兴起，企业之间通过电子商务的方式进行交易，以节约成本和提高效率。

美国国内制造协会2000年的一项调查表明：32%的制造商开始使用电子商贸技术进行商业交易，80%的公司有自己的网址，并通过互联网进行招标、购买等商业活动。网上B2B交易日益成为电子商务的重要组成部分，占据了美国国内80%的电子商务交易量。

4）成熟期（2005年至今）。近几年，美国的许多大型传统企业相继转向电子商务，并试图通过互联网简化商业流程，以节约成本，提高效率，全球电子商务迎来了发展的第四阶段并逐步走向成熟。

（2）基于我国视角的电子商务发展。

1）起步期（1990—1993年）。这一时期，EDI进入中国企业，企业业务处理开始使用标准化的信息、计算机、计算机网络。

2）雏形期（1994—1997年）。这一时期，政府组织开展"三金工程"，以金关、金卡、金桥三个工程为电子商务的发展构建了坚实的基础。1996年，国家成立信息化工作领导小组，统一领导我国信息化建设，同时于1996年正式开通我国金桥网与互联网的连接。1997年，我国互联网开始面向公众开放并提供服务。1997年，国内开始投放网络广告，全国第一家互联网公司诞生。

3）发展期（1998—2000年）。1998年3月，我国第一笔互联网网上交易成功。1998年10月，国家启动了以电子贸易为主要内容的"金贸工程"，以8848为代表的大批企业开通企业网站并为消费者直接提供产品和服务，电子商务开始进入实际应用阶段。

4）成熟期（2001年至今）。电子商务在随后二十余年的发展中，一直保持着良好的势头。随着新基建和商业操作体系的基本形成，我国电子商务发展的硬件条件和软件条件不断完善和创新。目前我国的电子商务已占全球互联网零售额的50%以上，与此同时，国产商品的交易占比也越来越高。随着技术模式、理念思维的不断创新与提升，电子商务势必迎来更好的发展。

3. 电子商务发展带来的启示

从美国和我国电子商务的发展过程来看，我们不难发现，其实两者之间在时间上的差距并不大，我国的电子商务发展弯道超车。究其根本，两者的差异主要来自市场机制的差别。

如何才能最大限度地发挥电子商务的作用？这就需要我们更加深入地了解现有的市场。对于这一点，在国内外同类企业面对中国市场展开的竞争中很容易发现：基本都是国内本土企业占据优势。由此可以说明，谁了解市场，谁就能将电子商务的优势发挥到极致。

互联网可以说是通信技术中最新也是最持久的革命。然而，任何一种新技术，在其发展初期，价值往往会被过高估计，规模盲目扩大，从而就会产生初期投资泡沫。电子商务也不例外。电子商务的起伏发展需要电子商务的业内人士更加理性地去面对。

电子商务消除了距离障碍，赋予了使用者更多选择权，有助于企业开发生产个性化强的差异化产品，除此之外，它还具有高速、廉价、可靠、高效的特点。它是旧式交易的破坏者，也是新式交易的缔造者。有了它，无论企业位居何处，都可以把商品卖给任何地方的终端用户（企业对消费者，Business to Customer，B2C）或者世界各地的其他企业（企业对企业，Business to Business，B2B）。个人之间也可以利用电子商务技术进行点对点（Peer to Peer，P2P）对等交易，交易双方可以通过网络讨价还价，交换商品或交换包括音乐、电影和书籍在内的数字产品。但是，电子商务的快速普及以及曾经有过的电子商务作为盈利商务模式的溃败，都预示着电子商务行业是一个高风险行业。

任务二 识记电子商务的概念与影响

一、电子商务的核心概念与内涵

1. 电子商务的概念

电子商务（Electronic Commerce，一般可写为 E-Commerce）的定义很多，主要是给出定义的角度不同，尚未统一。下面是一些有代表性的定义。

（1）学者角度的定义。美国学者瑞维·卡拉科塔和安德鲁 B. 惠斯顿在他们的专著《电子商务的前沿》中指出："广义地讲，电子商务是一种现代商业方法。这种方法通过改善产品和服务质量、提高服务传递速度，满足政府组织、厂商和消费者降低成本的需求。这一概念也用于通过计算机网络寻找信息以支持决策。一般来说，今天的电子商务是通过计算机网络将买方和卖方的信息、产品和服务联系起来，而未来的电子商务则是通过构成信息高速公路的无数计算机网络中的一个网络将买方和卖方联系起来的通路。"

（2）政府角度的定义。美国政府在其《全球电子商务纲要》中比较笼统地指出："电子商务是指通过互联网进行各项商务活动，包括广告、交易、支付、服务等活动，全球电子商务将会涉及全球各国。"

欧洲议会在《欧洲电子商务发展倡议》中给出的定义是："电子商务是通过电子方式进行的商务活动。它通过电子方式处理和传递数据，包括文本、声音和图像。它涉及多方活动，包括货物电子贸易和服务、在线数据传递、电子资金划拨、电子证券交易、电子货运单证、商业买卖、合作设计和工程、在线资料、公共产品获得等。它还包括产品（如消费品、专门设备）和服务（如信息服务、金融和法律服务）、传统活动（如健身、教育）和新型活动（如虚拟购物、虚拟训练）等。"

（3）企业角度的定义。IBM提出了一个电子商务的定义公式，即电子商务=Web+IT（Information Technology，信息技术）。它所强调的是在网络环境下的商业化应用，是把买方、卖方、厂商及其合作伙伴通过互联网（Internet）、企业内部网（Intranet）和企业外部网（Extranet）结合起来的应用。

除了以上罗列的定义以外，还有许多。各类定义分别从性质、内容、范围和技术等角度给出了对电子商务的不同诠释，这并不妨碍我们对电子商务概念的认识。电子商务不仅代表了一种新的商业运作模式，同时还将影响并改善企业现有的运作模式。

综上所述，我们不妨这样简单地认为："电子商务是利用一系列电子工具实现的商务活动的总称。"电子商务与传统商务最大的区别在于对于计算机技术、网络技术和远程通信技术等信息技术的使用，信息技术的使用实现了原有商务活动的电子化、数字化和网络化。

究其根本，电子商务是一种采用先进信息技术的买卖方式，相比具体活动而言，它是一种理念，是一种将"现代信息技术"和"商务"结合，构造一个虚拟市场的商业理念。

2. 电子商务的内涵

在很多人的意识中，电子商务就是在互联网上购物。但这一系列活动的产生包含着丰富的内涵：信息技术的产生和发展是电子商务开展的前提条件，掌握现代信息技术和商务理论与实务、使用电子商务并因此受益的人是电子商务活动的核心，系列化、系统化电子工具是电子商务活动的基础，以商品贸易为中心的各种经济事务活动是电子商务的对象。

（1）电子商务的前提。从中文的角度来看，我们也不难发现：电子商务的核心是"商务"，前提是"电子"。这里的"电子"是指现代信息技术，包括计算机技术、数据库技术、计算机网络技术。电子商务与传统商务的区别在于，电子商务利用了现代电子工具进行商务活动，而传统商务主要依赖手工系统来实现商务活动。这是非常明确的，有助于我们把握电子商务的实质。

（2）电子商务的核心。就前文的理解思路，很多人会很自然地将"商务"理解为电子商务的核心。但需要在这里指出：电子商务的核心是人。理由有三：①电子商务属于一种社会系统的形式，任何一种社会系统的核心必然是人；②无论多复杂的商务系统，围绕的都是其中各方人的利益，为人服务；③电子工具运用效果关键在人，最终是人发明并使用它。

基于电子商务核心的理解，我们也不难发现，电子商务人才对电子商务起到重要作用。什么样的人才才能符合电子商务行业的需要？答案是掌握现代信息技术、现代商贸理论与实务的复合型人才。

（3）电子商务的基础。电子商务的基础是"电子工具的使用"。正因为电子工具所指的范畴不同，电子商务分广义电子商务与狭义电子商务。广义电子商务的范畴较为宽泛，凡应用电子工具，如电报、电话、传真等从事的商务活动都称为电子商务，因此时间跨度较长。狭义电子商务范畴较为狭窄，针对性较强，主要应用以互联网技术为中心的成系列的、成系

> **小贴士**
>
> 电报与电话：1876年2月14日，美国发明家和企业家亚历山大·格拉汉姆·贝尔在美国专利局申请了电话专利权。实用电磁电报的发明，主要归功于英国科学家库克、惠斯通和美国科学家莫尔斯。1836年，库克制成电磁电报机，并于次年申请了首个电报专利。

统的电子工具。

（4）电子商务的对象。从社会生产发展的角度来看，任何行业都会包含这样一些基本活动：生产、流通、分配、交换、消费等。通过电子商务，我们可以提升各个环节的效率，减少不必要的消耗和浪费。简言之，所有可能挖掘出更多效益的对象，都可以作为电子商务的实施对象。这些对象就是以商品贸易为中心的各种经济事务活动。

二、电子商务的分类

为了更深入地理解电子商务的概念与内涵，我们有必要从分类角度了解电子商务的具体内容，电子商务的分类方式有很多种，这里简述三种。

1. 按电子商务交易过程划分

（1）交易前电子商务。交易前电子商务主要指的是买卖双方和参加交易的其他各方在签订贸易合同前的准备活动，如产品选择、合同拟定磋商等。

（2）交易中电子商务。交易中电子商务主要指买卖双方签订合同后到合同开始履行之前办理的各种手续过程，主要涉及中介方、金融机构、海关系统和税务、商检等环节。

（3）交易后电子商务。交易后电子商务是从买卖双方办完各种手续之后开始，卖方要备货、运输，与买方进行资金交割，售后服务和索赔环节也是这一阶段的服务内容。

2. 按电子商务交易对象划分

（1）有形商品电子商务。有形商品指的是占有三维空间的实体类商品。在这类商品的交易过程中，信息流和资金流基本可以在网上实现，但物流仍采用传统方式，故又称"不完全电子商务"。

（2）无形商品电子商务。无形商品指软件、电影、音乐、电子读物、信息服务等可以数字化的商品。无形商品网上交易与有形商品网上交易的区别在于，前者可以通过网络将商品直接送至买家手中，也就是说，无形商品电子商务完全可以在网上实现，因而这类电子商务属于"完全电子商务"。

3. 按电子商务参加主体划分

电子商务发展至今，参与其中的主体主要有三类：政府、企业和消费者。各类电子商务的相关文献上基本都采用这样的称谓：政府称为"G，Government"，企业称为"B，Business"，消费者称为"C，Customer"。这种分类方法就是讨论G、B、C三者之间的关系。

（1）企业间电子商务。企业间电子商务（Business to Business，B2B）是指进行电子商务交易的供需双方都是企业，他们使用互联网技术或各种商务网络平台，来完成商务交易的过程。这些过程包括：发布供求信息，订货及确认订货，支付过程及票据的签发、传送和接收，确定配送方案并监控配送过程等。早期习惯写作 BtoB，现在用 B2B 来表示。B2B 的典型代表有阿里巴巴、环球资源网、慧聪网等。B2B 按服务对象可分为外贸 B2B 及内贸 B2B，按行业性质可分为横跨不同行业的综合 B2B 和只涉足某一个行业的垂直 B2B。

（2）企业与消费者间电子商务。企业与消费者间电子商务（Business to Customer，B2C）是我国最早产生的电子商务模式，以 8848 网上商城正式运营为标志。B2C 即企业通过互联网为消费者提供一个新型的购物环境——网上商店，消费者通过网络购物、支付，描述的是一种企业与消费者间的电子商务模式，这种模式一方面节省了客户和企业的时间和空间，大大提高了交易效率；另一方面也更新了原有的市场概念，商家传统意义上的商圈被打破，客户扩展到了全国乃至全世界，形成了真正意义上的国际化市场。B2C 的典型有京东等，多数为传统企业在网络上开设的营销平台。

（3）消费者间电子商务。消费者间电子商务（Customer to Customer，C2C）是用户对用户的模式，在这里没有继续使用"企业"的称谓，因为这里的卖家由消费者个体扮演，这一模式早期交易的对象是大量的二手用品。C2C 商务平台就是通过为买卖双方提供一个在线交易平台，使卖方可以主动提供商品上网售卖，而买方可以自行选择商品进行购买。C2C 的典型有"淘宝网"等。

（4）企业与政府间电子商务。企业与政府间电子商务（Business to Government，B2G）指的是企业与政府机构之间进行的电子商务活动。例如，政府将采购的细节在互联网上公布，通过网上竞价方式进行招标，企业也要通过电子的方式进行投标。目前这种方式发展很快，因为政府可以通过这种方式树立政府形象，通过示范作用促进电子商务的发展。除此之外，政府还可以通过这类电子商务实施对企业的行政事务管理，如政府用电子商务方式发放进出口许可证、开展统计工作，企业可以通过互联网办理缴税和退税等业务。

综上所述，我们不妨使用数学排列组合的方式，将上述三类主体任意两两组合，就会形成多种电子商务的基本模式，如消费者（公民）与政府间电子商务 C2G。在这里需要说明的是，随着电子商务的发展，参与其中的各个主体的地位也会随着他们所发挥的作用发生变化，会有新的主体产生并发挥巨大作用，例如职业经理人（M，Manager），随着他在企业中作用的凸显，已经出现了类似企业与职业经理人间电子商务的类别（即 Business to Manager，B2M）。需要注意的是，B2M 针对的客户群是该企业或者该产品的工作者，而不是最终消费者。

除此之外，还有基于链状结构的"B2B2C"，如阿里巴巴在 2003 年凭借淘宝从 B2B 领域进入 C2C 领域，使用支付宝及相关服务将 B2B 和 C2C 连接在一起，组建了 B2B2C 的新业务模式。也就是淘宝用户可以从阿里巴巴进货，再到淘宝上销售。

三、电子商务的影响

电子商务对当今社会的影响是深远的，它意味着一种变革的力量。

1. 电子商务对企业的影响

（1）电子商务有助于企业快速树立良好形象。企业可以通过网站把自身及产品、服务的优势充分、低成本地展现在公众面前，形成良好的沟通渠道，并可随时改善自身的服务，以树立并保持良好形象，赢得潜在客户。

（2）电子商务有助于企业增强成本竞争优势。当企业通过网络采购生产原材料时，可以简化采购流程并将其透明化；当企业采取接到网络订单再进行实际生产的策略时，库存压力会得到最大限度的缓解；当企业投入营销宣传时，网络的覆盖面及影响力的性价比是传统媒体所不能匹敌的；与此同时，电子商务还可以对企业现有的组织结构、信息传递渠道进行改良，从而降低企业管理方面的费用。

（3）电子商务可以创造新的市场机会。电子商务可以每周 7 天、每天 24 小时运营，它的触角可以延伸到世界的每一个角落。在发现新的市场机会的同时,它还可以自己制造机会乃至市场,因为它具备将零散需求整合并规模化生产的能力。

2. 电子商务对消费者的影响

电子商务对消费者的影响主要表现在对其购买行为的影响上。因为可以很容易地货比三家,电子商务中的消费者可以有足够的时间理智地选择合适的商品,并主动表达对产品的需求甚至憎恶,告别了让自己常常陷入难以抉择的广告宣传。除了购物,电子商务也改变了人们日常的娱乐、休闲和学习方式,让生活变得更加丰富多彩。

3. 电子商务对市场的影响

电子商务的产生使得市场细分变得更加彻底,任何不同层面的消费需求都会很快被区分开来并区别对待,其最终产生的结果就是形成无数个充满个性需求的细分市场,于是"长尾效应"就产生了,企业也会因此而获利。

> **小贴士**
>
> 长尾效应:2004年10月,美国《连线》杂志主编克里斯·安德森(Chris Anderson)在他的文章中第一次提出长尾(Long Tail)理论。他告诉读者:商业和文化的未来不在热门产品,不在传统需求曲线的头部,而在于需求曲线中那条无限长的尾巴。长尾效应的根本就是要强调"个性化""客户力量"和"小利润大市场",也就是要赚每个人很少的钱,但是要赚很多人的钱。将市场细分到很细很小的时候,就会发现这些细小市场的累积会带来明显的长尾效应。

除了细分市场的形成,电子商务也改变了市场的准入条件。互联网代表了一个开放性的大市场,它使得企业无须庞大的商业体系,无须高昂的广告费用,无须众多的营销人员,而只需要一个网站,乃至一张网页,就可以打开市场,甚至是国际市场。

4. 电子商务对经济政策的影响

电子商务对于现有经济政策最主要的影响在于税收政策和货币政策。

税收政策是国家为实现其职能,凭借政治权力参与社会生产的再分配过程,强制获取财政收入的一种手段。税收是政府经济能力的主要来源。商业是现代社会税收的主要来源之一,电子商务作为一种新型的商业形式,必然会与税收发生联系。正因为电子商务发展所基于的互联网是开放性的,难以追根溯源,所以给政府税收带来了一定影响。

电子商务的主要内容和传统商务一样,是实现商品交易。既然是商品交易,就将涉及货币的支付问题。虽然现今随着银行卡的发展和各类保障性支付技术的出现(如支付宝),在一定程度上保障了货币的安全,但对货币政策是存在一定的干扰的。

任务三 理解电子商务系统的结构与运作流程

一、电子商务系统的结构

商务系统的流通体系一般包括信息流、资金流、物流和商流四个部分,如图1-1所示。

在完整的电子商务系统中,这一结构也同样适用,但需要指出的是,电子商务中的物流,因实物物流的客观存在并未实现完全的线上化。

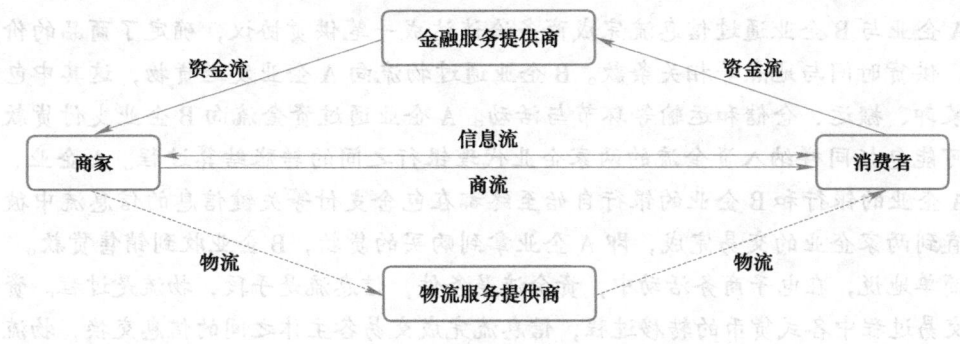

图1-1 商务系统的流通体系

1. 信息流

广义的信息流是指人们采用各种方式来实现信息交流,从面对面的直接交谈直到采用各种现代化的传递媒介,包括信息的收集、传递、处理、储存、检索、分析等渠道和过程。狭义的信息流是指信息处理过程中信息在计算机系统和通信网络中的流动。它包括商品信息的提供、商业贸易信息的传递和其他相关信息的描述。

2. 资金流

资金流就是指在营销渠道中随着商品实物及其所有权的转移而发生的资金往来。直接地说,资金流是指买家确认购买商品后,将自己的资金转移到卖家账户上的过程。

3. 物流

物流是指物品从供应地到接收地的实体流动过程。根据实际需要,将运输、储存、装卸、搬运、包装、流通加工、配送、信息处理等基本功能进行有机结合,从而实现实体的流动。对于大多数商品和服务而言,物流仍然要通过线下方式实现。

4. 商流

商流是指物品在流通中发生形态变化的过程,即由货币形态转化为商品形态以及由商品形态转化为货币形态的过程。随着买卖关系的发生,商品所有权发生转移。商流的存在意义并不在于体现流动,而在于解释和处理信息流、物流、资金流,三者间的时间差所产生的具体问题,如线上支付后尚未到货的现象。

综上所述,电子商务系统是实现以电子商务为基础的网上交易体系的保证。市场交易是由参与双方在平等、自由、互利的基础上进行的基于价值的交换,网上交易也遵循这个原则。信息沟通通过数字化的信息沟通渠道实现,因此大家都必须拥有相应的信息工具。在网上进行交易,交易双方在空间上是分离的,为保障等价交换的进行,必须提供相应的物流和支付方式。当然,进行这一切的前提是需求和购买欲望,因此商流是伴随交易始终并隐含其中的。

由此看出,一个基本的电子商务系统,必须从三个方面着手构建:信息流、物流和资金流。

案例

两家企业间的交易

A企业与B企业通过信息流完成商务洽谈达成一笔供货协议，确定了商品的价格、数量，供货时间与地点等相关条款。B企业通过物流向A企业发送货物，这其中包括包装、装卸、搬运、仓储和运输等环节与活动。A企业通过资金流向B企业支付货款，这其中可能包括同样纳入资金流的两家企业代理银行之间的转账结算过程。A企业、B企业、A企业的银行和B企业的银行自始至终都在包含支付等关键信息的信息流中彼此互动，直到两家企业的交易完成，即A企业拿到购买的货物，B企业收到销售货款。

简单地说，在电子商务活动中，资金流是条件，信息流是手段，物流是过程。资金流包括交易过程中各式货币的转移过程，信息流完成交易各主体之间的信息交换，物流实现物质实体（商品）的流动过程。在这个貌似简单的系统中，所有发生的流动都是具有价值并且相互作用的。电子商务的作用就是加快它们的流动，简化保障这个过程，乃至让物流、资金流和派生出来的其他流态能够提升到信息流的层面，最大化地体现电子商务的价值。

二、传统商务与电子商务的运作流程

1. 传统商务的运作流程

传统商务的运作流程与具体的商业业态有关，通常包含四个方面：

（1）交易前的准备。以纸质为主，进行商品信息的发布、查询和寻求匹配的过程。

（2）贸易磋商。贸易双方进行口头磋商或传递纸质贸易单证的过程。

（3）合同与执行。贸易双方签订纸质合同并执行的过程。

（4）支付与结算。贸易双方采用支票或现金等方式进行款项结算的过程。

小贴士

业态：业态一词来源于日本，是典型的日语汉字词汇，大约出现在20世纪60年代。萧桂森在他给清华大学职业经理培训中心编写的教材《连锁经营理论与实践》中，给业态下的定义是：针对特定消费者的特定需求，按照一定的战略目标，有选择地运用商品经营结构、店铺位置、店铺规模、店铺形态、价格政策、销售方式、销售服务等经营手段，提供销售和服务的类型化服务形态。

案例

传统业态——连锁超市

以最常见的连锁超市为例。这一商业业态以供应商为起点，消费者为终点，在具体的流程中，以"内仓"为中心，关注"配送中心—货架"的联系，如图1-2所示。

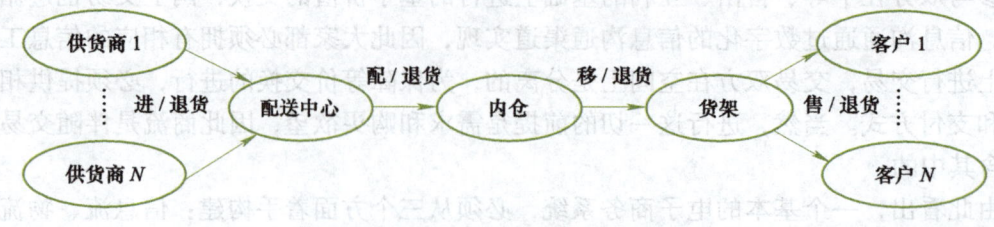

图1-2 连锁超市的简易商务流程

传统商务运作流程的局限性。因为传统商务多采用面对面直接交易或纸质单证往来的方式来进行,即物理接触方式。这通常会产生耗费时间长、花费高、库存占用大、生产周期长、客户服务不及时等具体问题。

2. 电子商务的运作流程

电子商务的运作流程相比传统商务,其不同主要表现在以下几个方面:交易的过程便捷、交易市场被延展、市场环境更加自由、商品与服务呈个性化细分。网络环境下商品/服务供需的基本实现如图1-3所示。

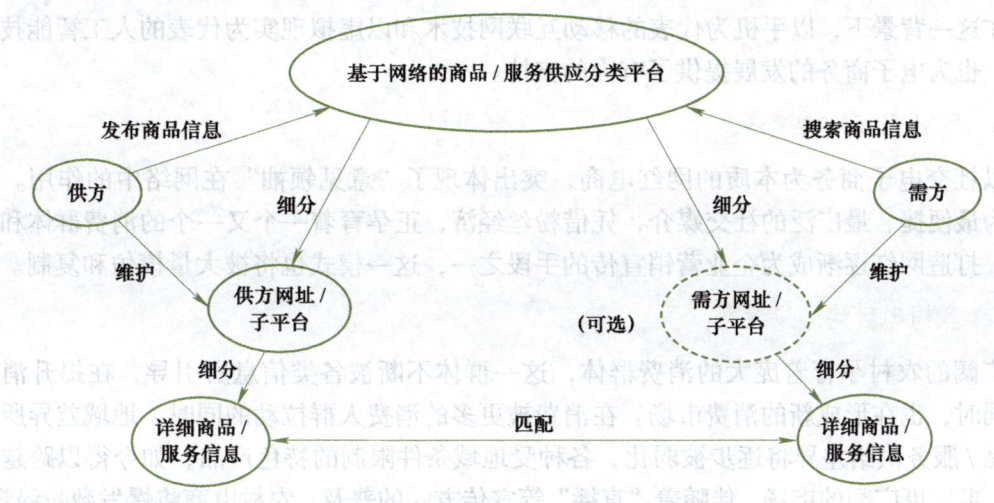

图1-3 网络环境下商品/服务供需的基本实现

电子商务的运作流程本质上是传统商务运作流程的继承与优化,主要区别是信息载体和信息处理方式在技术上的迭代与创新。传统商务与电子商务的对比见表1-1。

表1-1 传统商务与电子商务的对比

对比内容	传统商务	电子商务
信息提供	传统业务网络	互联网
流通渠道	企业——中间商——消费者	企业——消费者
交易对象	部分地区	全球
交易时间	规定营业时间内	全天候
销售方法	关系买卖	自由买卖
销售活动	销售方主导	双方对等
客户便利程度	受卖方条件限制(如地点)	以买方便利为前提
销售地点	实体空间	虚拟空间

三、电子商务未来的发展趋势

随着人口红利的逐渐消失、商家竞争的日益加剧、网民需求的不断变化和技术条件的快速发展,电子商务一直呈快速迭代与裂变的发展态势。

1. 传统企业转型电子商务

传统企业在竞争中得以存活、发展，往往依赖于其自身具有好的团队、好的供应链体系和稳定的管理体系等关键要素。在未来，将会有更多的传统企业借助自身原有的要素优势，特别是供应链体系，独立或"抱团"，实施互联网转型升级，拓展网络业务。

2. O2O 模式将快速发展

电子商务线上体验感的不足，是一个"先天劣势"，将线上和线下交易活动相结合可以弥补这一短板。由此可见，O2O（Online to Offline，线上线下）模式将迎来快速发展和深化。在这一背景下，以手机为代表的移动互联网技术和以虚拟现实为代表的人工智能技术的发展，也为电子商务的发展提供了有力的支持。

3. 网红电商的持续升温

以社交电子商务为本质的网红电商，突出体现了"意见领袖"在网络中的作用。互联网作为最便捷、最广泛的社交媒介，凭借粉丝经济，正孕育着一个又一个的消费群体和消费市场。打造网红逐渐成为企业营销宣传的手段之一，这一模式也将被大量模仿和复制。

4. 农村电商将迎来爆发

广阔的农村孕育着庞大的消费群体，这一群体不断被各类信息所引导，在提升消费能力的同时，也在形成新的消费市场。在消费被更多的消费人群拉动的同时，地域差异所带来的产品/服务供给差异将逐步被弱化，各种受地域条件限制的特色产品，如今得以跨越地理障碍，走向更广阔的市场。伴随着"直播"等宣传方式的普及，农村电商将爆发数量级激增。

5. 跨境电商也将迎来新的发展时期

近年来，随着我国"一带一路""互联网+"等倡议和政策的不断推出，逐渐消除了跨境电商的贸易和投资壁垒，政策红利使跨境电商行业整体呈现良好的发展态势。跨境电商分出口电商和进口电商。相较更依赖于政策利好的出口电商，进口电商也随着我国中产阶级需求规模的扩大得以快速发展。不同关境间交易主体的电子交易，更具体地体现了网络空间和连接行为的存在价值。

> **小贴士**
>
> 我国跨境电商发展的四个时期：①代购时期。2005年，国内兴起个人代购，以海外留学生和具有频繁出国条件的职业群体为代购主体，消费者一般为与代购主体有社交关联的亲戚好友，消费群体相对小众，普及度不高。②海淘时期。2007年前后，随着消费者对跨境商品需求的增加和对代购商品真伪的鉴别要求不断提高，形成了相对稳定的买方市场和卖方市场，消费群体逐步扩大，商品种类愈加丰富。③跨境电商进口时期。2014年前后，流程烦琐的海淘催生了跨境进口电商平台，同时针对平台的政策不断出台，使跨境进口电商飞速发展。④跨境电商趋近成熟期。随着2019年《中华人民共和国电子商务法》的正式实施，针对跨境电商的业务监管进一步得到规范，越来越多的消费者参与跨境购物。

总的来说，电子商务的发展在政府的监管和助力下日趋规范。我们相信，随着电子商务企业与消费者的社会责任意识逐渐加强，销售与消费模式的不断多元与创新，电子商务未来的发展将会有更广阔的前景。

任务四　熟悉电子商务工作岗位与能力需求

一、电子商务工作岗位

电子商务涵盖的范围非常广，企业的需求和高校的培养目标，在不同的发展时期差异也比较大，但从主流上来看，电子商务工作岗位可以分为技术类岗位、商务类岗位和综合管理类岗位三个类别。

1. 技术类岗位

（1）典型职位：网页设计师（或平面设计师）。

1）典型工作任务。基于 PC 端或移动端的网销产品的色彩、版式设计与页面布局。

2）知识要求。熟练掌握色彩搭配与视觉设计的基本知识、设计流程、常用处理软件。

3）能力要求。具备独立进行页面创意策划和设计能力。

（2）典型职位：网站维护工程师。

1）典型工作任务。网站前后台的开发、制作、修改和升级；网站专题、功能模块制作及测试；网站软硬件设施安全和稳定性巡检。

2）知识要求。熟练掌握 Web 页面开发、数据库操作、网站设计与制作、网站软硬件基础设备调试、浏览器兼容等技术。

3）能力要求。独立完成网站或小程序研发的能力；Web 常见页面技术、数据库、设计制作软件的应用能力；保障网站软硬件基础设施运行的能力；浏览器页面调优能力。

2. 商务类岗位

（1）典型职位：平台运营专员。

1）典型工作任务。平台测试、维护、更新与优化；平台运营，用户行为数据收集、分析和挖掘；主题活动策划、制定、执行、追踪与优化；总结行业动向，及时调整销售策略；产品服务优化。

2）知识要求。熟练掌握电子商务模式与流程、客户关系管理、市场调研与数据统计分析、市场营销、网络推广、新媒体运营、策划书撰写等专业知识，能熟练操作 Office 和电子邮件等办公软件。

3）能力要求。数据分析能力；电商平台统计软件应用能力；文案撰写及判断其内容优劣能力；策划撰写、推广和项目执行能力。

（2）典型职位：平台推广专员。

1）典型工作任务。电子商务平台商品及服务的维护与管理，商品信息的分类与推送；研究挖掘或开发热点话题，策划与撰写活动文案；新老客户与推广渠道的沟通与维护。

2）知识要求。熟练掌握搜索引擎优化等推广技术；掌握新媒体、社会化媒体、自媒体等技术的具体应用；掌握活动策划、推广方案，以及各平台原创文章的撰写；掌握互联网常用统计指标和工具的运用；掌握客户关系维护的方法；掌握相关专业英语术语。

3）能力要求。具备捕捉社会及行业热点、数据分析、互联网统计指标与工具运用、互联网推广渠道建设与拓展追踪的能力。

（3）典型职位：网络营销专员。

1）典型工作任务。市场潜在客户开发、跟进及维护；执行网络营销方案，有效提升网站流量和意向用户数量；企业外部营销渠道拓展，合作洽谈。

2）知识要求。熟练掌握网络营销基础知识；掌握新媒体、社会化媒体、自媒体等互联网资源的应用；能进行数据分析、整理与挖掘；能运用互联网常用统计指标、工具；掌握客户谈判与客户关系维护技巧。

3）能力要求。具备网络推广能力、客户沟通能力、数据分析能力、热点捕捉能力、项目追踪能力。

3. 综合管理类岗位

典型职位：产品经理

1）典型工作任务。定义（调研、需求分析）；设计（原型设计、视觉设计）；研发（技术实现、测试）；发布（销售培训、推广方案、运用策略、商品定价）；迭代（用户反馈、完善功能、数据分析、迭代商品）。

2）知识要求。熟练掌握 Visio、Project、XMind 等项目管理工具的应用，数据分析和挖掘工具的应用，消费者心理和客户关系管理，产品开发流程管理，电子商务各类商业运营模式分析，业务项目管理，各类文案撰写。

3）能力要求。具备项目管理以及项目必备工具应用能力，客户需求挖掘和分析能力，完成原型设计、定义业务流程图能力，平台运营能力，辅导能力，捕捉行业新动态能力。

无论是从以上三类岗位的哪一类来看，在实际工作中，电子商务企业对电子商务从业者的专业实践经验、沟通协调能力、团队合作能力以及是否具备一定的互联网思维都有具体的要求。

二、电子商务从业者的职业素养与核心能力需求

1. 电子商务从业者的职业素养

职业素养体现了从业者在职业活动中应具备的综合品质，包含职业道德、职业意识、职业行为习惯和职业技能等具体内容，体现为从业者通过教育培训、职业实践、自我提升等途径形成和发展起来后，在职业活动中起决定性作用的、相对稳定的内在品质，是一种在所属职业范畴内体现的职业内在规范与要求。

电子商务从业者的职业素养主要包括：

（1）心理素质。能积极面对繁杂的业务；具备沉着应变的能力，以及面对各种问题和挫折时能控制自己情绪的能力；具备积极进取、永不言败的良好心态；具有较强的工作压力承受能力。

（2）专业技能。丰富的专业知识、良好的语言表达能力、倾听能力、服务意识、沟通技巧。

（3）品格素质。有爱心、细心、耐心，真诚待人、谦虚认真，有团队意识和强烈的集体荣誉感。

（4）综合素质。"客户至上"的服务观念、独立处理工作的能力、分析解决各种问题的能力、人际关系的协调能力。

相较传统商务，电子商务行业需要从业者对未来、未知充满好奇、积极探索，具备能

够敏锐捕捉机会的能力。在日常工作中，具有求变、求新和不断自我反思的意识。

2. 电子商务从业者的核心能力需求

（1）技术维度的核心能力需求。

1）网站建设。网站建设是指网站建设人员应用各种网络设计技术，为企业在互联网上建立自己的站点或在各类电子商务平台上开设自己的网店。

核心能力：运用 Dreamweaver 等工具制作网页和网站的能力；运用 HTML、CSS、ASP、PHP、JavaScript 等编程语言的能力；专题网页策划、开发能力；运用 Access、SQL 等工具开发数据库的能力。

2）图片处理。图片处理即对图片进行处理、修改。通常是通过图片处理软件对图片进行调色、抠图、合成、修改明暗、彩度和色度，以及添加特殊效果、编辑、修复等。与图片处理类似的概念是图像处理。图像处理是指对图像进行分析、加工和处理，使其满足视觉需求、心理需求以及其他需求的技术。目前大多数的图像是以数字形式存储的，因而图像处理在很多情况下是指数字图像处理。

核心能力：运用 Photoshop 等工具设计和处理图片的能力；良好的美工基础和审美能力；色彩风格搭配能力；视觉创意能力；网上店铺的美工及形象设计能力。

3）搜索引擎优化。搜索引擎优化是一种利用搜索引擎的搜索规则来提高网页在有关搜索引擎内排名的方式。通过研究各类搜索引擎如何抓取网页和搜索引擎的排序规则，对网页进行相关优化，使其有更多的内容被搜索引擎收录，并针对不同的关键词在搜索引擎中获得排名优势。

核心能力：网站 SEO 优化能力；百度、Google 等搜索引擎排名优化能力；运用关键词优化等工具进行网站推广的能力；监测与提升网站流量的能力；使用各种 SEO 工具和站长工具的能力。

4）办公自动化。办公自动化是在传统办公中采用各种新技术从事办公业务，通过技术实现办公自动化、数字化，达到提高管理或业务效率、增强协同办公能力、优化管理决策的目的。

核心能力：快速打字能力；运用 Word、Excel、PPT 等办公软件的能力；文字编辑和排版能力；文案策划和撰写能力；信息采编和发布能力；计算机和互联网应用能力。

（2）商务维度的核心能力需求。

1）销售推广。销售推广是用以刺激消费者和分销渠道在短期内迅速或最大量地购买某项产品或服务的营销手段。使用销售推广时，需要建立销售目标，选择销售工具，制定销售方案，并实施控制和进行效果评价。

核心能力：使用天猫商城、淘宝店铺等网络销售平台的能力；运用 QQ、旺旺等工具与客户在线交流的能力；运用论坛、微信、淘宝直通车等工具进行推广的能力；销售计划和目标制定及执行能力；销售活动方案、推广方案或广告文案的策划、撰写能力；客户关系管理能力。

2）营销管理。营销管理是指企业为实现经营目标，对建立、发展、完善与目标客户的交换关系的营销方案进行的分析、设计、实施与控制。营销管理是企业规划和实施营销理念、制定市场营销组合，为满足目标客户需求和企业利益而创造交换机会的动态、系统的管理过程。

核心能力：制定网络营销策略和方案能力；市场营销效果数据分析和改进能力，网站运营及客户数据分析和处理能力，营销团队管理能力，营销渠道开发能力；项目管理能力。

3）人际交往。人际交往也称人际沟通，是指个体通过一定的语言、文字或肢体动作、表情等表达手段将某种信息传递给其他个体的过程。每个个体均有其独特的思想、背景、态度、个性、行为模式及价值观，然而人际关系对每个人的情绪、生活、工作有很大的影响，甚至对组织气氛、组织沟通、组织运作、组织效率及个人与组织的关系均有极大的影响。

核心能力：交流沟通能力；团队合作能力；语言表达能力；协调、管理和领导能力；人际交往能力。

（3）综合维度的核心能力需求。除前文提到的职业素养外，这里主要指"专业资历"，即专业相关资格、履历和阅历。一般指个人因为学习时间或工作时间长短不同而获得的一种社会认可。个人的专业经验、贡献、业绩等都是专业资历的表现形式。

核心能力：工作经验丰富、具有一定的专业知识、良好的英语水平。

图文解说

图文解说一　传说中的 ENIAC

1946 年 2 月 15 日，世界上第一台通用数字电子计算机 ENIAC 研制成功，承担开发任务的"莫尔小组"由四位科学家和工程师组成，他们分别是埃克特、莫克利、戈尔斯坦和博克斯，总工程师埃克特当时年仅 24 岁。

ENIAC 长 30.48 米，宽 1 米，占地面积 170 平方米，相当于 10 个普通房间的大小，重达 30 吨，有 30 个操作台，每小时耗电 150 千瓦，造价 48 万美元。它使用了 18 000 个电子管，70 000 个电阻，10 000 个电容，1 500 个继电器，6 000 多个开关，每秒可执行 5 000 次加法或 400 次乘法运算，而人工每秒最快可进行 5 次加法运算，其速度是人工计算速度的 1 000 倍。

ENIAC 还能进行平方和立方运算、正弦和余弦等三角函数值的运算，以及其他一些更复杂的运算。这样的速度在当时已经是人类智慧的最高水平。ENIAC 工作实景如图 1-4 和图 1-5 所示。

图 1-4　ENIAC 工作实景一

图 1-5　ENIAC 工作实景二

图文解说二　EDI 电子数据交换

EDI 是一种利用计算机进行商务处理的方式。在基于互联网的电子商务普及应用之前，曾是一种主要的电子商务模式。

EDI 是将贸易、运输、保险、银行和海关等行业的信息，用一种国际公认的标准格式，形成结构化的数据电文，通过计算机通信网络，使各有关部门、公司和企业之间进行数据交换与处理，并完成以贸易为中心的全部业务过程。EDI 包括买卖双方数据交换、企业内部数据交换等。

EDI 的联结与传输示意如图 1-6 和图 1-7 所示。

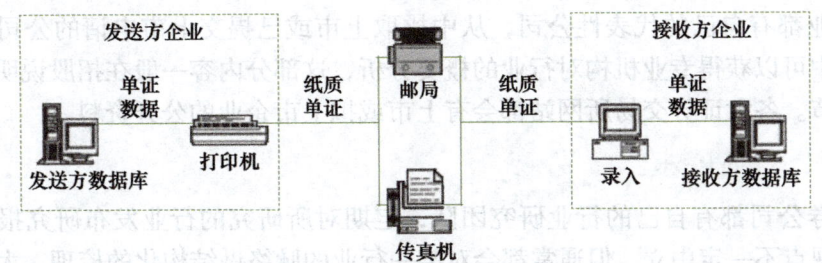

图 1-6 EDI 的联结与传输示意 1

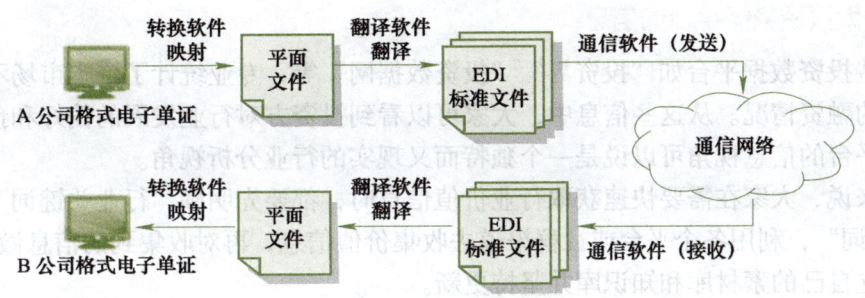

图 1-7 EDI 的联结与传输示意 2

场景实践

场景实践一　如何快速获取行业价值信息

快速获取有价值的信息是一种职业能力。面对特定的行业，大家可以从以下几个方面快速搜寻行业价值信息。

1. 行业垂直媒体的资讯

每个行业通常都有自己相应的垂直媒体，形式可能是传统网站或是微信号等新媒体。在这些垂直媒体上可以查阅到行业的日常资讯、统计数据、专家观点，以此了解该行业的新动态。

2. 行业监管机构或协会组织的资讯

大多数行业都有自己的行业监管机构和协会组织，在这些组织机构的媒体平台上，大家也可以查到该行业的具体信息，特别是法律法规或行业重大事件。

3. 研究或咨询机构的行业研究报告

研究咨询公司会定期发布各类行业研究报告，报告内容一般都会包含行业各类数据信息并加以分析。国内比较常见的研究咨询公司有"易观分析"和"艾瑞咨询"，需要注意的是，每家研究咨询公司的擅长领域和研究侧重各不相同，比如"艾瑞咨询"侧重新经济，"易观分析"偏重数智化。

4. 行业中具有代表性的上市公司信息

每个行业都有自己的代表性公司，从中挑取上市或已提交上市申请的公司，从它们的招股说明书中可以获得专业机构对行业的概要分析，这部分内容一般在招股说明书的"业务与技术"章节。各大证券交易所网站都会有上市或拟上市企业的公开资料。

5. 证券公司的研究报告

各大证券公司都有自己的行业研究团队，定期对所研究的行业发布研究报告。这些报告所呈现的观点不一定中立，但通常都会对某一行业的脉络做结构化的梳理。大家可以从证券公司的网站或者专门收录研究报告的第三方网站定期下载。

6. 各大投资数据平台的信息

有一些投资数据平台如"投资界""投资数据网"等，专业统计了资本市场不同行业、不同企业的融资情况。从这些信息中，大家可以看到投资方对行业发展的偏好和预测。各大投资数据平台的信息视角可以说是一个独特而又现实的行业分析视角。

总的来说，大家在需要快速获取行业价值信息时，都要先明确"行业关键词"。确定了"行业关键词"，利用各个平台或社群渠道去收集价值信息，再对收集到的信息做优化整理。同时，建立自己的素材库和知识库并坚持更新。

场景实践二　如何建立自己的知识库

大脑的强项是思考，而不是记忆。在信息爆炸时代，我们需要一个知识库来辅助大脑记忆，这样可以由知识库负责信息的记录和存储，让大脑专注于思考和理解。

1. 知识库的结构

知识有别于信息，大家通过搜索引擎得到的只是信息，而不是知识。知识是经过思考和理解处理后的产物。知识间可能存在各种强、弱联系，并由此组成一个特定的网络结构，也可能经过人们的思考和理解梳理成一个树状的结构。简单地说，书籍的知识结构是树状的，而在互联网中，基于海量信息构建的知识体系是网状的。

2. 搭建知识库

（1）建立笔记。采用"卡片"或"大纲"的笔记方式建立个人笔记系统。"卡片"笔记，将每个知识做成一个知识卡片，使用"标签"建立"卡片"知识间的联系，相互引用或类比，以大脑的方式组织知识；"大纲"笔记，将知识内容之间的关系梳理成树状结构存储。

在建立个人笔记时，我们遇到最大的困扰往往是：这个知识应该放在哪个分类下？实际上，我们应该思考的问题是这个知识与原有知识之间的联系，因为只有创建关联，才能有助于理解和记忆。

（2）使用适合的笔记工具。每个人的思维习惯不同，可以根据个人实际习惯选择适合的笔记工具，当然，工具也会影响我们的思维习惯。例如，长期使用 Word 进行文稿编辑的人，习惯的方式是先写作，再分目录，而习惯使用 Markdown 进行写作的人，则是先构思文章的结构，再输入具体的内容。所以，大家在选择笔记工具或者知识库工具时，可以先考虑以下几点：

1）是否流程简单，体现一定的自动化，如模板可复制、界面友好。
2）是否有用于关联知识的双向链接和标签功能。
3）是否提供检索，方便更好更快地找到知识内容。
4）是否支持笔记迁移，能够方便地使用多终端同步查看笔记。

当然，大家还可以考虑是否支持"编程"等高阶功能，按照这几点去找笔记软件，选择会有很多，如 OneNote、Notion 等。

（3）使用适合的辅助工具。除笔记工具外，我们还可以选择一些工具大幅提升工作效率，辅助搭建自己专属的知识库，如桌面整理工具、IE 收藏夹、网络云盘等。

合适的工具将大大助力我们的知识更新。

素养园地　电商助力，曹县走红

一、案例导入

在百度指数中，2021 年 4 月 19 日至 2021 年 5 月 18 日这 30 天间，山东省菏泽市曹县的搜索指数从均值 1 200 飙升至 175 687，暴涨 146 倍。曹县在网络迅速爆红，始于抖音平台上一段介绍当地芦笋的短视频，近乎"魔幻"的文案修饰加之后续多家传媒的连续报道，一时间引发了网民的热议。

作为我国一个拥有 175 万人的县城，曹县 2020 年农村居民的人均可支配收入为每月 1 248 元，有着巨大的进步空间。2020 年，曹县实现了地区生产总值 463.82 亿元，同年电商销售额突破 156 亿元，这个数值占该县总产值的 33.6%，成为推动县域经济增长的关键力量。

近年来，我国很多县、村都通过电子商务的发展实现了诸多产业并进，农民幸福指数提升，扶贫、脱贫成绩斐然，乡风文明，生态宜居。曹县的实践证明，电子商务可以成为经济新常态下促进农村产业发展，进而实现乡村振兴的有效途径。有电商助力，地方经济的发展将更加别开生面。

二、案例讨论

1. 电子商务的发展会为我们的生活和工作带来哪些变化？
2. 电子商务技术可以带来"网络名气"，如何在实践中将"名气"转化为切实的发展成果？

三、分析与建议

2020 年，我国完成了全面脱贫的伟大壮举；2021 年，中央一号文件提出全面推进乡村振兴。乡村不振兴，居住在乡村的人们就难以富裕，简单地说，乡村振兴是城市反哺农村、工业反哺农业的需要，也是确保国家粮食安全和实现经济国内外双循环的需要。

以乡村振兴为视角，我们发现电子商务的发展会给我们的生活带来很多改变，如何有效、科学地利用技术改变生活、改变环境，是我们一直需要直面的课题。

我的学习评价

提示：在本项目学习结束时，请填写此学习评价表（配套资源包已备电子版），可另增附页，并上交指导教师。

项目一　认识电子商务（学习评价表）			
姓名	班级		学号
本项目练习记录			
本人在学习中的发现与创新尝试			
本项目评定格次			
基本概念掌握	学习思路与语言表达	思考的正确性	综合得分

项目二
探究电子商务中的网络技术

课前思考

搜索引擎是如何工作的

搜索引擎（Search Engine）是指根据一定的策略，运用特定的计算机程序从互联网上搜集信息，在对信息进行组织和处理后，为用户提供检索服务，将用户检索的相关信息展示给用户的系统。搜索引擎通常包括以下几个模块：抓取模块、过滤模块、收录模块、排序模块。

一、抓取模块

1. 蜘蛛程序

搜索引擎为了抓取互联网中的各种页面，必须有一个24小时自动抓取页面的程序，这个程序称为"蜘蛛"程序。以百度为例，百度的抓取程序称为百度蜘蛛，常见的有抓取网页内容的 Baidu spider 和抓取图片的 Baidu spider–Image、抓取新闻的 Baidu spider–News。

2. 跟踪链接

跟踪链接是指蜘蛛程序的抓取顺序。为了抓取互联网中更多的页面，搜索引擎会根据网页中的链接从一个页面抓向另一个页面。

网站建立初期，搜索引擎是不知道这些站点的，需要通过在搜索引擎平台上提交网址链接并在新网站上布置自动推动代码来实现被抓取。此外，还可以通过与已被搜索引擎收录的网站交换链接。

二、过滤模块

由于互联网中存在大量的垃圾页面、复制内容页面和无内容页面，所有的搜索引擎为了避免这些页面占用自己的资源，提供更好的用户体验，需要将蜘蛛抓取回来的这些页面进行过滤。

搜索引擎使用过滤模块在后台通过提取文字、中文分词、去停止词、去除重复内容等方法过滤掉无效页面。

三、收录模块

凡是被搜索引擎认为有价值、对用户有用的页面，搜索引擎会将其存储到索引数据库中，即被收录模块收录。只有被搜索引擎存储到索引数据库中的网址，才有可能参加搜索排名。

查看一个页面是否被某搜索引擎收录，最常见的办法将页面的网址（URL）放到该搜索引擎的搜索框中，如果出现了该页面的搜索结果，那么就表示该页面已经被收录。

四、排序模块

对于存入搜索引擎索引库的页面，搜索引擎会通过正排索引、倒排索引及其他各种算法计算每一个页面的分数，根据所得分数将其进行排序，最后在大家的检索结果中展现最终排序的结果。

当然这里是自然排名，竞价排名还存在付费获取排名的因素。

学习目标

【知识目标】
- 熟悉网络的演变和发展脉络。
- 理解网络技术的核心概念和技术逻辑。
- 熟悉并识记常见的网络设备。

【能力目标】
- 能够完成基础性网络配置与调试工作。

【素养目标】
- 培养学生以技术变革的眼光看互联网，理解网络技术创新的作用。

任务一 熟悉网络的演变与发展

一、网络的形成与演变

自从有了计算机，就有了计算机技术与通信技术的结合。1951 年，美国麻省理工学院林肯实验室就开始为美国空军设计称为 SAGE 的半自动化地面防空系统，该系统最终于 1963 年建成，被认为是计算机和通信技术结合的先驱。

20 世纪 60 年代中期出现了大型机，源于对大型机资源远程共享的要求，1969 年，美国国防部高级研究计划局（DARPA）建成了 ARPAnet 实验网，这一网络是第一个现代意义上的计算机网络。当时它所具备的资源共享、分散控制、分组交换、采用专门的通信控制处理机、分层的网络协议等特点被认为是现代计算机网络的一般特征。

20世纪60年代到20世纪70年代前期，以IBM为代表的各大厂商开始纷纷推出自己在网络领域的标准和产品，国际标准化组织（International Organization for Standardization，ISO）开始考虑并着手建立开放系统互联/参考模型（Open System Interconnection/Reference Model，OSI/RM）。

20世纪80年代出现了微型计算机，这项突破和1972年Xerox公司发明的以太网技术结合了起来，局域网技术在这一时期得到了飞速发展。1985年，美国国家科学基金会（National Science Foundation，NSF）利用ARPAnet协议建立了用于科学研究和教育的骨干网络NSFnet。1990年，NSFnet替代ARPAnet成为国家骨干网，并且走出大学和科研机构进入社会。1992年，Internet协会成立，在政府的倡导下逐步接手NSFnet，形成了现今飞速发展的Internet。

小贴士

ARPAnet：美国高等研究计划署网络（Advanced Research Projects Agency Network，ARPAnet）为美国国防高等研究计划署开发的世界上第一个运营的封包交换网络，它是全球互联网的始祖。ARPAnet于1969年年底正式投入运行。20世纪80年代，当免费的在线服务和商业的在线服务兴起，NSFnet成为互联网中枢后，ARPAnet的重要性被大大削弱。1989年，该网络系统被关闭，1990年正式退役。

二、网络技术的发展

计算机网络从20世纪60年代开始发展至今，经历了从简单到复杂、从单机到多机、由终端与计算机之间的通信演变到计算机与计算机之间的直接通信。

简单地说，计算机网络的发展可以分为四个阶段：远程联机阶段、多机互联网络阶段、标准化网络阶段和网络互联与高速网络阶段。

1. 远程联机阶段

远程联机阶段的产物是远程联机系统，这一阶段人们为共享主机资源，将多台用户终端与一台主机相连，用户通过终端命令操作用户终端，实现与主机的资源交互。这一阶段建立了基于"终端—计算机"的通信关系，主机和终端间存在明显的主从关系。优势在于早期的计算机价格昂贵，但基于它的处理能力却可以为多个用户提供服务，因此为了提高主机和终端的利用率，当时多采用这种方式将地理位置分散的多个终端通过通信线路与主机连接起来。这一阶段的终端本身没有处理能力，人们在终端上输入指令和数据，指令和数据通过通信线路传递给主机，主机执行指令进行数据处理，将处理结果传递给终端，在终端显示结果或者直接打印出来。缺点主要表现在主机负担过重，要同时承担数据处理及通信任务，且当终端远离中心计算机时，线路的利用率比较低。当时，为了缓解这一问题，通常采用增加集中器和前端处理机等设备的方法。

2. 多机互联网络阶段

这一阶段，人们将多个计算机连接成集群，集群中计算机之间的从属关系被弱化。这时，由"计算机—计算机"的通信关系所建立的多机互联，逻辑上分成资源子网和通信子网（具体结构如图2-1所示）。资源子网是多机互联网络的外层，它由提供资源的主机和请求资源的计算机组成，负责全网的信息处理工作。通信子网是多机互联网络的内层，主要任务是将各种计算机互联起来完成数据传输、交换和通信处理。可见，计算机之间的关系趋于平等，在资源的产生和共享方面取得了显著进步，但因为计算机之间的体系结构差异，不利于互联，所以通信还是该阶段的主要目的。

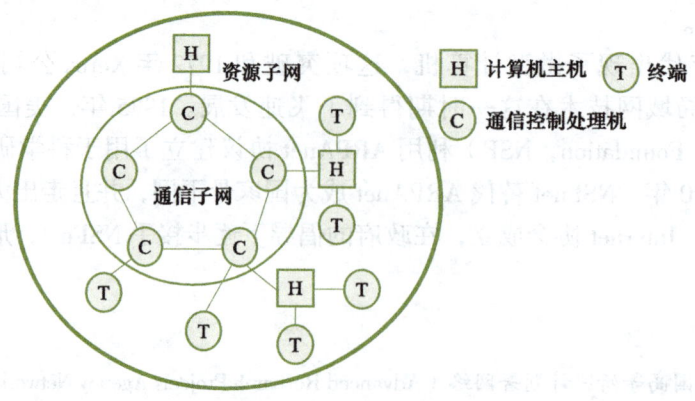

图 2-1　通信子网和资源子网

> **小贴士**
>
> 互连与互联：互连表示相互连接，强调物理上的连接关系，如将两根网线连接在一起；互联表示相互联合，强调逻辑上的连接关系，如两台异地计算机之间的连接，只关注两者之间信息可通，并不需要了解实际是如何实现的。

3. 标准化网络阶段

标准化网络阶段主要体现在 20 世纪 70 ～ 80 年代，其主要标志是 1984 年正式颁布的"开放系统互联 / 参考模型"，即 OSI 国际网络互联标准。这一阶段，因为网络的迅猛发展，各种网络互联技术纷纷得到具体厂商的支持与应用，以 IBM 公司为代表的计算机巨头企业纷纷开始研发并推出自己的网络体系结构标准。面对"各自为政"的局面，ISO 在 1977 年成立了专门的分支结构来研究网络体系结构的统一标准，并于 1984 年正式推出。这一阶段实现了在协议控制下，以资源共享为主要目的，将多个计算机互联。

> **小贴士**
>
> ISO 与 OSI：
>
> ISO 是国际标准化组织的简称。其全称是 International Organization for Standardization 或 International Standard Organization。ISO 来源于希腊语"isos"，即平等之意。国际标准化组织（ISO）是由各国标准化团体（ISO 成员团体）组成的世界性的联合会。制定国际标准工作通常由 ISO 的技术委员会完成。
>
> OSI（Open System Interconnection，开放系统互联），OSI/RM 称为开放系统互联 / 参考模型，是一个逻辑上的定义和规范，它把网络从逻辑上分为七层。每一层都有相关、相对应的物理设备，是一种框架性的设计方法，其建立七层模型的主要目的是解决异种网络互联时所遇到的兼容性问题，其最主要的功能是帮助不同类型的主机实现数据传输。它最大的优点是将服务、接口和协议这三个概念明确地区分开来，通过七个层次化的结构模型使不同的系统、不同的网络之间实现可靠的通信。

4. 网络互联与高速网络阶段

20 世纪 90 年代，计算机技术、通信技术以及建立在互联计算机网络技术基础上的计算机网络技术得到了迅猛的发展。特别是1993年美国宣布建立国家信息基础设施（National Information Infrastructure，NII）后，全世界许多国家都开始制定并建立本国的NII，从而为计算机网络技术的发展创造了良好的环境基础。

目前，全球以Internet为核心的高速计算机互联网络已经形成。

任务二 理解网络基础技术

一、计算机网络的概念与分类

1. 计算机网络的概念

计算机网络是用通信线路将分散在不同地点并具有独立功能的多台计算机系统互相连接，按照网络协议进行数据通信，实现资源共享的信息系统。

资源是指在有限时间内可为用户提供各种服务的软硬件设施。由于经济因素的制约，并非所有的用户都有能力独立拥有所有的资源。计算机网络最主要的功能是突破地域限制，向用户提供资源共享的手段。资源共享包括硬件共享、软件共享和数据共享。

（1）硬件共享。用户可以使用网络中任意一台计算机所附接的硬件设备，包括利用其他计算机的中央处理器来分担自己的处理任务。

> **小贴士**
>
> 冯·诺依曼与计算机系统：约翰·冯·诺依曼（John Von Neumann，1903—1957），美籍匈牙利人。1945年，冯·诺依曼所带领的团队发表了"存储程序通用电子计算机方案"，该方案明确了计算机系统由五个部分组成，并描述了这五部分的职能和相互关系。他一生关于计算机领域的精髓贡献有"二进制思想"和"程序内存思想"，并因为这些成就被誉为"计算机之父"。

（2）软件共享。用户可以使用远程主机的软件，既可将相应软件调入本地计算机执行，也可将数据送至对方主机，执行软件并返回结果。

（3）数据共享。网络用户可以使用其他主机和用户的数据，包括用户希望通过网络进行的信息交换，如数据库查询、情报检索和邮件传递等。

除了资源共享这一主要功能之外，利用计算机网络中的冗余设备来提高整个系统的可靠性也体现了网络的作用。

2. 计算机网络的分类

计算机网络分类的划分标准很多，有的按照地理范围划分，有的按照拓扑结构划分，有的按照协议类型划分。以下介绍几种常用的分类方法：

（1）按计算机网络规模大小和延伸范围分类。按计算机网络规模大小和延伸范围的不同，计算机网络可分为：局域网、广域网和城域网。

1）局域网（Local Area Network，LAN），一般限定在较小的区域内，适合办公大楼或工厂内部的联网。局域网技术的成熟，是计算机得以在企业内广泛应用的重要基础。

2）广域网（Wide Area Network，WAN），跨接很大的物理范围，能连接多个城市、国家，提供远距离通信，形成国际性的远程网络。广域网的典型代表是互联网。我国比较著名的互联网有：中国公用计算机互联网、中国教育和科研计算机网。

3）城域网（Metropolis Area Network，MAN），其作用范围在局域网和广域网之间，规模局限在一座城市的范围内。MAN 与 LAN 相比扩展的距离更长，连接的计算机数量更多，在地理范围上可以说是 LAN 的延伸。

（2）按计算机网络的拓扑结构分类。按计算机网络的拓扑结构的不同，计算机网络可分为：星形拓扑结构、环形拓扑结构、总线型拓扑结构、树形拓扑结构、网状拓扑结构。

1）星形拓扑结构：星形拓扑结构是最早的一种连接方式。在星形拓扑结构的网络中存在着中心节点，其他节点都与中心节点直接相连。节点之间的通信都必须经过中心节点，易于实现集中控制。各个非中心节点的设备发生故障也不会影响其他节点设备间的通信，但这点基于对中心节点设备高可靠性的依赖，因为中心节点一旦损坏，整个系统便趋于瘫痪。因此中心节点通常采用双机热备份，以提高系统的可靠性。星形拓扑结构如图 2-2 所示。

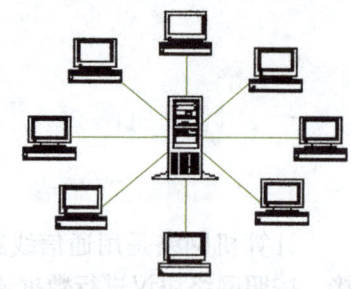

图 2-2　星形拓扑结构

2）环形拓扑结构：使用公共线缆组成一个封闭的环，各节点直接连到环上，信息沿着环按一定方向（如顺时针）从一个节点传送到另一个节点。在环形拓扑结构中，有一个控制发送数据权力的"令牌"，它在后边按一定的方向单向环绕传送，每经过一个节点都要被接收、判断一次，是发给该节点的则接收，否则就将数据送回到环中继续往下传。这种结构的好处在于：消除了端用户通信时对中心节点的依赖，每个端用户都与两个相邻的端用户相连，以单向方式传递信息；两个节点间仅有一条通路，简化了路径选择的控制。这种结构的不足在于：由于信息在环路中是串行地穿过各个节点来实现通信的，所以当环中节点数过多时，对信息传输速率会有所影响；环路是封闭的，不便于扩充；可靠性低，一个节点故障将会造成全网瘫痪；维护难，对节点故障定位较难。

3）总线型拓扑结构：总线型拓扑结构是采用一根总线作为共用的传输介质，将网络中所有的计算机通过相应的硬件接口和电缆直接连接到这根共享总线上。所有设备地位平等，无中心节点控制，公用总线上的信息以串行方式传递，其传递方向总是从发送信息的节点开始向两端扩散。各节点在接受信息时都进行地址检查，看是否与自己的工作站地址相符，相符则接收网上的信息。这种结构具有费用低、端用户入网灵活、某个端用户失效不影响其他端用户通信的优点。缺点是同时仅能由一个端用户发送数据，其他端用户必须等待直到获得发送权。尽管有上述一些缺点，但由于布线要求简单，扩充容易，端用户失效、增删不影响全网工作，所以是 LAN 技术中使用最普遍的一种。需要注意的是，使用总线型拓扑结构时，主线缆必须以终结器结束，因为终结器会接收已到达线缆末端的信号。如果没有终结器，用来表示数据的电信号就会从线缆末端反射回线缆中，从而在网络中造成误码。总线型拓扑结构如图 2-3 所示。

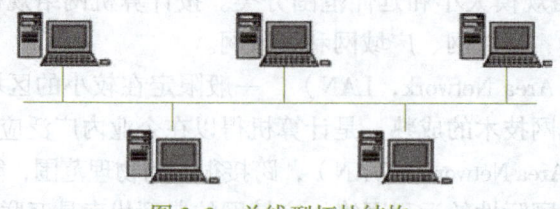

图 2-3　总线型拓扑结构

4）树形拓扑结构：树形拓扑结构是分级的集中控制式网络，包含分支，每个分支又包含多个节点。它的通信线路总长度短，成本较低，节点易于扩充，寻找路径比较方便。节点出现故障时，受到影响的范围也有限。

5）网状拓扑结构：网状拓扑结构又称无规则结构，节点之间的联结是任意的，没有规律。这种结构的特点是，系统可靠性高，容错能力强，比较容易扩展，但是结构复杂，每一节点都与多点进行连接，因此这种连接方式不经济，只有每个节点都要频繁发送信息时才使用这种方法。有时也将前面几种拓扑结构混合的方式称为网状拓扑结构。

> **小贴士**
>
> 拓扑：拓扑学是几何学的一个分支。计算机网络的拓扑结构是引用拓扑学中研究与大小、形状无关的点、线关系的方法。把网络中的计算机和通信设备抽象为一个点，把传输介质抽象为一条线，由点和线组成的几何图形就是计算机网络的拓扑结构。网络的拓扑结构反映出网络中各实体的结构关系，是建设计算机网络的第一步，是实现各种网络协议的基础。

二、计算机网络的体系结构

体系结构是研究系统中各组成成分及其关系的一门学科。计算机网络体系结构实质上是定义和描述一组用于计算机及其通信设施之间互联的标准和规范的集合，遵循这组规范可以方便地实现计算机设备之间的通信。

1. 概念标准：OSI/RM

（1）建立 OSI/RM 的目的。早期的计算机网络是各个厂商根据用户的要求独立开发的。实践证明，应用的要求千变万化，但对网络通信的要求相对一致。由于各个厂商出于对市场的考虑，仅研究自己网络产品的互联，不考虑其他厂商的网络产品，导致网络产品通用性缺失，厂商和用户都不满意。在这种要求下，ISO 联合了众多厂商和专家，在已提出的各种计算机网络体系结构的基础上加以总结，最终提出了开放系统互联/参考模型，并由此衍生出一系列的标准。

需要注意的是，标准会尽可能地覆盖各个方面，而且针对具体的应用，其中的一部分内容也许是无用的。因此，作为厂商，往往在兼顾兼容性需求的同时只选择部分标准加以实现和应用。这就形成了事实标准——TCP/IP 协议集。

（2）OSI/RM 的层次。OSI/RM 层次的划分是基于通信功能的逻辑划分。层次太少，不易实现和管理；层次太多，则汇集各层功能的开销太大。ISO 将 OSI/RM 定义为七个层次，自下而上分别为：

物理层：确定物理设备接口，提供"点—点"的二进制位流传输的物理链路。
数据链路层：利用差错处理技术，提供高度可靠传输的数据链路。
网络层：利用路由技术，实现用户数据的"端—端"传输。
运输层：屏蔽子网差异，以及用户要求和网络服务之间的差异。
会话层：提供控制会话和数据传输的手段。
表示层：解决异种系统之间的信息表示问题，屏蔽不同系统在数据表示方面的差异。
应用层：利用下层的服务，满足具体的应用要求。

> **案例**
>
> **以"电话"为例,说明 OSI/RM 的各层次功能**
>
> 依次分层描述:
>
> 物理层:提供通话的物理环境,如电话机—线路—交换机的接口等,电话机至交换机、交换机至交换机之间的连接称为点到点连接。
>
> 数据链路层:保证线路质量的可靠性。电话对这方面的要求也许不高,少量的噪声引起的干扰和变音,对话者可以从上下文中进行分析和判断;但是,对于缺乏智力的计算机却必须利用某种手段来屏蔽噪声。
>
> 网络层:利用交换机(局)的转接能力,实现电话机和电话机之间的端到端语音传输。
>
> 运输层:各个电话局通过努力,保证整个电话网络的通话质量和服务。
>
> 会话层:保证双方会话的有序性(通常由人们讲话的习惯来保证)。
>
> 表示层:选择双方都可识别的共同语言(或翻译)。
>
> 应用层:就具体的问题展开讨论。

总之,OSI/RM 的七个层次提供了用户为完成某项特定应用所需的所有通信能力:把网络的组成部件标准化,为更多的厂商研发创造条件。

2. 事实标准:TCP/IP

尽管 OSI/RM 得到了普遍的认同,但 Internet 的历史上和技术上的开发标准却是 TCP/IP 模型。美国国防部拨出巨资开发 TCP/IP 模型,因为它想要一个可以在任何条件下甚至核战争中都可以使用的网络。即假设在一个处于战争的世界,纵横交错着各种不同类型的连接,包括线缆、微波、光纤和卫星链路等。要求不管当时互联网上各个节点或网络的情况如何,重要的信息都能够传递到它所需要到达的地方。正是这种苛刻的设计要求,促使了 TCP/IP 模型的诞生。从那时开始,TCP/IP 模型就成为 Internet 赖以发展的实际标准。OSI/RM 体系结构与 TCP/IP 体系结构的对比如图 2-4 所示。

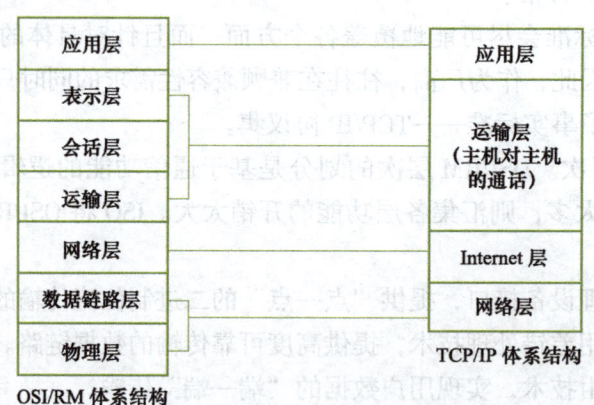

图 2-4 OSI/RM 体系结构和 TCP/IP 体系结构的对比

TCP/IP 中有些层的名字和 OSI/RM 中的虽然一样,但是不要混淆这两种体系结构,即使它们的层次名称一样。比如在服务的调用关系上,OSI/RM 层次间存在严格的调用关系,两个(N)层实体的通信必须通过下一层(N-1)层实体,不能越级,而 TCP/IP 可以越过紧邻的下一层直接使用更低层次所提供的服务，因而减少了一些不必要的开销，提高了协议的效率。

三、网络互连与常用网络设备

1. 网络互连的概念、优点与要求

（1）网络互连的概念。网络互连的目的是利用某种技术（或网络互连设备），将两个以上具有独立自治能力的计算机网络连接起来，实现数据流通，扩大资源共享的范围，或者容纳更多的用户。具体体现为：

1）互连，是指网络在物理上的连接。两个网络之间至少有一条在物理上连接的线路，它为两个网络的数据交换提供了物质基础和可能性。

2）互联，是指网络在物理和逻辑上，尤其是逻辑上的连接。

3）互通，是指两个网络之间可以交换数据。

4）互操作，是指网络中不同计算机系统之间具有透明地访问对方资源的能力。

（2）网络互连的优点。

1）扩大资源共享的范围。在协议等条件的支持下，将多个网络用互连设备连接在一起形成一个范围更大的网络并共享网络中的资源。

2）提高网络性能。基于互连技术和设备将原来一个很大的网络划分为几个网段或逻辑上的子网来管理，从而提升网络性能、加强安全性和提高管理效率。

3）降低网络接入成本。通过网络实现多台设备的互连入网，这种集体接入方式在网络服务的成本上将形成分摊效应。

网络互连技术凭借其接入成本低等突出优势，在商业需求的推动下，已经成为实现规模化网络通信和资源共享的基础技术和关键技术。

（3）网络互连的基本要求。

1）在网络之间至少存在一条物理链路。

2）提供不同网络节点的路径选择和数据传送。

3）提供网络记录服务，记录网络资源使用情况，提供各用户使用网络的记录及有关状态信息。

4）在提供网络互连时，尽量避免由于互连而降低网络的通信性能。

5）互连无须修改各网络原有的结构和协议。

2. 常见网络互连设备

网络互连存在不同的体系结构，以下基于概念标准——OSI/RM的分层结构来考虑。常见的网络互连设备有：中继器、集线器、网桥、交换机和路由器。

（1）中继器。中继器（Repeater）是最简单、最底层的网络互连设备，负责两个网络节点间在物理层上的按位传递信息，完成信号的复制、调整和放大功能。因为在线路上传输的信号会随着传输距离逐渐衰减，当衰减到一定程度时会造成信号失真，中继器就是为解决这一问题而设计的，本质上是"延长了通信线缆的长度"。

（2）集线器。集线器（Hub）的主要功能是对接收到的信号进行再生、整形和放大，以扩大网络的传输距离，同时把所有节点集中在以它为中心的节点上。它工作于物理层，属于纯硬件网络底层设备，它的主要特征是发送数据（包）没有针对性，采用广播方式发送，也就是说，

当它要向某节点发送数据（包）时，不是直接把数据（包）发送到目的节点，而是把数据（包）发送到与集线器相连的所有节点。这种广播发送数据（包）的方式有以下明显不足：

1）将用户数据（包）向所有节点发送，会产生数据通信的不安全因素。一些别有用心的人很容易就能非法截获他人的数据（包），事实上这也是黑客攻击的常见手段。

2）由于所有数据（包）都是向所有节点同时发送，容易造成网络拥堵的现象，降低网络执行效率。

3）集线器使用的是非双工传输，网络通信效率低。它的每一个端口同一时刻只能进行一个方向的数据通信，网络执行效率低，不能满足较大型网络通信需求。

> **小贴士**
>
> 关于"双工"：双工的含义是可以同时进行双向传输，就如平时在电话中通话那样。"半双工"则可以设想为是一条单行道，然后将数据（包）设想为沿着这条道路呼啸而过的城市公共汽车。如果一辆公共汽车向你驶来，而你所乘坐的公共汽车向其驶去，这就会产生冲突。这个冲突会导致两辆公共汽车即数据（包）同时损毁。

（3）网桥。网桥（Bridge）又称桥接器或者信桥，它用于互连两个独立的子网，实现信息帧的"存储—转发"。网桥工作于数据链路层，能将两个相似的网络连接起来，并对网络数据的流通进行管理，不仅能扩展网络的距离或范围，还能提高网络的性能。它的工作原理是：通过网桥连接网络 1 和网络 2，当网桥接收到网络 1 发送的数据包，会随即检查数据包中的地址，如果目的地址属于网络 1，就将其放弃；如果目的地址属于网络 2，就将其发送给网络 2。基于这一工作原理，可利用网桥隔离信息，将网络划分成多个网段，隔离出安全网段，防止其他网段内的用户非法访问。由于网络被分段，各网段相对独立，所以一个网段的故障不会影响另一个网段的运行。

（4）交换机。交换（Switching）是指按照通信两端传输信息的需要，用人工或设备自动完成的方法，把要传输的信息送到符合要求的相应路由上的技术统称。交换机（Switch）就是一种在通信系统中完成信息交换功能的设备。它拥有一条很高带宽的背部总线和内部交换矩阵。交换机所有的端口都连接在这条背部总线上，控制电路收到数据包以后，处理端口会查找内存中的地址对照表以确定目的 MAC（网卡的硬件地址）的 NIC（网卡）连接在哪个端口上，通过内部交换矩阵迅速将数据包传送到目的端口，目的 MAC 若不存在才广播到所有的端口，同时，接收端口回应的地址会被交换机"学习"并写入自己的存储器地址中，以备再用。

> **小贴士**
>
> 路由：路由是指路由器从一个接口收到数据包，根据数据包的目的地址进行定向并转发到另一个接口的过程。与网桥连接相比，主要区别在于网桥连接发生在 OSI 参考模型的第二层（数据链路层），而路由发生在第三层（网络层）。这一区别使二者在传递信息的过程中使用不同的信息，从而以不同的方式来完成其任务。
>
> MAC 地址：MAC（Media Access Control）地址，收录在网卡（Network Interface Card，NIC）里，由 48 比特长度的十六进制的数字组成。0～23 位是组织标志符，24～47 位由厂家自行分配。
>
> IP 地址和 MAC 地址的关系：IP 地址就如同一个职位，而 MAC 地址则是去应聘这个职位的人才，职位既可以让甲担任，也可以让乙担任。职位和人才的对应关系类似 IP 地址与 MAC 地址的对应关系。

（5）路由器。路由是指通过相互连接的网络把信息从源地点移动到目标地点的活动。

在信息传递过程中,会经过一个或多个中间节点,路由器(Router)通过路由决定了数据如何转发,是网络中的关键设备。"转发"基于成本和效率等因素,存在路由选择即转发策略。作为不同网络之间互相连接的枢纽,一个个路由器构成了互联网的骨架,作为核心设备,它的处理速度是网络通信的主要瓶颈之一,它的可靠性也直接影响着网络互连的质量。

> **小贴士**
>
> 思科系统公司——"网络因爱而生的传奇":思科系统公司是互联网解决方案的领先提供者,其设备和软件产品主要用于连接计算机网络系统。1984年12月,思科系统公司在美国成立,创始人是斯坦福大学的一对教师夫妇、计算机系的计算机中心主任莱昂纳多·波萨克(Leonard Bosack)和商学院的计算机中心主任桑德拉·勒娜(Sandy Lerner)。夫妇二人设计了名为"多协议路由器"的联网设备,用于斯坦福校园网络(SUNet),将校园内不兼容的计算机局域网整合在一起,形成一个统一的网络。这个联网设备被认为是联网时代真正到来的标志。

任务三 识记和探究网络技术的应用

互联网(Internet)是一组全球信息资源的总称,它将现代通信技术和现代计算机技术融为一体,是计算机之间进行国际信息交流和实现资源共享的有效手段。世界各地的人们使用 Internet 通信并借助 Internet 共享各类信息资源。简单地说,Internet 是由一些基于协议、以互相交流信息资源为目的的公共互联网组成的集合。

一、IP 地址和域名

1. IP 地址

Internet 由无数网络组成,每个网络中都有许多主机,因此必须分别为网络和主机加上标识以便区别。这种标识携带地址信息,通过它可以知道网络或主机的具体位置,这就是 IP 地址。

IP 地址的表示方法:IP 地址 = 网络号(net-id)+ 主机号(host-id)。其分类如图 2-5 所示。

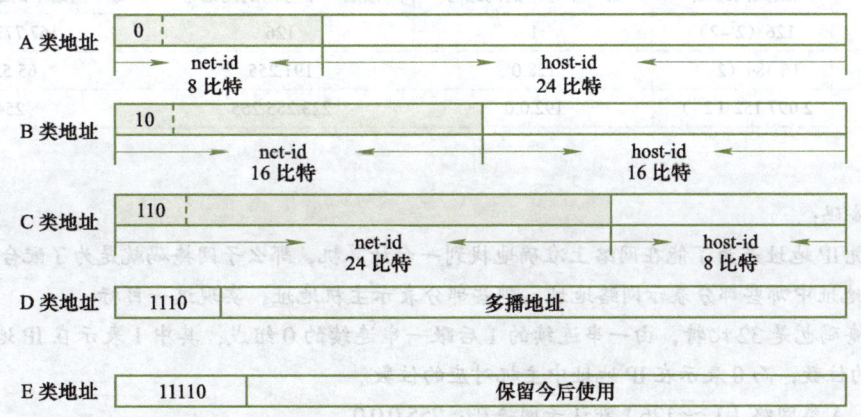

图 2-5 IP 地址的分类

如果把整个 Internet 称为单一的网络,那么 IP 地址就是给每个连接在 Internet 的主机所分配的一个在全世界范围内唯一的标志符。Internet 管理委员会在 IPv4 中,将 IP 地址分为:

A、B、C、D、E 五类地址。因 IPv6 尚未广泛普及，本书讨论 IPv4 地址。

> **小贴士**
>
> IPv4 与 IPv6：目前全球互联网所采用的协议族是 TCP/IP 协议族。IP 是 TCP/IP 协议族中网络层的协议，也是 TCP/IP 协议族的核心协议。IPv4 和 IPv6 分别是 "Internet Protocol Version 4" 和 "Internet Protocol Version 6" 的缩写。IPv6 是互联网工程任务组（Internet Engineering Task Force，IETF）设计的用于替代现行版本 IP 协议（IPv4）的下一代 IP 协议。目前 IP 协议的版本号是 4（简称为 IPv4），它的下一个版本就是 IPv6。IPv6 正处在不断发展和完善的过程中，它在不久的将来将取代目前被广泛使用的 IPv4，让更多的个人和设备拥有自己的 IP 地址。

> **小贴士**
>
> IP 地址的申请组织和获取方法：IP 地址由国际组织统一分配。
>
> 分配 A 类 IP 地址的国际组织：互联网名称与数字地址分配机构（The Internet Corporation for Assigned Names and Numbers，ICANN）。该组织为最高级别 IP 地址分配组织，负责分配 A 类 IP 地址，授权相关组织分配 B 类 IP 地址。
>
> 分配 B 类 IP 地址的国际组织：互联网信息中心（Internet Network Information Center，Inter NIC）、亚太互联网络信息中心（Asia-Pacific Network Information Center，APNIC）、欧洲互联网络信息中心（Europe Network Information Center，ENIC）。Inter NIC 负责北美地区的分配工作，APNIC 负责亚太地区的分配工作，ENIC 负责欧洲地区的分配工作。
>
> 分配 C 类 IP 地址的组织：C 类 IP 地址由各国和地区的网管中心负责分配。

在 TCP/IP 协议中，IP 地址是以二进制数字形式出现的，共 32 比特，1 比特就是二进制中的 1 位，但这种形式非常不便于阅读和记忆。因此 Internet 管理委员会决定采用一种"点分十进制表示法"表示 IP 地址：将由 4 段构成的 32 比特的 IP 地址，直观地表示为 4 个以圆点隔开的十进制整数，其中每一个整数对应一个字节。表 2-1 是 IPv4 地址的使用范围，IP 地址需要配合子网掩码一起使用。

表 2-1 IPv4 的使用范围

网络类别	最大网络数	第一个可用的网络号	最后一个可用的网络号	每个网络中的最大的主机数
A	126（2^7-2）	1	126	167 777 214
B	16 384（2^{14}）	128.0	191.255	65 534
C	2 097 152（2^{21}）	192.0.0	223.255.255	254

> **小贴士**
>
> 子网掩码：
>
> 如果说 IP 地址是为了能在网络上准确地找到一台计算机，那么子网掩码就是为了配合 IP 地址，分辨在 IP 地址中哪些部分表示网络地址，哪些部分表示主机地址，实现这一目标。
>
> 子网掩码也是 32 比特，由一串连续的 1 后跟一串连续的 0 组成，其中 1 表示在 IP 地址中的网络号对应的位数，而 0 表示在 IP 地址中主机对应的位数。
>
> 例如：A 类网络（1～126）默认子网掩码：255.0.0.0
>
> 255.0.0.0 换算成二进制为 11111111.00000000.00000000.00000000
>
> 可以清楚地分辨出这个子网掩码所对应的 IP 地址的前 8 位是网络地址，后 24 位是主机地址。

2. 域名

网络中的地址方案分为两套：IP 地址系统和域名地址系统。这两套地址系统一一对应。由 32 位二进制位组成的 IP 地址和简化后的"点分十进制"形式，都不方便用户使用和记忆。因此，Internet 引进了字符形式的 IP 地址，即域名。它用来标志互联网上的设备。它只是一个逻辑概念，并不反映计算机所在的物理地点。域名是个层次型的结构，一般规则是由后向前，范围越来越小。

> **小贴士**
>
> 域名查询：域名信息可以查阅中国互联网络信息中心网站：www.cnnic.net.cn。

二、即时通信技术

即时通信技术是一种将音视频通信、文件传输及网络聊天等业务集成为一体的基于计算机网络的信息沟通技术，这一技术催生了 QQ、微信等即时通信（Instant Messaging，IM）工具，因为时尚、便捷的特点，受到人们的普遍欢迎。

即时通信是一种基于 Internet 的通信技术，在具体实现和应用时，主要采用两种通信模式：客户机/服务器通信模式和对等通信模式。

1. 客户机/服务器通信模式

客户机/服务器模式即 Client-Server 模式，是计算机网络中计算机间协同工作的一种模式，由服务器负责数据的管理，客户机负责完成与用户的交互任务。

2. 对等通信模式

对等通信模式即点对点通信模式（Peer-to-Peer，P2P），也称对等互联网络模式，是一种非中心结构的对等通信模式。在 P2P 中，每一个客户（Peer）都是平等的参与者，同时承担服务使用者和服务提供者两个角色，而不是将各种服务集中在少数的几台服务器上。

相较而言，P2P 模式因为没有中央节点的集中控制，系统的伸缩性较强，可以有效地避免单点故障，提升系统的容错性能。但由于 P2P 模式中网络各节点的分散性、自治性和动态性，会在实际使用中造成某些不可预见的错误。

三、搜索引擎技术

搜索引擎技术源于历史悠久的全文检索技术，字面上理解分"搜""索"和"引擎"三个含义。"搜"就是大量信息的抓取，并在抓取回来后对信息进行智能提取、排重和质量分析等处

> **小贴士**
>
> 排重：排除重复，指的是排除掉与主题变相重复的项目。

理。"索"就是在对大量信息进行处理后，对信息进行的存储、排序和快速查询等。"引擎"强调系统不仅有存储数据的能力，还有强大的并发处理能力。

搜索引擎将海量的互联网网页所提供的信息，"构造"成庞大的"信息库"，让用户可以通过输入简单的信息指令获取所需信息。从信息获取的角度来看，搜索引擎可以看成是"专家系统"。

当网络信息的提供者和获取者的数量都达到一定的数量级时，信息的交互会非常频繁，

信息的形式和内容也会更加随意。为了提高信息检索结果的权威性，对搜索结果进行有效的人工筛选和预处理是必要的。

1. 搜索引擎的原理和体系结构

搜索引擎实质是一个网络应用软件系统，它能够接受用户通过浏览器提交的查询词，并在用户可以接受的时间内返回一个和该用户查询需求相匹配的网页信息列表。

（1）"可以接受的时间"，即响应时间，是衡量搜索引擎可用性的一个基本指标，也是和传统信息检索系统的一个差别，通常在"秒"这个数量级。

（2）"匹配"指的是搜索结果的网页中以某种形式包含了用户提交的查询词，最简单的方式就是查询词直接在结果中出现，当然这并不意味着达到了最好的效果。

（3）"列表"，这里蕴含着一种"序"（Rank），在大多数情况下，这个表是相当长的，这不仅意味着Web上的信息量大，也归结于搜索引擎的查询方式过于简单。

搜索引擎的体系结构如图2-6所示。

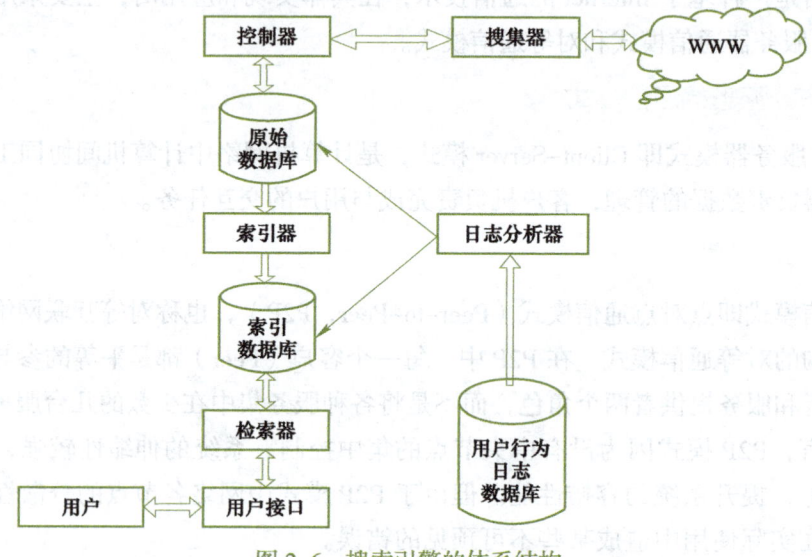

图2-6 搜索引擎的体系结构

2. 搜索引擎的使用技法

搜索引擎可以帮助使用者在Internet上找到特定的信息，但是由于Internet上内容繁多，它们同时也会返回大量无关的信息。因此，科学地使用搜索引擎十分重要。

以百度搜索为例，当使用者需要检索某人的图片时，可以输入"图片 intitle：姓名"，也就是将查询内容中特别关键的部分用"intitle："引领。因为，网页标题通常是对网页主要内容的归纳，如果把查询内容的范围限定在网页标题中，一般可以获得较好的搜索效果。诸如此类的技法很多，具体可以查阅所使用搜索引擎的帮助文件。

> **小贴士**
>
> URL：统一资源定位符（Uniform Resource Locator，URL）是对可以从互联网上得到的资源的位置和访问方法的一种简洁的表示，是互联网上标准资源的地址。

四、EDI 技术

1. EDI 技术的背景

在国际贸易中,由于买卖双方地处不同的国家和地区,在大多数情况下,不是简单、直接、面对面地买卖,而是必须由银行进行担保,以各种纸面单证为凭证,才能实现商品与货币的交换。这时的纸面单证代表了货物所有权的转移。

全球贸易额的上升带来了各种贸易单证、文件数量的激增。虽然计算机及其他办公自动化设备的出现,可以在一定范围内减轻人工处理纸面单证的劳动强度,但由于各种型号的计算机不能完全兼容,实际上增加了对纸张的需求,美国森林及纸张协会曾经做过统计,得出了纸量超速增长的规律:年国民生产总值每增加 10 亿美元,用纸量就会增加 8 万吨。除单证、文件数量激增外,在各类商业贸易单证中有相当大的一部分数据是重复出现的,需要反复地键入。据粗略统计,计算机的输入平均 70% 来自另一台计算机的输出,重复的输入不仅浪费人力、时间,还增加了出错的概率。因此,纸面贸易文件成了阻碍贸易发展的一个比较突出的因素。

此外,市场竞争也出现了新的特征。价格因素在竞争中所占的比重逐渐减小,而服务性因素所占比重增大。销售商为了减少风险,要求小批量、多品种、供货快,以适应瞬息万变的市场行情。而在整个贸易链中,绝大多数的企业既是供货商又是销售商,因此提高商业文件传递速度和处理速度成了所有贸易链中成员的共同需求。

正是在这样的背景下,以计算机应用、通信网络和数据标准化为基础的 EDI(Electronic Data Interchange,电子数据交换)技术应运而生。由于 EDI 技术具有快速、精确、远程和巨量的技术性能,因此 EDI 技术得以兴起。在 20 世纪 60 年代末,欧洲和美国几乎同时提出了 EDI 的概念。早期的 EDI 只是在两个商业伙伴之间;20 世纪 70 年代起,跨行业 EDI 系统开始出现;20 世纪 80 年代,随着 EDI 标准的国际化,EDI 的应用愈加广泛。

2. EDI 的概念

EDI 是一种在企业之间传输订单、发票等作业文件的电子化手段。使用 EDI 可以减少甚至消除贸易过程中的纸面文件,也被人们通俗地称为"无纸贸易"。

EDI 通过计算机通信网络将贸易、运输、保险、银行和海关等行业信息,用一种国际公认的标准格式,在各有关部门或企业之间进行交换和处理,直至完成以贸易为中心的全部业务过程。

ISO 将 EDI 描述成"将贸易(商业)或行政事务处理按照一个公认的标准变成结构化的事务处理或信息数据格式,从计算机到计算机的电子传输"。

ITU-T(原 CCITT)将 EDI 定义为"从计算机到计算机之间的结构化的事务数据互换"。

从 EDI 的定义不难看出,EDI 包含了三个方面的内容:计算机应用、通信网络和数据标准化。其中,计算机应用是 EDI 的条件,通信网络是 EDI 应用的基础,数据标准化是 EDI 的特征。这三方面相互衔接、相互依存,构成了 EDI 的基础框架。

> **小贴士**
>
> ITU-T:ITU-T 的中文名称是国际电信联盟远程通信标准化组织,它是国际电信联盟管理下的专门制定远程通信相关国际标准的组织。该机构创建于 1993 年,前身是国际电报电话咨询委员会(International Telegraph and Telephone Consultative Committee,CCITT),总部设在瑞士日内瓦。

3. EDI 的类型

根据功能，EDI 可分为以下四种类型：

（1）订货信息系统（Trade Data Interchange，TDI）。基于订货信息系统的 EDI 又称贸易数据互换系统，是最基本的，也是最知名的 EDI 系统，主要用途是使用电子数据文件来传输订单、发票和各类通知。

（2）电子金融汇兑系统（Electronic Fund Transfer，EFT）。电子金融汇兑系统用于实现在银行和其他组织之间的电子费用汇兑。EFT 起步较早，在发展中不断改进，现今通常与 TDI 联合，形成一个高自动化的交易系统。

（3）交互式应答系统（Interactive Query Response，IQR）。交互式应答系统早期应用在旅行社或航空公司，作为机票预订系统，满足旅客对航班信息的查询，后来慢慢应用到各个行业，满足客户对订单或信息的查询需要。

（4）带有图形资料自动传输的 EDI。这种类型的 EDI 最大的特点是可以传递图形信息，常见的是计算机辅助设计（Computer Aided Design，CAD）图形的自动传输。例如，设计公司完成一个厂房的平面布置图，将其平面布置图传输给厂房的主人，请主人提出修改意见。一旦该设计被认可，系统将自动输出订单，发出购买建筑材料的报告。在收到这些建筑材料后，系统自动开出收据。

4. EDI 的基本要素

数据标准化、EDI 软件及硬件和通信网络是构成 EDI 系统的三个基本要素。

（1）数据标准化。EDI 标准是由各企业、各地区代表共同讨论、制定的电子数据交换共同标准，可以使各组织之间的不同文件格式，通过共同的标准实现彼此之间文件交换的目的。

EDI 标准数据格式的三个要素是：数据元、数据段、标准报文格式。这里涉及联合国行政、商业与运输电子数据交换组织（United Nations Electronic Data Interchange for Administration Commerce and Transport，UN/EDIFACT），当今 EDI 国际标准主要就是指 UN/EDIFACT 标准和 ISO 标准。

（2）EDI 软件及硬件。EDI 软件及硬件是指实现 EDI 需要配备相应的 EDI 软件和硬件。EDI 软件具有将用户数据库系统中的信息译成 EDI 的标准格式以供传输交换的能力。这里的 EDI 软件分三类：

1）转换软件，帮助用户将计算机系统文件转换成翻译软件能够理解的平面文件，或是将从翻译软件接收来的平面文件转换成计算机系统中的文件。

2）翻译软件，将平面文件翻译成 EDI 标准格式，或将接收到的 EDI 标准格式翻译成平面文件。

3）通信软件，将 EDI 标准格式的文件外层加上通信信封再送到 EDI 系统交换中心，或从 EDI 系统交换中心将接收到的文件取回。

EDI 所需的硬件设备有：计算机、调制解调器及电话线。进行电子数据交换需通过通信网络，使用电话网络进行通信，调制解调器是必备硬件设备。当然，如果对传输时效及资料传输量有较高要求，可以考虑租用专线，硬件需求也会有所变化。

（3）通信网络。EDI 通信方式有多种，第一种是点对点，这种方式只有在贸易伙伴数量较少的情况下使用。随着贸易伙伴数量的增多,当多家企业直接采用计算机通信时,会出现计算机厂家不同、通信协议相异以及工作时间不易配合等问题。为了解决这些问题,许多公司逐渐采用第三方网络,即增值网络(Value Added Network,VAN)方式。它类似于邮局机制,为发送者与接收者维护邮箱并提供存储转送、记忆保管、格式转换、安全管制等功能。可见,通过 VAN 传送 EDI 文件,可以大幅度降低相互传送资料的复杂度和困难度并提高 EDI 的效率。

5. EDI 的工作过程

EDI 的工作过程如图 2-7 所示。

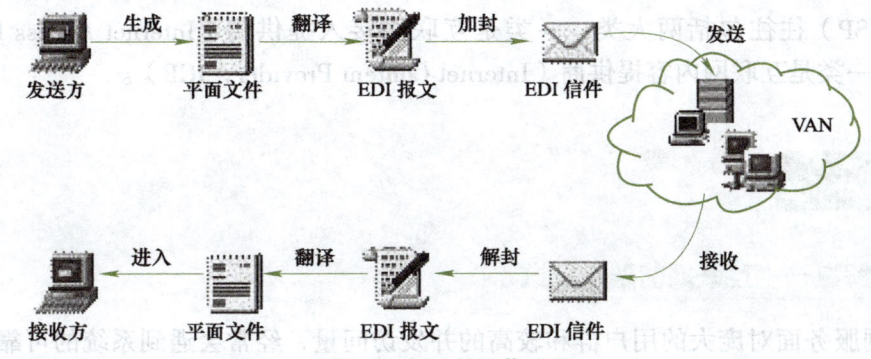

图 2-7　EDI 的工作过程

(1)发送方将要发送的数据从信息系统数据库提出,转换成平面文件(也称中间文件)。
(2)将平面文件翻译为标准 EDI 报文,并组成 EDI 信件。接收方从 EDI 信箱收取信件。
(3)将 EDI 信件拆开并翻译成平面文件。
(4)将平面文件转换并送到接收方信息系统中进行处理。

其中,平面文件是去除了所有特定应用(程序)格式的电子记录,从而使数据元素可以迁移到其他的应用上进行处理。这种去除电子数据格式的方式可以避免数据因为硬件和专有软件的过时而导致的丢失现象。平面文件是一种计算机文件,所有信息都在一个信号字符串中。

> **小贴士**
>
> 　　增值网络(VAN):增值网络是一种自身具有附加价值的、可以进行信息分配和加工的网络结构。VAN 最大的价值是通过网络,将不同的企业、不同的网络系统相互连接,实现不同形式的数据交换,产生更多的"连接后"价值。
> 　　内联网与外联网:企业通过互联网(Internet)、内联网(Intranet)、外联网(Extranet)可以将买方、卖方、厂商及其合作伙伴联系起来。企业通常在建立 Internet 网站后再建立自己的内联网;在内联网建立后,开始考虑扩展外联网。
> 　　虚拟专用网络(Virtual Private Network,VPN):VPN 是一种特殊的网络,帮助企业实现使用公共网络向商业伙伴、客户、供应商和雇员发送敏感数据。VPN 将敏感数据严格保护,但又无须重新铺设线路,就像临时在 Internet"高速公路"上建立一条单独的数据密封通道,一旦通信结束,这种临时的逻辑连接随即断开,之前占用的线路资源继续恢复开放状态。

网络所提供的技术服务除上述外,还有万维网服务(WWW)、电子邮件服务(E-mail)、文件传输(FTP)、远程登录(Telnet)、新闻组(News)、电子公告牌(BBS)和博客(Blog)等。

> **小贴士**
>
> 博客与微博的简单比较：①字数限制，微博必须在140字以内，这是为了方便手机用户发布、阅读文章；博客的字数限制依据博客网站的规则设定，大部分博客网站为了防止资源浪费，会采取文章最高字数的限制，一般最高字数限制有2种，4万个英文字符即2万个汉字或者2万个英文字符即1万个汉字，相对宽裕，因为它主要是让人在计算机上发表和阅读的。②阅读方式，博客的阅读需要进入博主首页，而微博的阅读在自己的微博首页通过链接即可阅读。③更新方式，微博可以通过手机或计算机的方式进行更新；博客则多采用计算机方式更新，不如微博便捷。④自传播方式，博客主要靠所在网站推荐带来流量，而微博通过"粉丝"转发来增加阅读数。

从互联网的接入和提供服务两个角度来看，互联网服务提供商（Internet Service Provider，ISP）往往包括两大类：一类是互联网接入提供商（Internet Access Provider，IAP），另一类是互联网内容提供商（Internet Content Provider，ICP）。

图文解说

图文解说一　互联网的架构演进

互联网服务面对庞大的用户群和较高的并发访问量，经常会遇到系统的可靠性和海量数据存取的问题。随着技术的迭代发展，互联网架构也历经了从简单到复杂的演进过程：单体架构—集群架构—分布式架构—微服务架构—服务网格（Service Mesh）架构。

互联网单体架构如图2-8所示。

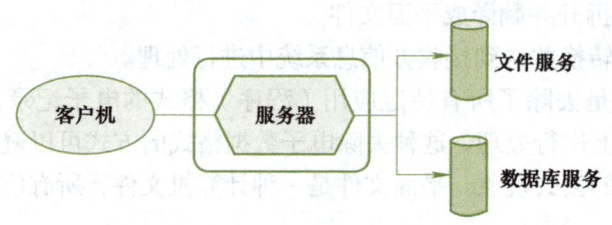

图2-8　互联网单体架构

互联网服务网格架构如图2-9所示。

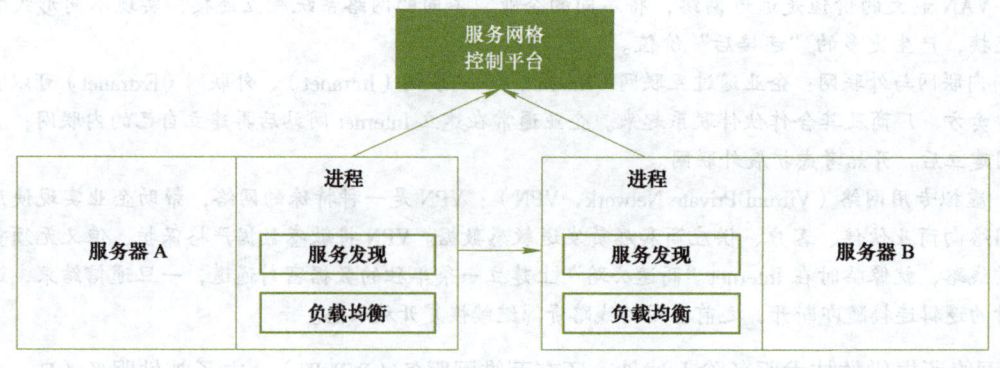

图2-9　互联网服务网格架构

图文解说二　网络设备中的路由器

路由器是互联网中核心的网络设备。路由器通过路由决定数据的转发。转发策略称为路由选择（routing），这也是路由器名称的由来。作为不同网络之间互相连接的枢纽，路由器系统构成了基于 TCP/IP 的国际互联网络 Internet 的主体脉络，也可以说，路由器构成了 Internet 的骨架。它的处理速度是网络通信的主要瓶颈之一，它的可靠性则直接影响着网络互连的质量。因此，在园区网、地区网乃至整个 Internet 研究领域，路由器技术始终处于核心地位，其发展历程和方向成为整个 Internet 研究的一个缩影。图 2-10 为家用路由器外观示意。

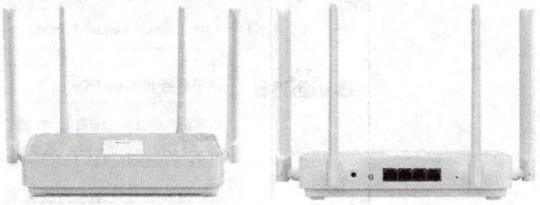

图 2-10　家用路由器外观示意

场景实践

场景实践一　如何高效使用搜索引擎

为了让搜索效率提升，更精准地找到理想的搜索结果，我们应该掌握一些搜索引擎的使用方法及技巧。

1. **关键词 + 空格 +site:+ 网址**

通过这一指令，可以在指定网站上搜索相应的关键词。例如，输入"电子商务 site:sina.com.cn"，其结果是新浪网上关于"电子商务"的内容，如图 2-11 所示。

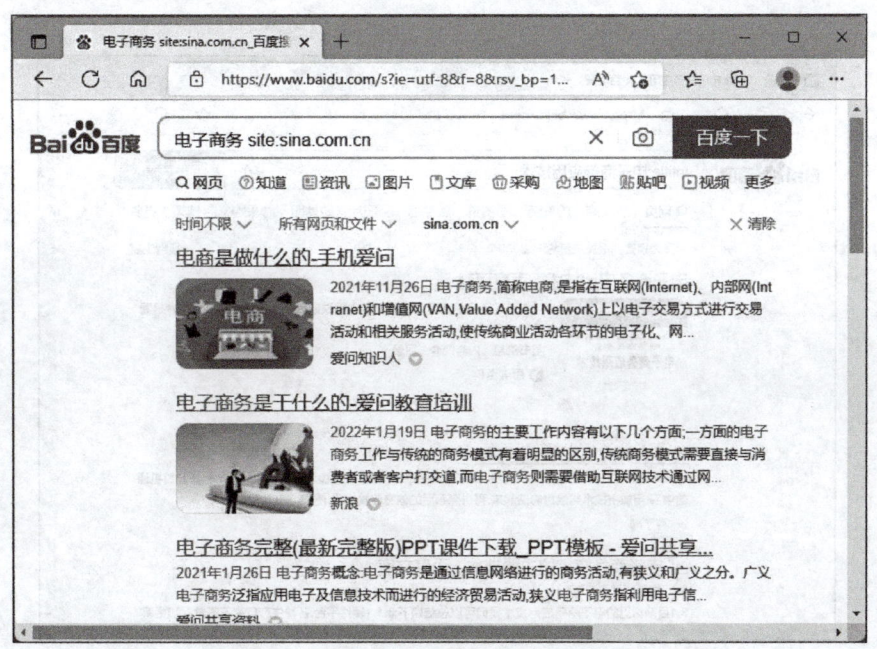

图 2-11　搜索结果 1

2. 关键词 + 空格 +filetype:+ 文件格式

通过这一指令，可以搜索 PDF、DOC、XLS、PPT 等指定文件格式的资源。例如，输入"电子商务 filetype:PDF"，搜索结果就是包含"电子商务"这个关键词的所有 PDF 文件，如图 2–12 所示。

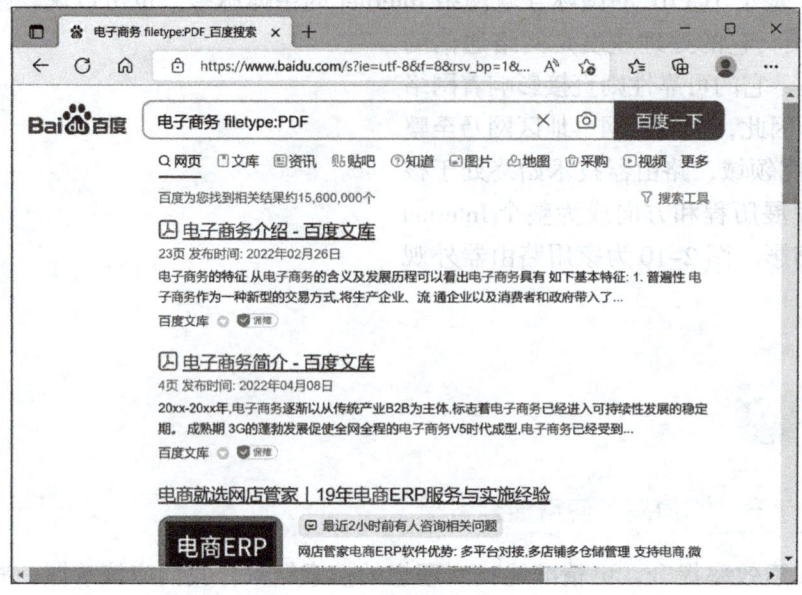

图 2–12　搜索结果 2

3. intitle:+ 关键词

通过这一指令，可以限定所检索的关键词必须出现在搜索结果的标题中。比如，输入"intitle: 电子商务应用技术"，就可以过滤掉那些没有在标题中提及关键词的结果，如图 2–13 所示。

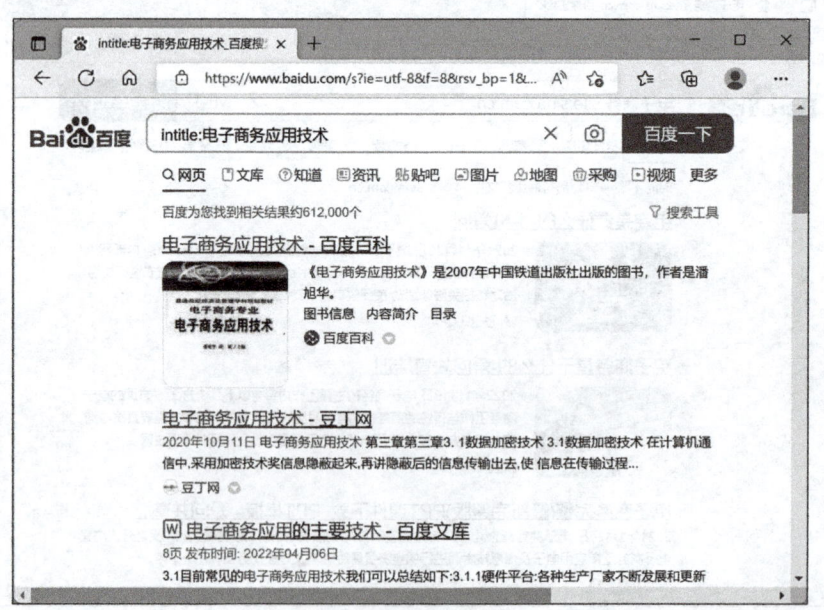

图 2–13　搜索结果 3

项目二　探究电子商务中的网络技术

除以上指令外，搜索引擎还有许多检索指令（组合），值得不断探索和学习。

> **场景实践二　如何选择 IM 及其功能**

目前，市场上的即时通信工具即 IM 工具，主要分两种：一是个人即时通信，面向个人使用，如微信、QQ 等；二是企业即时通信，面向企业级应用，如企业微信、钉钉等。

1. IM 的主要功能

（1）群聊：个人建群聊天或者工作建群沟通。

（2）语音：可以实现个人或企业级即时语音交流。

（3）视频会议：可以实现个人或企业级即时视频交流。

（4）离线消息：离线状态也可以接收消息。

（5）文件传输：可以实现个人或企业级文件传输，同时提供一定的安全措施。

（6）互加好友：可以通过账号、二维码等方式，建立好友关系，实现通信。

（7）发布信息：可以通过群公告、空间、朋友圈等发布一对多信息。

2. 企业对 IM 工具的功能要求

相对于开放的个人社交 IM 软件而言，企业即时通信更加强调安全性、私密性、可控性和可扩展性。企业即时通信需要既能够满足员工内部沟通协作需求，又能够帮助企业提高组织运转效率和降低信息安全风险。

（1）基础功能要求。支持常见的文本、图片、表情、附件、位置等多种信息形式，支持单聊、群聊、语音聊天、视频聊天多种方式沟通，离线消息、文件收发稳定不丢包。

（2）企业级消息安全管控要求。企业自身的 IM 管理员能够根据组织的实际情况配置安全管控策略，如管理组权限控制、跨组织架构是否可见、终端消息管控等。

（3）提高组织协作效率。企业级 IM 系统包含移动考勤、会议管理、待办日程等办公组件，可以帮助企业实现高效协作运转。

（4）可扩展性。企业级 IM 工具内含的功能在每个阶段以合适为宜，过多会增加购买成本和学习成本。保证 IM 工具的可扩展性，可以让组织在保持与原有系统连通的基础上，按需选择和增减服务组件。

（5）私密性要求。组织都关心自己对数据的控制权，很多企业担心使用 IM 工具后，产生数据被收集、分析甚至商业机密泄露等问题，所以倾向于 IM 工具的私有化部署，如内网本地化部署或者是云端的单租户模式。

（6）国产化标准。一些政企单位对设备和网络有严格的要求，因此也会要求 IM 符合国产化标准，简单地说就是适配国产化 CPU 和国产化操作系统。

> **素养园地**　拓展网络空间，释放数字红利

一、案例导入

伴随持续且飞速发展的信息网络建设，我国的网络经济空间正被不断拓展。国家工业

和信息化部发布的数据显示：我国已建成全球规模最大的光纤和网络，5G 商用正在我国普及，我国的 IPv6 部署实现了规模化的有序纵深。

与此同时，海底光缆、跨境陆缆等国际信息通信基础设施建设步伐加快，"一带一路"沿线国家互联互通水平稳步提升。云计算、大数据、物联网、区块链、车联网等新技术快速发展，远程教育、在线医疗、远程办公等新业态迅速兴起，共享经济、移动支付加速普及，各种各样的网络技术及应用飞入寻常百姓家，融入生产生活的方方面面，电子商务焕发蓬勃生机。

二、案例讨论

1. 讨论什么是"新基建"，并分析它在电子商务发展中的具体作用，结合实例谈谈核心技术都有哪些。
2. 华为作为我国 ICT 领域的标杆，面对国际制裁和压力，坚持自主研发说明了什么？

三、分析与建议

新型基础设施建设（简称"新基建"）主要包括 5G 基站建设、特高压电网、城际高速铁路和城市轨道交通网络、新能源汽车充电桩系统、大数据中心、人工智能技术工业互联网平台等。

自主研发在国内企业的战略规划中未能获得应有的重视，但其重要性日益凸显。以制造业为例，自主研发能够实现技术与产品的国产化，从根本上解决以下问题：①解决"有"和"无"的问题；②解决"产品定价权"的问题；③解决企业在"全球产业链"和"全球价值链"中的地位问题，破除"产业霸权"和"技术垄断"。

我的学习评价

提示：在本项目学习结束时，请填写此学习评价表（配套资源包已备电子版），可另增附页，并上交指导教师。

项目二 探究电子商务中的网络技术（学习评价表）					
姓名		班级		学号	
本项目练习记录					

本人在学习中的发现与创新尝试

本项目评定格次			
基本概念掌握	学习思路与语言表达	思考的正确性	综合得分

project 3

项目三
探究电子商务中的视觉设计技术

课前思考

电商时代，视觉先行

从当初的"淘宝""天猫"到"京东"，再到如今遍地开花的电子商务平台、网站，在电子商务飞速发展的今天，视觉设计作为电子商务的重要一环，其精彩纷呈的展现形式，极大地促进了交易。

在电商平台交易的商品，主要通过商品主页和单品详情页来展示，这些页面设计充满创意，为商品和店铺带来了流量、促成了订单、提升了体验。

"缤纷的色彩"，通过主色+辅助色的精妙搭配，可以让页面脱颖而出，巧妙地传达商品的情感价值，与消费者产生共鸣。

"大胆的留白"，让图文之间留出"间隙"，可以让页面更加通透，引发浏览者思考和想象。

"恰当的图形"，让图文更直观地表现出商品的特性，可以让商品"活"起来，"一图胜千言"，使描述更加具有实用性、趣味性。

在电子商务的视觉设计中，"细节决定成败"，每个细节不仅是设计师们对营销效果深思熟虑的展现，更是他们为营销所做努力的直观体现。

> **小贴士**
>
> 腾讯的CDC：CDC（Customer Research & User Experience Design Center，用户研究与体验设计部），成立于2006年5月，它的愿景是"做世界一流的互联网设计团队，为用户创造优质'在线生活'体验"，致力于不断提升腾讯全线产品的用户体验。官方网站地址：http://cdc.tencent.com。浏览网站后你会发现，腾讯之所以如此了解我们，CDC功不可没。

学习目标

【知识目标】
➢ 熟悉 Web 技术与网页设计的基础内容。
➢ 识记视觉设计的构成元素。

【能力目标】
➢ 能够完成商品图片的拍摄和成片处理。
➢ 能够完成电子商务中基础性的人机交互、操作界面等设计。

【素养目标】
➢ 培养学生的艺术审美能力,激发他们敏锐的观察力、丰富的想象力和无限的创造力。

任务一　熟悉 Web 技术与网页设计基础

一、Web 技术发展简史

随着互联网时代的到来,在网络飞速发展的同时 Web 技术不断推陈出新。众所周知,技术的发展推动社会的发展,社会的发展又推出更新的技术,两者相互促进,共同发展。在电子商务的发展中,视觉设计是最直观的展现技术,它的发展大致可分为"Web1.0""Web2.0"和"Web3.0"三个时期。

> **小贴士**
>
> Web:万维网(亦作"网络""WWW""W3",英文"Web"或"World Wide Web"),是一个资料空间。在这个空间中的事物被称为"资源",这些资源由一个"全域统一资源标识符"(URL)标识。这些资源通过超文本传输协议(Hyper Text Transfer Protocol)传送给使用者,而后者通过单击链接来获得资源。

1. Web1.0 时期

(1)"静态网页"阶段。在"静态网页"阶段,通过客户端的 Web 浏览器,用户可以访问网络上各个 Web 站点,通过 Web 站点上的主页访问整个网站。每一个网页中都有很多信息及相关的链接,用户可以通过这些超文本链接进入另一个站点或其他的网页。每一个 Web 站点都是以首页作为站点的入口,由一台主机、Web 服务器及许多 Web 页所组成,其他的 Web 页为支点,形成一个树状的结构。

超文本标注语言(Hyper Text Markup Language,HTML)奠定了这一时期的技术基础,提供了控制超文本格式的信息,利用这些信息可以在用户的屏幕上显示出特定设计风格的 Web 页。

在这一时期,Web 服务器基本上只是一个 HTTP 的服务器,它负责客户端浏览器的访问请求,建立链接,响应用户的请求,查找所需的静态 Web 页面,再返回到客户端。Web 服务器使用 HTTP 超文本传输协议，将 HTML 文档从 Web 服务器传输到用户的 Web 浏览器上。

随着互联网技术的不断发展以及网上信息呈几何级数的增加，人们逐渐发现手工编写包含所有信息和内容的页面对人力和物力都是一种极大的浪费，而且几乎变得难以实现。此外，采用静态网页方式建立起来的站点只能够简单地根据用户的请求传送现有页面，而无法实现各种动态的交互功能。具体来说，静态网页技术无法支持后台数据库、无法有效地对站点信息进行及时更新、无法实现动态显示效果。这些不足之处，促使 Web 技术进入了发展的下一个阶段。

（2）"动态网页"阶段。为了克服静态网页的不足，人们将传统单机环境下的编程技术引入互联网络，并与 Web 技术相结合，从而形成新的网络编程技术。网络编程技术通过在传统的静态网页中加入各种程序和逻辑控制，在网络的客户端和服务端实现了动态和个性化的交流与互动。人们将这种使用网络编程技术创建的网页称为动态网页。

从网站浏览者的角度来看，无论是动态网页还是静态网页，都可以展示基本的文字和图片信息，但从网站开发、管理、维护的角度来看却有很大的差别。动态网页以数据库技术为基础，可以大大降低网站维护的工作量；采用动态网页技术的网站可以实现更多的功能，如用户注册、用户登录、在线调查、用户管理、订单管理等。

2. Web2.0 时期

相较于 Web1.0，Web2.0 体现了更多的互联网技术，可以说是这一时期各种技术和相关产品服务的"总称"。从概念角度来理解，Web2.0 是以 Blog（博客）、Tag（标签）、SNS（社交网站）、RSS（简易信息聚合）、Wiki（维基百科）等社交软件的应用为核心，依据相关理论和技术实现的互联网新一代模式。

> **小贴士**
>
> 社交网络：社交网络（Social Networking）是指人与人之间的关系网络，这种基于社会网络关系系统思想的网站在国内被称为社交网站（Social Network Site）。现在许多 Web2.0 网站都属于 SNS，如网络聊天、交友、视频分享、博客、网络社区、音乐共享等。社会性网络的理论基础源于六度分隔理论（Six Degrees of Separation，又称六度空间理论）和 150 法则（Rule of 150，又称邓巴数字）。如果说 Web1.0 是以数据为核心的互联网，Web2.0 便是以人为出发点的互联网。

与 Web1.0 相比，Web2.0 将网站内容的编辑权限从网站所有者扩大到全民参与，每个用户都可以在开放的网站上通过简单的浏览器操作而拥有他们自己的数据，人们可以更加方便地进行信息获取、发布、共享以及沟通交流和群组讨论等。由于公众的广泛参与，网站能够以最大限度展示个人的作用，激发了公众的积极性，从此 Web 有了社会性，成为社会化网络。

3. Web3.0 时期

"Web3.0"是对"Web2.0"的改进，在此环境下，用户不必在不同中心化的平台创建多种身份，而是可以打造一个去中心化的通用数字身份体系，通行各个平台。Web3.0 被用来描述互联网的下一阶段，一个运行在"区块链"技术之上的"去中心化"的互联网。

Web3.0 将网站内信息直接和其他网站相关信息进行交互，能通过第三方信息平台同时对多家网站的信息进行整合使用；用户在互联网上拥有自己的数据，并能在不同的网站上使用；完全基于 Web，用浏览器实现原复杂系统程序才能实现的系统功能。

二、Web 技术的分工和常用工具

1. Web 技术的分工

（1）使用 HTML 与 XHTML 搭建网站的结构。自 20 世纪 90 年代起，HTML 就一直被用作万维网的信息表示语言。HTML 作为建立网页文件的语言，通过标记式指令，将声音、图片、文字、视频、链接等内容显示出来，通过标签将网络上的各种元素格式统一，使分散的网络资源联结成一个逻辑整体。

网站内容间的关联，通过 HTML 与 XHTML 组织起来，相较而言，XHTML 更加严谨。它们构建了网站的基本结构。

> **小贴士**
>
> XHTML：XHTML（Extensible HyperText Markup Language，可扩展的超文本标记语言）是一种标记语言，它不需要编译，可以直接由浏览器执行（属于浏览器解释型语言）。XHTML 是一种增强了的 HTML，它的可扩展性和灵活性将适应未来网络应用更多的需求，从这点上看，它是用来替代 HTML 的，可以说是 HTML 的一个升级版本。需要注意的是，XHTML 是区分大小写的，标准的 XHTML 标签应该使用小写。

（2）使用 CSS 美化与布局网站。CSS（Cascading Style Sheet，级联样式表）是一种用来表现 HTML 或 XHTML 等文件样式的计算机语言。虽然 HTML 自被发明起，样式就已经存在，但随着网络发展，HTML 自身已无法靠添加显示功能来有效率地满足网页设计者对页面样式的需求。

CSS 为 HTML 标记语言提供了一种样式描述，定义了其中元素的显示方式。在 CSS 中，一个文件的样式可以从其他的样式表中继承，利用它可以实现修改一个小的样式，同时更新与之相关的所有页面元素，更加个性化。可以说，CSS 使内容表现得更好，在 Web 设计领域是一个关键性的突破。

（3）使用脚本语言实现动态与交互效果。脚本语言可以理解为"为了缩短传统的编写—编译—链接—运行过程而创建的计算机编程语言"，虽然后来许多脚本语言都超越了计算机简单任务自动化的领域，但是仍然被称为脚本。通过脚本语言，可以处理修饰网页、提供用户交互接口等任务。

JavaScript 是目前比较流行的脚本语言，作为一种脚本语言，JavaScript 已经被广泛地应用于 Web 页面当中，通过嵌入 HTML 来实现各种酷炫的动态效果，为用户提供赏心悦目的浏览效果。

（4）使用数据库软件实现数据存储。网站的数据库就是动态网站存放网站数据的空间。在网站建设与管理中，数据库用于存储数据，如保留用户和网站信息等。

数据库软件需要根据网站的大小、数据的多少来选择。目前，Access、MySQL、SQLServer 和 Oracle 等数据库软件均可以搭建网站的后台数据库。

总而言之，Web 网站发展到今天已经衍生出很多技术，每种技术的存在都是以"为了实现更富吸引力的用户体验与更方便快捷的网站服务"为前提的。

2. Web 技术中的常用工具

（1）网页制作软件：Dreamweaver。Dreamweaver 是美国 Macromedia 公司开发的集网页制作和网站管理于一身的所见即所得的网页编辑器。Dreamweaver 简称"DW"，是一套针对网页设计开发的视觉化网页开发工具。它可以跨越平台和浏览器限制，支持 HTML、CSS 和众多脚本语言，制作各式表现丰富的网页。

（2）图像处理软件：Adobe Photoshop。Adobe Photoshop，简称"PS"，是由 Adobe 开发和发行的图像处理软件。PS 主要处理由像素构成的数字图像。凭借其众多的编辑与绘图工具，PS 可以有效地进行图片编辑工作。PS 的应用领域广泛，在图像、图形、文字、视频、出版各方面都有涉及，具体如平面设计、广告摄影、影像创意、网页制作等。

> **小贴士**
>
> Adobe 与 Macromedia：Macromedia 成立于 1992 年，曾是数码时代的领导者，2005 年被进入该市场领域的竞争对手 Adobe 收购。Adobe 创立于 1982 年，不仅在多媒体和网络出版业的软件工具研发方面一直处于领先位置，还建立了自己的 Adobe 全球官方培训认证体系，获取了广泛的支持者和使用者。

（3）脚本语言工具：Java Script 与 VB Script。Java Script 是一种基于对象和事件驱动并具有相对安全性的客户端脚本语言。其主要功能：解决服务器端语言遗留的速度等问题，为客户提供更流畅的浏览效果；为 HTML 网页增加动态功能，如响应用户的各种操作。

VB Script 是 Visual Basic Script 的简称，即 Visual Basic 脚本语言，有时也被缩写为 VBS。它是一种微软环境下的轻量级的解释型语言。

VBS 和 Java Script 都可以用来实现动态 HTML，甚至可以将整个程序结合到网页中来，一直是竞争对手。

三、网页设计的流程、布局和基本元素

网页设计（Web Design）是指依据企业希望向浏览者传递的信息（包括产品、服务、理念、文化）所进行的网站功能策划和页面设计美化等工作。

1. 网页设计流程

（1）初始会商。收集网站的目标浏览者、要发布的内容、开发的 Web 服务器平台等关键信息。

（2）概念开发。通过收集来的信息进行构思，提供网站结构草图。

（3）内容综合。确定设计方案，制作初始图样，呈现内容关联与形式。

（4）HTML 布局和导航设计。内容综合确定后，编制 Web 页面、设计导航，导航、链接等可体验。

（5）图形制作。网站外观设计确认后，制作所需要的图形（图片），并对图形（图片）进行优化。

（6）内容整合。将所需呈现的内容利用各种网页技术如 CSS、Java、Flash 等，有机地和相关图形（图片）整合在一起。

（7）测试。全面测试每个 Web 页面和链接能否正常展示。

（8）交付。修正排版和内容等方面的错误后，交付网站，正式启用该网站。

2. 网页设计布局

（1）设计视角。设计视角是从网页的排版角度对网页布局进行分类，大体可以分为四种：上下布局、左右布局、"T"字形布局和"国"字形布局，如图 3-1～图 3-4 所示。

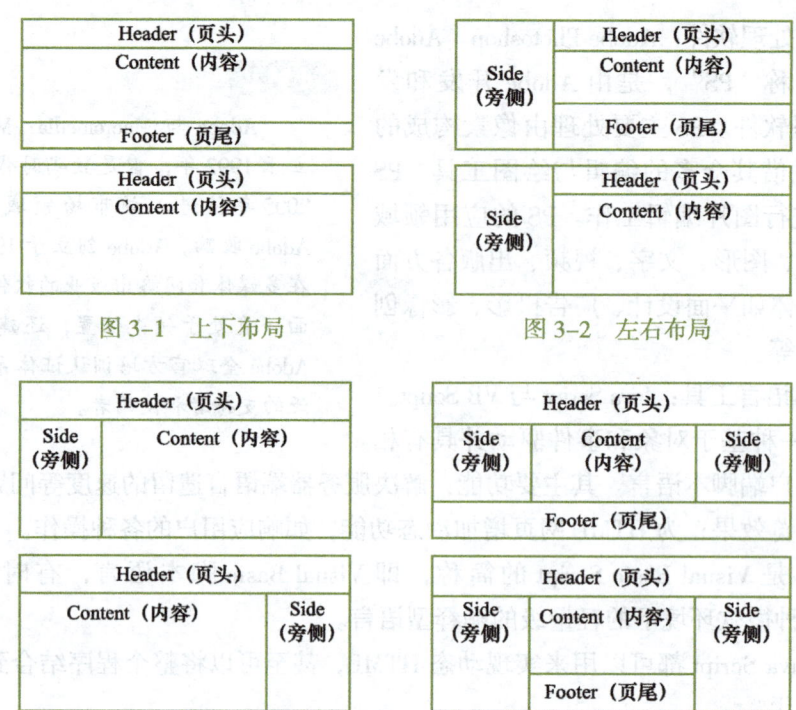

图 3-1 上下布局　　　　　图 3-2 左右布局

图 3-3 "T"字形布局　　　图 3-4 "国"字形布局

上下布局是最常见的布局方式，最上方通常有一个导航，下方是内容区，最下方有的会有页尾 footer。左右布局，一般左侧为侧边栏，右侧为内容区。"T"字形布局和"国"字形布局严格上也算作上下布局，因为比较常见，所以也可以作为一种布局类型。

（2）前端视角。前端视角主要是指实现页面的各种 CSS 布局方式。因为任何网页和网站的设计都会涉及设计和开发之间的协作，因此采用前端视角的布局方法，可以让设计更加规范，前端实现起来更加容易。这里主要有 4 种前端视角的布局：静态布局、流式布局、响应式布局和弹性布局。

1）静态布局。静态布局也叫作固定布局，网页内每个区域的尺寸大小固定，每个区域的内容在浏览器内居中显示，区域设置绝对宽度或高度，当实际内容超出屏幕可显示范围时就会出现滚动条。

目前大多数政府、院校和新闻门户类网站均采用静态布局，这种布局因为不需要考虑兼容性等问题，相对简单，成本也较低，但同时也因为区域尺寸固定，显示时用户体验较差。

2）流式布局。流式布局（见图 3-5）是指页面按照百分比定义宽度，以此来适配不同的屏幕分辨率，这样在不同的分辨率下网页布局保持不变。页面各区域尺寸使用"min-""max-"属性来控制流动范围，避免过大或过小对展示和阅读的影响，同时页面内元素的字体使用像素来固定，方便排版和阅读。

流式布局的特点是，如果某个区域宽度不够，放不下两个元素，那么后面的元素会自动滚动到前面元素的下方，这样就不会在水平方向溢出，避免了水平滚动条的出现。

流式布局典型的代表是栅格系统，目前大部分网页为了实现更好的视觉效果都会全局或局部使用流式布局。它的优点是，在不同分辨率的屏幕上都能够很好地展示页面元素，避免在小屏幕上出现水平滚动条；缺点是当屏幕分辨率差异过大时，有些页面元素会被拉伸失真，页面缩小后，一些文字、图片或者图表等会产生堆叠，显示效果不太好控制。

	100%		
40%			
	60%		
		80%	

图 3-5　流式布局

3）响应式布局。响应式布局是指网页分别为不同的屏幕分辨率定义不同的布局，同时在每个布局中，各元素大小采用百分比定义宽度，即页面元素宽度随着窗口调整而自动适配。响应式布局可以看作是定义了几个不同尺寸的流式布局。

响应式布局的优点是能够适应 PC 和手机等移动端，在任何尺寸的屏幕上都能呈现完美的视觉效果；缺点是因为要匹配不同尺寸的屏幕，所以需要设计多个版本，设计和开发工作量较大。

4）弹性布局。弹性布局指的是使用特定单位作为基准，让页面元素能够根据屏幕分辨率进行等比缩放，比较适用于 H5 移动端。

弹性布局的优点是可以弹性适配不同的分辨率，视觉效果比较好，而且不用出多套设计版本；缺点是因为采用特定单位作为基准，各元素的设置都需要知道自身的比例和层次关系。

总的来说，除了静态布局，其他都能实现在不同分辨率下页面的自适应，为用户带来最佳的视觉呈现。流式布局可以看作静态布局的动态版，响应式布局可以看作几个不同尺寸的流式布局，可以实现在每个流式布局之间进行自适应。

流式布局和响应式布局以百分比为单位，弹性布局使用特定基准单位，从而实现自适应的效果。各种布局都不是绝对的，可以综合使用，目的都是使页面在不同分辨率的设备上实现更好的用户体验，因此需要针对不同性质的网站采用合适的布局方式。

3. 网页设计基本元素

网页设计中的元素很多，这里主要介绍几种相对较能体现网页设计风格差异的基本元素：文字、图像、多媒体。

（1）文字的设计与编排。文字是网页设计中必不可少的元素。网页文字的编排与设计，需要精心策划，既要简洁明了，又要与网站整体风格相宜。文字所占存储空间极小，这一优势应通过编排与设计得以充分发挥，从而更有效地引导浏览者浏览或检索信息。

（2）图像的创意与设计。相较文字，图像在视觉上更能吸引人的注意力，给浏览者的印象也更加深刻。合理使用图像，可以更加生动、形象、直观地表达网页的主题，增强网页的宣传力和感染力。网页设计时使用的图像要符合网页的主题，在图像的位置、面积、数量、形式等方面做好视觉传达，并辅以创新和个性化展示。在效果上，注意风格统一、重点突出、和谐美观。

（3）多媒体元素的选择。在网页中放置的动画、音频等，都是多媒体元素。浏览者希望看到更具有创造性、吸引力的网页，多媒体元素正是实现这一目标的重要手段。在放置多媒体元素时，要注意效果和量的协调关系，一般不建议放置大量多媒体元素，因为过多会影响网页的浏览速度。

任务二 识记视觉设计的构成元素

在商业服务中,随着越来越多的浏览者开始在意最为直观的视觉感受,视觉设计开始被重视。由于视觉设计的范畴比较广泛,涉及的内容和形式也比较多样化,所以很多设计者对视觉设计的认知还并不十分清晰。就设计角度而言,可以说所有的领域都存在一定的视觉设计。

因为商业基因的存在,视觉设计本质是基于对结果的逆向思考,运用设计手段和表现形式整合实现结果,以满足人们视觉感知的需求。

视觉设计的四个关键元素:文字、图形图像、色彩、创意。

一、文字

1. 字体与字号

文字通过视觉的方式展现作者的思想并传递信息,字体的美观性和文字的编排对页面的视觉传达效果有着直接的影响。即便是简单的文字堆砌,也会对浏览者的文字阅读舒适度产生显著影响。

字体在视觉设计中扮演着举足轻重的角色,从字体的选择到字体的编排与设计,每一处细节都至关重要。字体处理的关键是,将字体与画面很好地结合起来,形成融洽的视觉感知。在视觉设计中,字体和字号通常一起考虑。字体通常分四类:衬线体、非衬线体、书法体、艺体。

(1)衬线体与非衬线体:衬线体指笔画粗细有度,在末端有衬线装饰的汉字,如宋体。非衬线体指笔画粗细一致,末端没有衬线装饰的汉字,如黑体。两者对比如图3-6所示。

serif   **sans serif**
衬线体   非衬线体

图3-6 衬线体与非衬线体

(2)书法体与艺体:书法体指有手写书法结构的汉字,又称手写体,如各类毛笔字体。艺体指有个性创作的字体,又称花体,如华文彩云。

以衬线体和非衬线体为例,一般我们认为衬线体可以提高辨识度和阅读效率,更适合作为阅读的字体,多用于报纸、书籍等印刷品的正文。非衬线体饱满醒目,常用于标题或者较短的段落。在细节上,衬线体笔画有粗细之分,在字体很小的情况下细笔画会被弱化,受限于浏览者计算机的分辨率,比如10~12px的衬线体在显示器上就较难辨认,而同字号的非衬线体笔画简洁而饱满,更加美观。

常用的英文衬线体有Times New Roman和Georgia,中文衬线体有宋体、微软雅黑、微软正黑体。如今随着显示器越来越大,分辨率越来越高,网站设计者开始大量使用14px或者更大的字号。大字号的使用,对于英文字体来说,使衬线体的高辨识度和易于流畅阅读的优势得到

> **小贴士**
>
> 像素:像素的英文为pixel,其英文缩写为px,也就是一张图片中最小的点。像素是构成数码影像的基本单元,通常以像素每英寸(Pixels Per Inch,PPI)为单位来表示影像分辨率的大小。例如,300×300PPI分辨率,即表示水平方向与垂直方向每英寸长度上的像素数都是300,也可表示为一平方英寸内有9万(300×300)像素。

体现，但对中文字体而言，还存在被弱化的现象。

2. 文字的层级关系

文字的层级关系在网页设计中常被忽视，实际上文字的层级在信息沟通中扮演着重要的角色，它可以将用户引向期望中的结果，同时改善用户体验。

设想浏览者在新闻门户网站浏览新闻时发现五篇新闻，每篇新闻都包含多个文字层级，分类名、标题、标题链接、正文链接等皆雷同，无疑会影响浏览者的体验。此时，设计者可以采取如下策略：增大标题字号，将其与正文区分，正文采用灰色调，将网站链接放置于正文下方，同时适当增大行间距。此外，精心布局文字和图片，使页面清晰有序。这些调整可以有效提升浏览者体验，让信息一目了然。

3. 文字的行长与间距

在视觉设计中，文字的编排对视觉的影响至关重要，好的文字编排可以促进信息的有效传递，也可以为浏览者营造舒适的用户体验。

文字编排本质上就是把需要展现的内容进行有序分割，其效果好坏取决于浏览者是否觉得合适、是否能够更好地传递信息并达到一定的视觉效果。通过合理设计行长、间距，可有效引导阅读顺序，营造自然流畅的阅读体验，让整体布局更显舒适。

（1）行长。行长的设计与浏览者的阅读习惯有关。在传统纸媒中，每行通常不会超过 40 个汉字。如果每行文字过多，浏览者在浏览时会不停地转动脖子，感觉疲惫的同时也会降低阅读效率；行长过长容易造成串行，影响浏览者浏览文章的节奏。同样，在网页设计时也需要考虑如何划分适合浏览者阅读的区域。为优化浏览体验，文本宽度应控制在 450～700px 之间；对于英文内容，以每行 80～100 个字母（空格算一个字母）为宜；而中文内容则以每行 30～40 个汉字为宜。

（2）间距。设计者可以通过间距控制文字的密度。间距主要分为行距和段距。

行距较小，浏览者在浏览时会发生串行的现象；行距较大，浏览者会感觉文字不够连贯。设定行距时，没有固定的值可供参照，一般依据字体的大小来设置。在 Word 里，我们常看到双倍行距、单倍行距和 1.5 倍行距的选项。网页上的行距用 em 来表示单位，不管是中文网站还是英文网站，多采用 1.5～1.8em 的行距。以字号为 16px 的文本为例，采用 1.6em 的行距比较合适，经换算后，其行距约为 25.6px。

段距在具体使用时也需要根据实际情况来确定，若文章整体篇幅较短，就不需要较宽的段距；若文章整体篇幅较长，就需要多利用段距来调整，帮助浏览者调整阅读的节奏。适当的节奏会给浏览者带来喘息和思考的机会，这样会使文章更具有层次性和可读性。

> **小贴士**
>
> 黄金分割："1∶1.618"的黄金比例在排版、构图中被广泛应用，人们普遍认为这种比例在艺术造型中有美学价值。近似黄金分割的 5∶8 被公认为是具有审美作用的最佳比例，在日常生活中这一比例的构图随处可见。

二、图形与图像

1. 图形

图形作为视觉信息的载体，通过精炼的形象表达一定的含义。在电子商务的网页设计中，图形可以有多种表现形式，可以是点、线或面，最常见的表现形式就是图标。图标是 Web 设计中的点睛之笔，既能辅助文字信息的传达，也能作为信息载体被高效地识别，同时还具有一定的装饰作用，可以提高整个页面的美观度。

以图形中最具代表性的"方寸艺术"——图标为例，从用途上可以将图标分为功能型图标和装饰型图标两类。功能型图标指能实现某一功能或某一链接跳转的图标，典型的应用场景就是标签按钮；装饰型图标指没有特定功能，但代表了某款商品的属性、气质和品牌形象的图标，因为独特且辨识度高，很容易让浏览者记住并感到愉悦。图标从形式上可以分为：

（1）线性图标。线性图标由直线、曲线、点等元素组合而成。该类图标轻巧简练，具有一定的想象空间，且不会对界面产生太大的视觉干扰。

（2）面性图标。面性图标在线性图标的基础上做了颜色填充，相比线性图标更加稳重、扎实，对色彩的传达也清晰明显。

（3）扁平图标。扁平图标去掉了透视、纹理、渐变等能做出 3D 效果的元素，让信息本身作为核心被凸显出来，并且在设计元素上强调抽象、极简、符号化。

（4）轻拟物图标。轻拟物图标没有拟物图那么写实，也不像扁平图标那么"平"，而是利用渐变和一些光影来达到两者之间的平衡，识别度高又不失美感。

四类图标示意如图 3-7 所示，从左至右分别为线性图标、面性图标、扁平图标、轻拟物图标。

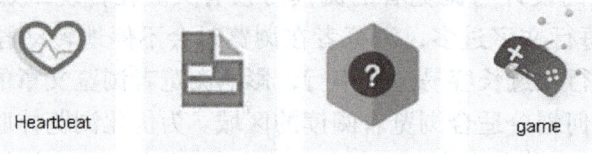

图 3-7　四类图标示意

2. 图像

图像在电子商务视觉设计中有很多种形式，可以让浏览者产生强烈、直观的视觉感受，在表现手法、工具和技巧方面有较高的自由度，可以产生较多的可能性。同时，图像往往是电子商务视觉设计中创意的集中体现。

以图像中最为典型的图片为例，好的图片需要好的审美、好的设计风格、好的细节。设计本身是"有源设计"，因为设计一定是所见、所闻的升华，将见过的事物变成自己的设计，就是"有源头"的设计，即"有源设计"。

（1）好的审美。设计初期需要观赏大量的"好图"来提升审美，让"不好看的图"从设计者的脑海中消失。简单地说，就是提高审美，用"好图"来滋养"审美"。

（2）好的设计风格。设计风格主要体现在标题文字的排版、点缀线的运用、色彩层次的搭配、图形点缀的运用和边框的设计上。对于风格的养成，需要不断地在设计实践中归纳和总结。

（3）好的细节。细节对设计感的提升至关重要，它不仅传递了图像中更多的信息，也能体现设计者的专业性。比如视觉重心是否对齐、字体对齐方式是否一致、段落对齐方式是否分级等。

如果说有源设计能力的提升有路径的话，可以遵循"临摹—改动—融合—创作—创造"的步骤进行实践和积累。

三、色彩

色彩是最有力的视觉表现,也是最直观的视觉感知。在视觉设计中,色彩常用于强调要突出的主体,使关键内容能吸引浏览者注意。色彩的选择与搭配不仅需要考虑页面的整体视觉效果,也需要兼顾浏览者的色彩喜好偏差及色彩在实际活动中所起到的作用。

1. 色彩与色相环

(1)色彩。生活中,色彩无处不在,漂亮的色彩常常通过有趣的搭配来展现。色彩无所谓"好"或"坏",关键在于组合是否协调。在电子商务的视觉设计中,人们对色彩的喜好偏差往往对他们的消费体验起着非常关键的作用。色彩包含色相、饱和度、明度三个要素。

1)色相是各类色彩的相貌称谓,如宝石蓝、淡青色等。色相是色彩的首要特征,是区别各种不同色彩的标准。

2)饱和度是色彩的鲜艳程度,也称色彩的纯度。饱和度取决于该色中含色成分和消色成分的比例。含色成分越大,饱和度越大;消色成分越大,饱和度越小。

3)明度是眼睛对光源和物体表面明暗程度的感觉,是由光线强弱决定的一种视觉感受。明度不仅取决于物体照明程度,还取决于物体表面的反射系数。

(2)色相环。色相环是由人类肉眼可以辨识的色彩色相所组成的色环,由12种基本的颜色组成。色相环包含三原色,即红、黄、蓝;原色混合产生了二次色,即橙、绿、紫;二次色混合产生了三次色。三原色是色相环中所有颜色的"父母"。在色相环中只有这三种颜色不是由其他颜色混合而成,在色环中的位置是平均分布的。色相环的作用是展示颜色之间的相互关联。

> **小贴士**
>
> 色彩与色相:色相是色彩可呈现出来的质的面貌,是色彩的首要特征,是区别各种不同色彩的最准确的标准。简单地说,色相是各类色彩的相貌称谓。

2. 色彩与情感

每个人都有自己喜欢的色彩,每种颜色都有独特的寓意。作为第一视觉语言的色彩,其吸引力往往超越内容本身。基于这点,合适的色彩搭配能够提升商品的印象,事实也表明,色彩往往会影响人们对商品的最终感受。

色彩具有象征性,而且色彩的象征性具有区域性和民族性。比如,黑色肃穆、黄色富丽和白色纯洁等。色彩的象征性见表3-1。

表3-1 色彩的象征性

色彩	色彩的象征性
红色	血气、热情、主动、节庆、愤怒
橙色	欢乐、信任、活力、新鲜
黄色	温暖、快乐、希望、智慧
绿色	健康、生命、和平、宁静
蓝色	可靠、力量、冷静、清爽、专业
紫色	神秘、高尚、优雅
黑色	深沉、黑暗
白色	朴素、纯洁、清爽、干净
灰色	冷静、中立

3. 色彩的作用与运用

（1）色彩在设计中的作用。色彩能帮助我们快速地建立浏览者认知，这里以基本的三原色为例，介绍色彩在设计中的运用。

1）红色。红色的色彩纯度高、注目度高、在视觉上产生的冲击力强，是视觉效果最强烈的色彩。在生活中，红色通常用于警示符号或者提示符号，如交通灯、灭火器等。在网页设计中，将红色背景与文字颜色合理搭配，可以起到振奋人心的作用。在以活动、节庆为主题的网站中会大面积地使用纯红色，而在其他主题网站中则使用加白或调暗后的红色。

2）黄色。黄色是所有色彩中最明亮的色彩。它是暖色调的基准色彩之一，常传递快乐、辉煌、充满希望和活力的感觉，也象征庄重、高贵和明亮。由于黄色的明度相当高，所以很容易受到其他颜色的影响，如稍微偏红些，就会呈现为橙色，就这一点而言，黄色是一个比较难以掌握的色彩。在生活中，黄色会让人想起太阳，也会引起人们注意，如校车通常都是醒目的黄色外观。在网页设计中，黄色因为具有明朗愉快的感觉，所以常被用作配色，尤其是各类信息网站，通常很少大面积使用纯黄色，主要用于小面积点缀，给页面增添一些典雅的感觉。

3）蓝色。蓝色是最冷的色彩，传递理智、安详、清洁、宁静和广阔之感。因为蓝色是天空和大海的颜色，容易让人联想到广袤的天空和深邃的海洋。在生活中，蓝色是永恒的象征，寓意勇气、冷静和永不言败，因此许多国家警察的制服和车辆常使用蓝色。在网页设计中，蓝色常用于强调科技感和企业的高效形象，令浏览者产生"可信"的心理感受。

除了基本的三原色外，还有很多色彩的具体运用技巧。例如，绿色为植物的颜色，象征着生命，可以传达出清爽、希望和生长的意向，而紫色可以给人以高贵、娇艳与优雅的感受。将各种色彩搭配起来，在设计中会展现各种具体的效果。

（2）色彩在设计中的运用。

1）引导感知。每个人对色彩的感受存在着不同的差异。相关研究表明，大多数男性和女性都喜欢蓝色和绿色，而不喜欢橙色和褐色。不同之处在于大多数男性喜欢黑色，讨厌紫色；而大多数女性喜欢紫色，讨厌灰色。设计者在得知浏览者对色彩的喜好偏差后，可以在此基础上做出更加合理的配色选择，以引导浏览者的感知。男性与女性的色彩喜好偏差见表3-2。

表3-2 男性与女性的色彩喜好偏差

性别	喜好色彩		讨厌色彩	
男性	蓝色、绿色	黑色	橙色、褐色	紫色
女性		紫色		灰色

2）刺激决策。在对色彩的研究中，业界总结出一条"七秒定律"：浏览者面对琳琅满目的商品，只需要7秒钟就可以确定对这些商品是否感兴趣，然而在这短暂而关键的"7秒"内，色彩的作用占到67%。"七秒定律"是20世纪80年代"色彩营销"理论的重要依据。

基于这一定律，设计者在网页设计中如果能将色彩搭配得恰到好处，就可以在极短的时间内刺激浏览者决策，收到较好的营销效果。

3）激发转化。美国数字营销公司Hubspot曾经做过一场选"A"还是选"B"的测试，用于测试不同颜色对用户点击转化造成的差异。测试中，两个测试页面在内容上完全一致，唯一不同的是按钮的颜色。在超过2 000人次的样本测试中，最终红色方案的点击率超过绿色方案的点击率。测试之前，大部分人都预测绿色的方案会获得更高的点击数，因为就直觉而言，绿色代表着通行，而红色则意味着停止。但实际上，红色用于营造紧迫感，通常用于清仓促销、购物按钮和警示页面，而绿色让人感到轻松，常用于用户注册、资料下载按钮及成功登录提示。

综上所述，在进行网页色彩设计时，不能单纯凭借设计者自己的喜好去配色，还需要考虑网站所营销的商品（服务）定位以及标准色和整体的色调，满足大多数浏览者的需要。值得一提的是，具体的色彩搭配需要设计者认真地了解设计需求，从浏览者的角度去感受，色彩的设计与运用不是限定的，是可以灵活调整和不断优化的。

四、创意

视觉设计中的创意大多基于表现形式，本身没有好坏之分，只有合适与不合适。视觉设计中常规的形式，大多不能满足人们的视觉设计需求，因此需要将编排与色彩有效结合，以创新的形式实现情感和意境的交融，从而影响浏览者的心理。

1. 设计中创意的来源

在生活中，即便是最平常的事物，都有可能引发我们新的思考。创意往往来源于生活，围绕我们的所有事物都可能激发我们的设计灵感。

（1）大自然。激发设计创意的一个方式就是去户外，观察大自然中所有奇妙的形状和色彩搭配。比如细赏我们常见的花朵如何巧妙融合亮色和对比色，形成颜色渐变，这些大自然的杰作就是我们构建调色板的基础。

（2）音乐。听音乐是一种可以让设计丰富多彩的方式。当听到不同类型的音乐时，总会感受到音乐传递的不同情绪。在设计过程中，可以收听一段与设计氛围相匹配的旋律，为设计增加一些灵感。同时，在倾听的过程中，设计师的脑海里会浮现不同的画面，这些画面也常被作为视觉设计的基础轮廓。

（3）艺术。在设计网页时，可以去看一看其他的艺术形式，如画作。设计就其本身而言，仅仅是艺术或者创造性表达的一种形式。常看某一种艺术形式（或者某一位大师的作品）容易形成惯性思维，可以选择不同的艺术形式欣赏。密切观察各种艺术形式的形状和物体相互连接、作用的方式，可以使设计师在脑海中规划出新的设计创意。

（4）包装。包装最大的亮点在于：可以使用非常小的空间来展现可读性非常强的信息。包装对视觉设计是非常有帮助的，多看看包装的设计，可以切实地帮助我们更加合理地规划小空间。同时，包装也有很多形状和样式，它可以帮助我们思考如何以不同的方式来呈现不同的内容。

（5）摄影。当视觉设计需要围绕照片进行时，可以去寻找一些很棒的摄影短片，将自己的设计聚焦于这些优秀的影像资料。对于视觉设计来说，摄影是一种显性的创意来源，使用相对较少，往往只是直接地去使用各种图片。如果手边没有任何图片，可以看一看类似国家地理这样的网站，因为这些网站的设计就是围绕图片展开的。

（6）时尚。时尚T台和杂志是观察颜色、搭配比例和图案流行趋势的好地方。我们可以将了解到的设计概念用于视觉设计。时尚设计师在设计中所使用的各种元素与搭配比例，可以帮我们快速把握流行趋势，走在设计前沿，理解或者思考未来的设计方向。

（7）室内设计。室内设计可以让我们在颜色和纹理方面得到较多的灵感。在家居卖场中观察或者触摸各种织物样品，可以帮助我们对网页的背景设计有一个形象化的概念。在现实生活中将各种颜色和纹理进行组合和搭配时，对我们如何在网页上实现自己的创意会有一定的帮助。

（8）食物。有些食物颜色和形状的组合非常有趣，如寿司。多看看食物或者与食物有关的网站可以让我们更好地理解颜色和形状的组合对我们感受的真实作用。

（9）老物件。人们或多或少都会有一些怀旧情结，当需要创造一些隐喻时，老物件可以提供帮助。硬币、电影海报和旧书籍都是隐喻的绝佳范例。这些资源可以帮助我们用不同的方式来进行隐喻思考。比如，许多旧书籍里都有手绘风格的图片，这些图片可以帮助我们在不同的设计中展现创意。

小贴士

隐喻（修辞学术语）：也称"暗喻""简喻"。巧妙地使用隐喻，可使语言更加生动、简洁、丰富。隐喻比明喻更加灵活、形象。

（10）建筑。建筑的构造和轮廓是设计灵感的重要来源。我们可以使用从建筑中看到的形状在网页设计领域创造一些有趣的东西。在历史的变革中，建筑本身往往被注入"生命"的象征，有生命力的元素往往可以展现更多的信息。在网页设计中，可以用建筑物的轮廓线来构建网页的框架，使之更加生动和富有时代感。

2. 电子商务视觉设计中的创意展现

（1）利用形状分割画面。在电子商务视觉设计中，常用特定形状将画面分为若干块，通过调整形状的面积、位置和顺序使画面更清晰。商品信息与广告语在各形状空间中分隔码放，让设计显得沉稳和理性。特定形状一般包括直切、弧切和斜切，直切显严肃，弧切显柔软亲近，斜切则让画面更具速度和动感。

（2）利用文案排版体现功能与形式。文案排版在具体设计时分为横向、纵向和纵横向三种。横向排版是最常用的排版形式，效果醒目直接，在实际应用中也可以采用整体小角度倾斜的方式表现稳中求变的个性化风格。纵向排版在画面中可以营造优雅、传统的氛围，在传统文化、民族风情等题材的商品广告中比较常见，但阅读流畅性较横向排版稍弱，可用于标题。纵横向排版结合了横向排版的易读性和纵向排版的美观性，在信息量较多的版面中，可将文字纵横穿插排版，遵循"主横次纵""小横大纵""多横少纵"的原则，使画面稳而不乱。

（3）图文的对比与统一。在电子商务视觉设计中，图片的地位和传播力是非常显著的，将图文结合可以很好地展现营销的各种元素。常见的编排方式有：上下分割、左右分割、整体与局部分割。上下分割编排方式简单稳重，在骨骼化编排的信息板块中比较常见。左右分割编排方式则考虑到浏览者大多采用横屏显示信息，灵活运用左右空间进行设计，展现图文间的解释、因果、补充等关系，契合浏览习惯。整体与局部编排方式展示图片时着眼于局部特征与亮点，使之与整体造型形成强烈对比，不仅可以让消费者一目了然，在推广上也能起到加深记忆、宣传卖点的作用。

（4）细节制胜。设计细节一直是打动浏览者的关键。常用的细节设计有纹理质感、字符间距和点线面。纹理质感：将商品本身特有的纹路肌理嵌入字体、图形或背景中，在有效控制画面素材数量的同时将商品质感属性扩大，提供较强说服力，营造整体的完整性与协调性。字符间距：虽然它是画面中最不起眼的细节，但也是决定画面品质的重要因素，在设计中要根据商品的特征来选择具体的字体、字号，紧凑的排列会给人以强烈的视觉冲击，而疏松的排列则传达恬淡轻松的意蕴。点线面：在设计中点、线、面时常穿插使用，它们之间既相互关联又各自作用，以线为例，无论是实线、虚线还是一串文字构成的线，都可以起到装饰、分割、提示、说明和引导的作用。

视觉设计虽然变化很多，但大多离不开字体、图形图像、色彩和创意，归结起来多是以上四个方面的不断延伸与变化，可以结合使用，也可以对单个方面进行突出设计，具体的做法需要根据实际案例灵活调整。

任务三　运用与探究商品图片的拍摄与处理

一、商品拍摄简述

商品拍摄的目的在于对商品进行有机的组织，利用合理的构图和恰当的用光，将商品表现得栩栩如生，给浏览者以真实的感受。

商品拍摄的特点：

（1）对象静止。商品拍摄区别于其他摄影的最大特点是，它所拍摄的对象都是静止的物体。

（2）摆布拍摄。商品拍摄不需要匆忙的现场拍摄，可以根据拍摄者的意图进行摆布。

（3）还原真实。商品拍摄不必过于追求意境，以免失去商品本来的面貌。

总体来说，商品拍摄要求将商品的形、质、色充分表现出来。形，指的是商品的形态、造型特征和画面的构图形式；质，指的是商品的质地、质量和质感；色，指的是商品拍摄要注意色彩的统一。

二、商品拍摄器材

1. 照相机

商品的拍摄需要一款适合静物拍摄的照相机，这类照相机需要具备微距功能。

2. 三脚架

三脚架是商品拍摄的主要附件，目的在于避免相机晃动，保证影像的清晰度。

3. 灯光

灯光是室内拍摄的主要工具，通常在室内拍摄时我们会使用三个 30W 以上的三基色白光节能灯，价格相对适中，色温也好，很适合室内拍摄。

> **小贴士**
>
> 微距：微距摄影是数码相机的特长之一，用微距拍摄可以把很普通的场景拍成戏剧性的场面。微距特别擅长表现花鸟鱼虫等细小的物体，对细节可以充分展示，而且拍摄者也可以随心所欲地表现自己在选题、构图、用光方面的创意，不像拍摄风光、人物、民俗文化等题材，要受很多条件的制约。

> **小贴士**
>
> 色温：它是一种温度衡量方法，通常用在物理和天文学领域，这个概念基于一个虚构黑色物体，在被加热到不同的温度时会发出不同颜色的光，其物体呈现为不同颜色。就像加热铁块时，铁块先变成红色，然后是黄色，最后会变成白色。

4. 商品拍摄台

在进行商品拍摄时，需要对拍摄商品进行平面支撑。平面可以是光滑平整的桌面，也可以是专业的拍摄台。

5. 背景材料

背景材料用于为拍摄提供适合的背景。可以到专业的照相器材商店购买正规的背景布或背景纸，也可以到布料市场购买质地不同的布料作为背景反复使用。最简单的方法是到文具商店购买一些全开的白卡纸来解决背景问题。

三、光线的运用

俗话说"摄影是一门用光的艺术"，在商品拍摄中，光影是必不可少的构成要素。正确掌握用光的方法，能极大限度还原画面的色彩，提升拍摄图片的层次和质感。

1. 光的强度

在自然界，光线在不同的时间，强度不同。中午的光线强度高于清晨和傍晚，晴天的光线强度高于阴天。光线的强度和光源的能量、距离有关。光线的强弱影响着画面的明暗程度，光线强画面亮，光线弱画面暗。在拍摄中要注意光线的变化，环境光线不够亮时，调节相机曝光度，增加光量；反之亦然。

2. 光的方向

不同方向的光，照射到被摄体上会有不一样的效果。从水平方向来看，基于被摄体和拍摄者的相对位置，光的方向一般分为三种，分别是顺光、侧光、逆光。

（1）顺光。顺光是指被摄体正面朝向光源，角度为0～15度。优点：顺光能使被摄体正面受光均匀，把细节和色彩表现得非常到位。缺点：顺光没有强烈的反差，往往只有光而没有影，从而缺乏层次感、立体感，画面容易显得平淡。为避免画面平淡，可以在色彩和构图上做些处理，选择色彩艳丽的景物作为主题或者适当加入一些前景。

（2）侧光。侧光是指被摄体侧面照射过来的光线，它能让物体产生明暗对比，有利于勾勒出被摄体的轮廓，有很强的层次感和空间感。优点：被摄体一侧受光便会产生强烈的明暗对比，使形态、线条、质感得以突出。缺点：在人像摄影中，侧光容易暴露皮肤的瑕疵，形成明暗过渡的"阴阳脸"。

（3）逆光。逆光是指从被摄体的后面正对镜头照射来的光线。逆光有利于勾勒轮廓，表现空间层次和营造气氛。优点：逆光具有很强的明暗反差，能增强被摄体的质感、视觉冲击力和画面的纵深感等。缺点：因照度不均，在曝光上难以把握。逆光拍人物时会有轮廓光，有非常强的艺术感和表现力，比如逆光剪影，可以创造富有戏剧感或意境的影像。拍摄一些透明景物时，如树叶、鲜花，可以采用逆光来突出透明质感。

3. 光的类型

光线按照类型分可以分为自然光、场景光、人造光。

（1）自然光。自然光是指太阳照射至地球上的光线，包括月光和星光，是我们用得最多的光线，也是最富于变化的光线。自然光能够给人以真实、亲切的感受，但强度和方向不能由摄影者任意调节和控制，只能选择改变被摄体的角度和等待时机。

（2）场景光。场景光是人造光源的一种，但不受摄影师的支配，如橱窗里射出的光线、演出现场的霓虹灯、街上的路灯等。在这种光线环境下，突出现场的气氛显得尤为重要。

（3）人造光。人造光在摄影里特指摄影师为了达到创作意图而设置的光源，如专业的影视灯、闪光灯，以及日常使用的手电筒、小台灯等。人造光有一大优势，光线的强度、方向、色温都由摄影师控制，简单来说，即人造光是为摄影服务的。

四、商品图片的常见处理

1. 构图

构图是指作品中对象的结构编排方法，是视觉设计中常用的技巧和术语。它是图片表达思想，获得艺术感染力的重要手段。

商品在被拍摄时的构图大多是通过拍摄者的主观意图摆设出来的，所以对构图和画面中各种关系的处理要求较高。实际上，商品在画面中布局的过程，其实质就是建立各种画面元素，包括主体的位置、陪体与主体的关系、光线的运用、质感的表现、背景对主体的衬托等。

在拍摄时要对被拍摄商品进行仔细的观察，取其最美、最具特点的角度。比如拍摄一匹陶瓷奔马，需要在主体奔跑的方向前留出一些空间；拍摄较大的物体，画面就要相对充实，给人一种规模宏大的感觉；拍摄多个物体，就需要考虑相互的陪衬和呼应关系。

（1）△形（三角形）构图。△形构图即三角形构图，是静物拍摄最常用的一种方式。它所表现的静物画面具有稳定性和庄严的感觉。在三角形构图中，主次的关系一般形成不等边的三角形，这样显得既稳定又不呆板。

（2）▽形（倒三角形）构图。与三角形构图相反，倒三角形构图极富动感，追求在不稳定的情绪中体现感觉上的变化。这种构图形式也是商品拍摄中较为常用的一种。

（3）S形构图。S形构图优美而富于变化，在商品拍摄中比较少用。S形构图通常借助线条的表现力来烘托商品的美感。

（4）对角线构图。在对角线构图形式中，主体会有所倾斜，加强了画面的冲击力度，给人以强烈的动感。

以上这四种构图方法是较为传统的构图形式。当然，商品拍摄的构图形式没有固定的模式，多加摸索和创新会拍摄出更富有视觉冲击力的好图。

2. 修图

（1）明确图片主题。如果浏览者观看图片时目光无法集中，说明该图片主题不明确。这时可以二次构图，删减多余的修饰、画幅、颜色，或改变构图方式（如将横构图变成竖构图），使图片主题聚焦。

（2）校正图片畸变。图片的畸变分为镜头畸变和透视畸变。校正原有的畸变后，可以提升图片的质量，使图片更加耐看。

（3）去除不和谐元素。照片中所有的元素都是为主题服务的，如果画面中有干扰主题的元素，就需要用修补工具把它去除。例如：通过污点修复，除去植物树叶上的斑点，让画面更加干净简洁。

（4）调整图片影调。影调可分为高调、低调和中间调。高调画面主体偏亮，低调画面主体偏暗，中间调画面明暗比较平衡。分析影调时，要判断图片适合什么影调，然后调整影调中的问题。

（5）调整图片色彩。判断色彩是否需要调整一般需要思考三个问题：色彩关系是否需要改变？图片的主色调是什么？为什么要调成这种颜色？

1）色彩关系是否需要改变？需要看图片本身的色彩是否杂乱，是否影响了主题的表达。如果图片中的颜色很多，干扰了主题，就可以通过 HSL 工具统一色彩。

> **小贴士**
>
> HSL：HSL（Hue、Saturation、Lightness，色相、饱和度、亮度）是一种将 RGB 色彩模型中的点表示在圆柱坐标系中的方法，也是目前运用最广的颜色系统之一。

2）图片的主色调是什么？通常图片的主色调是其原本的主要颜色，比如以树叶为主的图片，绿色就是它的主色，后期就可以加强绿色这个主色调。如果现有图片的绿色不够纯，并且色彩不够吸引人，可以使用 HSL 工具将叶子中夹杂的黄色统一调为绿色，并且降低绿色和黄色的饱和度、明度，最后增大影调的对比度。

3）为什么要调成这种颜色？调色需要了解色彩情感。如果想要用颜色来表达情感，可以改变画面原本的颜色，给照片换一个主色调。比如，主色调使用青色和黄色，会给人一种宁静和温暖的感觉；主色调使用紫色，可以给人一种梦幻和神秘的感觉。

当然，也可以模仿优秀的作品或者分析之前制作的图片，从色彩、光影、构图等方面逐个分析，不断开阔自己的思维，形成并拓宽自己的图片拍摄和处理思路。

任务四　探究电子商务视觉中常见的 UI 设计

一、什么是 UI 设计

1. UI 与 UI 设计

UI（User Interface，用户界面）是一个广义的概念，包含软硬件设计，涵盖了 UE（User Experience，用户体验）、GUI（Graphical User Interface，图形用户界面）、ID（Interaction Design，交互设计）等几个设计类别。

> **小贴士**
>
> ID 与 IxD：为区分交互设计（Interaction Design，ID）与早期工业设计（Industrial Design，ID），也将交互设计称为 IxD。工业设计是指以工学、美学、经济学为基础对工业产品进行设计，分产品设计、环境设计、传播设计、设计管理四类。IxD 所代表的交互设计，是指任何应用之间的互动设计，是定义和设计人造系统的行为，包含两个或多个个体之间互动交流的内容和结构，使之相互配合，达成某种效果，关注以人为本的用户需求。

从工作内容上看，UI 设计主要有三个方向：研究界面、研究人与界面的关系、研究人。

（1）研究界面。研究界面的图形设计师，常被称为"美工"，研究软件产品的外形设计，如平面设计、版式设计等。

（2）研究人与界面的关系。研究人与界面关系的交互设计师，负责设计软件的结构、操作流程、交互规范等，一般需要有软件工程背景。

（3）研究人。研究人的用户测试/研究工程师，为保证产品质量，在产品推出之前做设计测试，测试设计的合理性和图形设计的美观性。

2. UI 设计的原则

（1）清晰明了。简洁的界面方便用户了解和使用产品，同时降低用户在操作时发生错误的概率。

（2）负担最小。人们短时间记忆有限且不稳定，设计时要考虑人类大脑处理信息的限度。因为浏览信息比记忆更容易，设计时要尽可能方便用户浏览。

（3）界面一致。界面结构清晰一致是每个专业网站共同的特征，界面风格应与产品内容保持一致。对于相同的问题，提供统一的解决方案，不仅可以减轻用户的认知和记忆负荷，也有助于打造符合直觉的产品体验。

（4）美观大方。符合审美的设计能让用户清晰、快速地完成其产品目标。

（5）契合习惯。从用户角度出发，想用户所想，做用户所做，在真实和虚拟两个不同世界的比较中挖掘用户习惯，完成更符合用户要求的设计。

（6）安全灵活。让用户能灵活方便地使用界面内各种元素，不局限于图标、按钮、链接等单一的工具。同时，当用户进行危险选择时，应适时提供信息提示，让用户感受到安全保障。

（7）个性化。设计需要满足用户的体验需求，如高效、舒适。设计不同的界面或依据不同的用户习惯定制界面，是人性化的体现。

二、导航设计

导航在电子商务设计中扮演着对信息分类的角色，旨在帮助浏览者找到想要的信息，完成预期任务。相较于菜单设计，导航是"信息分类合集"，而菜单是"动作分类合集"。在电子商务视觉设计中，明确如何在狭小的屏幕空间选择合适的导航形式表达业务内容，显得尤为重要。

1. 导航的作用

（1）告诉浏览者这里有什么。导航通过可视化的层次结构，有效地告诉浏览者网站上有什么内容。

（2）告诉浏览者如何使用网站。好的导航能够帮助浏览者规划操作，巧妙地告诉浏览者应该从哪里开始浏览，能进行哪些选择，帮助浏览者快速找到所需内容。

（3）确定浏览者的位置。当浏览者到达某一个地方，好的导航会告诉浏览者其所在的位置，避免迷路。

2. 导航的分类

从结构和交互层面出发，导航可分为全局导航、局部导航和其他导航等。

（1）全局导航。全局导航（见图3-8）可以覆盖整个网站（产品）的通路，往往是网站（产品）的一级信息分类，是浏览者操作过程中贯穿始终的导航。它不一定包含全部信息，但一定可以辅助浏览者到达关键节点。

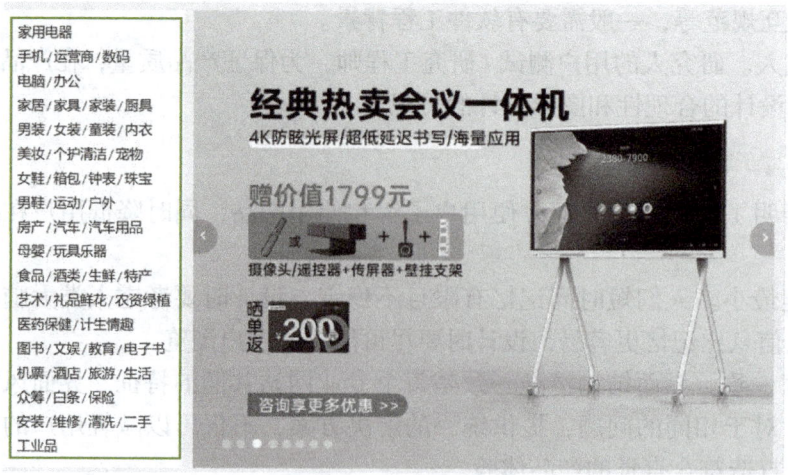

图 3-8 全局导航

（2）局部导航。局部导航（见图 3-9）是指在同一个架构中，能够引导至当下节点的上下一级通路。局部导航与全局导航有严格的父子层级关系，局部导航帮助浏览者进入更加特定的页面。通常情况下局部导航为二级导航。

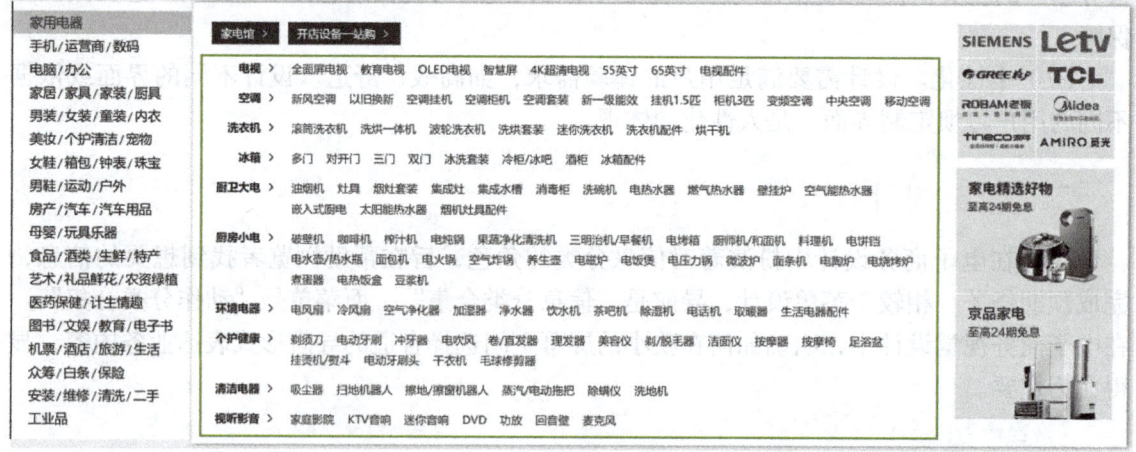

图 3-9 局部导航

（3）其他导航。

1）辅助导航。当浏览者使用全局/局部导航不可达时，为浏览者提供到达特定位置的快捷路径。

2）内嵌导航。内嵌导航也称上下文导航，是嵌入页面自身内容的导航，提供检索引导和上下文超级链接。

3）友好导航。友好导航为浏览者提供便利的信息入口或个人服务，通常包含用户登录、消息、帮助等功能。

3. 导航的设计步骤与技巧

（1）导航的设计步骤。

1）为每一个导航项做好定义。明确为什么需要这样设计导航，如何分层，每层每个导航项是否定义清晰，是否存在重名但是内容不一样的情况。重视导航的引流作用，最大限度地帮助浏览者找到所需信息。

2）理解浏览者的操作逻辑。浏览者在浏览操作时都有基本的逻辑路径，设计者要根据这些逻辑来设计导航的分类和层级。例如，侧边导航是否能够最大限度地帮助浏览者，并符合他们的日常操作习惯。

3）区分不同浏览者的权限。在界面展示中，往往需要根据不同的浏览者展示不同的内容，即让不同的浏览者看到不同的内容。可以考虑浏览者的需求和习惯的不同，结合账号权限，赋予浏览者不同的浏览权限。

4）将相同的数据来源归并。不同的界面有不同的数据来源支撑，相同的数据来源往往会支撑一组不同的界面。可以根据数据的来源、性质，归并同类界面。例如，同属于元数据的商品数据查找、记录、历史、位置等，可标记为相同数据类型，将界面导航做归并处理。

5）结合浏览者使用频次设计。浏览者高频次使用的可以优先展示，低频次使用的可以降低展示权重。使用用户调研或者数据埋点的方法，可以得到浏览者的使用频次，并以此整理一级、二级甚至多级导航，再以此为序进行设计。

6）设计合理的导航布局。导航布局涉及导航的外观，包括导航的位置、大小和组合方式等，关键是将可用性放在第一位，其次是关注浏览者的体验。

（2）导航的设计技巧。

1）控制导航的层级。在保持 PC 或手机等多端操作一致的情况下，控制导航的层级，一般二级最为有效。理想状态下，浏览者需要点击的导航层级越少，达到目标页面的速度越快，路径也越清晰。可以尝试使用"卡片分类法"对信息进行分类，综合考虑信息分类的深度和广度。

2）让导航便于扩展。竖向导航的可扩展性比横向导航要强，可展示的内容更多且相对流畅。设计时，要尽可能实现当产品发生变化时，导航自身不需要发生太大的变化。

3）让导航清晰易懂。导航是否清晰且易懂，取决于它的大小、位置、颜色、形态。应确保导航的大小是合理且醒目的；位置是浏览者熟悉的；当操作时导航所做出的响应是积极的，如展开或颜色变化等。

4）导航的反馈一致。浏览者在使用导航时，导航上所有的编排、控件，包括"跳转"提示，都应该保持一致的反馈方式，例如统一使用加红跳转等视觉提示。

在导航设计中，严谨的信息结构搭建是前提，注重 Logo 等可视化语义表达和交互细节反馈是关键。设计的突破往往源自对产品属性的深入思考，但需谨记，改变用户习惯是需要付出成本的。

三、Banner 设计

1. 什么是 Banner

Banner 即横幅广告（Banner Ad.），是电子商务中最早、最常见的广告形式，又称"旗帜广告"，一般横跨于网页上方，呈矩形布局。

Banner 由 4 部分内容组成：文案、商品/模特、背景、点缀物，其中点缀物为非必需元素。Banner 的设计需要满足信息表达明确、吸引浏览者点击、符合产品风格等要求。它是电子商务视觉设计中非常常见和重要的宣传方式。Banner 示例如图 3-10 所示。

图 3-10 Banner 示例

2. Banner 的设计关键

（1）Banner 的构图。构图是 Banner 设计的第一步，在排版的时候，首先要根据 Banner 的内容确定一个大概的构图，再去丰富版式的细节。常见的构图方式有：左字右图、左图右字、左中右构图、上下构图（见图 3-11）等。

左字右图和左图右字都是 Banner 中常见且容易掌握的版式，中规中矩，不易出错。左中右构图一般用于对称商品或人物的展示，版式相对丰富一些。上下构图适用于需要展现的对象较多，简单左右排列无法完全呈现的情况。

（2）Banner 的字体。正确地选择字体在 Banner 设计中也非常重要，字体与画面的风格要一致，这样整个画面看起来才是一个和谐的整体。比如，画面中的人物是女生，就不适合使用粗犷硬朗的字体，要用能够衬托出主角气质的字体。

字体一般分为两类，一类是系统字体，另一类是设计师自行设计的字体。设计师在设计字体时，可以在系统字体的基础上做些改变，或者重新设计字体的笔画。比较文艺的画面常用宋体和黑体，这两种字体容易表达文艺感和品质感。Banner 中的字体效果展示如图 3-12 所示。

图 3-11 Banner 中的上下构图示例

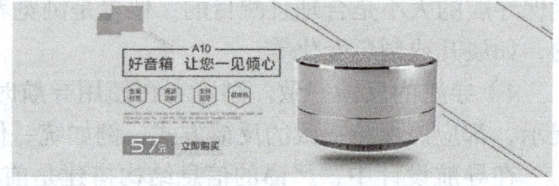

图 3-12 Banner 中的字体效果示例

（3）Banner 的配色。Banner 设计中，配色效果尤为显著。常用的两种配色方法如下：一是将素材黑白化，再根据文案和人物的气质选取合适的颜色；二是在素材中直接吸取合适的颜色，调节饱和度和明度，调出一个基本色，再取基本色的对比色、近似色作为辅助色。Banner 中的配色效果示例如图 3-13 所示。

图 3-13 Banner 中的配色效果示例

（4）Banner 的装饰。Banner 设计中，装饰虽非必需，但若运用得当，可以显著提升视觉效果。装饰常见于点、线、面或者一些手绘的元素等，在确定基本的构图和配色之后，加入一些小元素和小装饰，会让画面更有细节和设计感。Banner 中的装饰示例如图 3-14 所示。

图 3-14　Banner 中的装饰示例

设计一张版式丰富的 Banner，需要分析、学习优秀作品中好的版式、字体、配色和装饰，并将这些元素巧妙地运用到自己的设计上。

四、Logo 设计

Logo 设计是一种图形艺术，与其他图形艺术相比，其最大的不同在于对简练、概括、完美的要求十分苛刻。一个好 Logo 往往完美到无法替代，其难度相较于其他图形艺术要大很多。

1. Logo 设计的表现形式

（1）字母 Logo。字母 Logo（见图 3-15）由一组字母组成，通常是公司或者品牌的首字母，简单易懂是字母 Logo 的特质。

（2）文字 Logo。文字 Logo（见图 3-16）是一种基于字体和排版的标识，集中体现品牌名称。与相对单一的字母组合不同的是，结合了视觉表现力的排版后，文字 Logo 更有助于创造强而有力的企业或品牌认知度。

图 3-15　字母 Logo　　　　　　　　图 3-16　文字 Logo

（3）图形 Logo。图形 Logo（见图 3-17）是指基于图标或图形的标识。它的设计一般基于大众看到企业或品牌名称时，第一时间在脑海中浮现出的图形或象征物。

（4）抽象 Logo。抽象 Logo（见图 3-18）是一种特定类型的图形标识，一般采用抽象几何形式来代表企业或品牌形象。

图 3-17　图形 Logo　　　　　　　　图 3-18　抽象 Logo

（5）吉祥物或特定人物 Logo。吉祥物或特定人物 Logo（见图 3-19）是一种涉及拟人化形象或人物角色的标识。吉祥物是企业或品牌的代表性图解人物，也可以理解为企业或品牌的形象大使。

（6）组合 Logo。组合 Logo（见图 3-20）是由字母、文字、图形、抽象图形、吉祥物等元素组合而成的标志。在设计中，各元素可以根据需要选择，采用并列、堆叠或融合的方式排列。

（7）徽章式 Logo。徽章式 Logo（见图 3-21）是由特定图案或特定图案与文字相结合的形式所构成的标识。类似于我们平常看到的徽章、饰章和印章。

图 3-19　特定人物 Logo　　　　图 3-20　组合 Logo　　　　图 3-21　徽章式 Logo

2. Logo 的设计技巧

（1）简洁易懂。优秀的 Logo 设计往往追求简洁易懂，例如将简洁的 Logo 标识和公司名称相结合。简洁的 Logo 形象设计，能被浏览者够迅速理解和记住。

为了确保 Logo 的设计足够简洁，应尽量遵循下面的准则：

1）文字 Logo 的长度不要超过四个字（或 30 个字符）。

2）坚持使用三种或更少的颜色。

3）避免使用多种设计技巧或者特效。

4）避免使用纯文本和艺术作品。

（2）明确设计目标。所设计的 Logo 应该精确且有效地代表它所对应的公司或品牌。不同的色彩和形状有着不同的含义，并对浏览者产生不同的影响，在特定的行业背景下，Logo 的配色和结构也有着不一样的含义。

设计者通常需要考虑以下问题：

1）Logo 能否展示产品的功能或者特色？

2）Logo 中的图形能否传递正确的内容？

3）Logo 能否独立使用？

在构思 Logo 中的视觉元素时，可以重点考虑以下几点：

1）使用几何图形体现强力感。

2）使用衬线字体体现传统、复杂、正式、尊重。

3）使用有机线条体现温暖、关怀、创新。

4）使用插画体现时尚、有趣、炫酷。

5）使用有触感的形状体现亲和力。

（3）合理使用色彩。虽然优秀的 Logo 设计既可以多色呈现，也可以单色呈现，但为了确保 Logo 足够简洁且有一定的识别度，通常建议包含的色彩不宜超过三种。在色彩的使用上，倾向于选择更为明亮的色彩，并可以适当融入时尚色彩。为了让 Logo 耐看且拥有持久的生命力，不宜使用太多的时尚色彩或元素。

（4）加入灵活元素。Logo 的灵活设计体现在其适应性上：

1）能否和图片搭配起来使用？
2）能否和标语搭配起来使用？
3）放大或者缩小后效果是否依然很好？
4）是否有适用于移动端和网站的版本？
5）与新产品结合在一起是否显得违和？

当 Logo 的设计既简洁又美观，且在不同的场景和变化下足够灵活和自然，那么这样的 Logo 就具备良好的可读性。

设计优质、令人印象深刻的 Logo，看似简单，实则需要大量的时间来打磨和修改。

3. Logo 的设计流程

Logo 归根结底是一种精神的象征。人们往往将 Logo 视作一个好看的标志，但将 Logo 出色地视觉化是一个相对复杂的过程。这需要结合企业、品牌或主题，深入挖掘需要传递的信息，了解企业或品牌的文化价值，并将这些作为设计的依据。

Logo 的设计流程如图 3-22 所示。

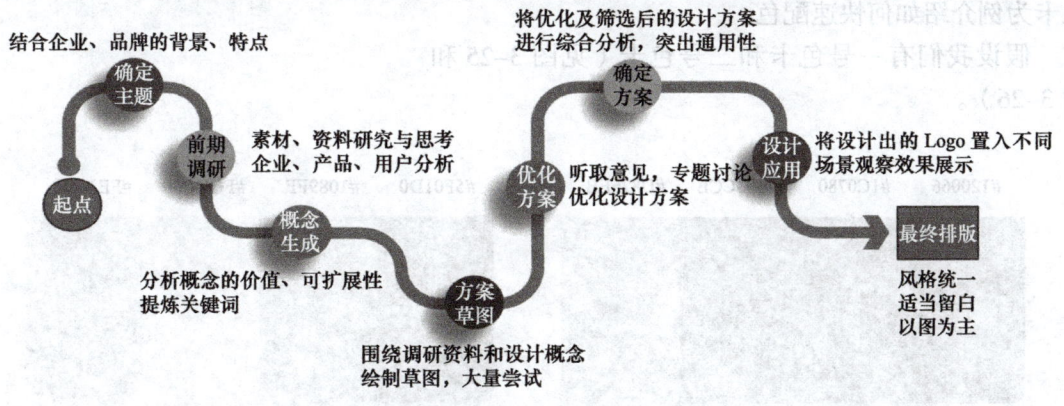

图 3-22　Logo 的设计流程

图文解说

图文解说一　十二色相环

十二色相环（见图 3-23）的设计特色是以三原色为基础色相，色相环中每一个色相的位置相对独立，排列顺序和彩虹以及光谱的排列方式一致，12 个颜色间隔一致，形成 6 对补色，分别位于直径对立的两端，发展出十二色相环。其中，三原色 3 个：红、黄、蓝；间色 3 个：橙、绿、紫；复色 6 个：红橙、黄橙、黄绿、蓝绿、蓝紫、红紫。

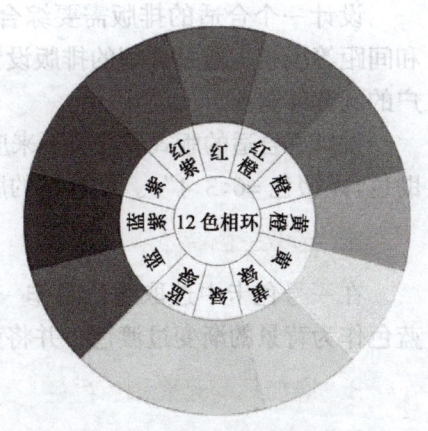

图 3-23　十二色相环

图文解说二 海报设计

海报，又称"招贴"，是一种在户外如马路、码头、车站、机场、运动场或其他公共场所张贴的速看广告。海报设计是应用最早且最广泛的宣传品，其展示面积大、视觉冲击力强，能够有效突出企业的口号和宣传意图。海报示例如图 3–24 所示。

图 3–24 海报示例

场景实践

场景实践一 如何基于产品快速配色

配色在设计中一直非常关键。基于产品快速配色的常用方法有两种，一是直接拿优秀设计师的作品吸取颜色，二是使用色卡。色卡是不错的选择，下面以色卡为例介绍如何快速配色。

假设我们有一号色卡和二号色卡（见图 3–25 和图 3–26）。

图 3–25 一号色卡

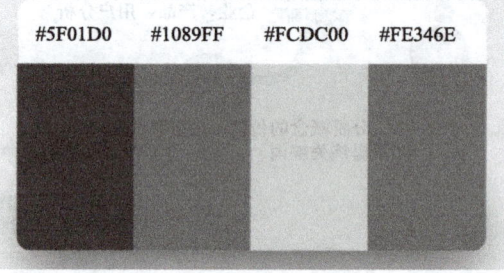

图 3–26 二号色卡

1. 设计一个合适的版式

设计一个合适的排版需要综合考虑配色方案、字体选择、图片和图标的使用以及布局和间距等因素。通过合理的排版设计，可以营造出符合品牌或项目风格的视觉效果，提升用户的阅读体验。

设计好合适的版式后，接下来应专注于背景配色。通常配色遵循以下公式比："主色：辅助色：点缀色 =6：3：1"。设计好的版式如图 3–27 所示。

2. 选取主色调

在一号色卡中选取颜色制作一个微渐变背景（见图 3–28），这里建议使用暗蓝色和紫蓝色作为背景的渐变过渡色，并将蓝色"#403CCE"作为主色调。

3. 增加几何元素和点缀色

使用几何元素来丰富背景，增加视觉效果，几何元素的规则和样式可自行设计。此外，再选取紫色作为点缀色,如图 3-29 所示。

4. 使用二号色卡添加几何修饰

使用对比强烈的二号色卡,以增强视觉效果,并通过几何元素的使用丰富整体表现,如图 3-30 所示。

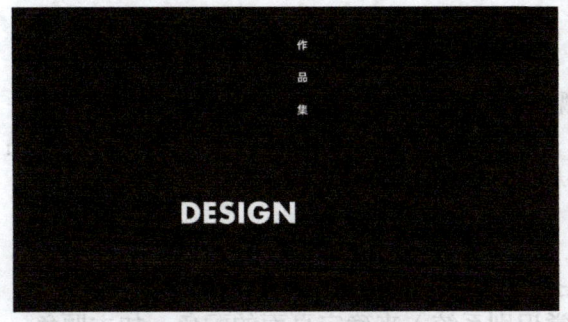

图 3-27　设计好的版式

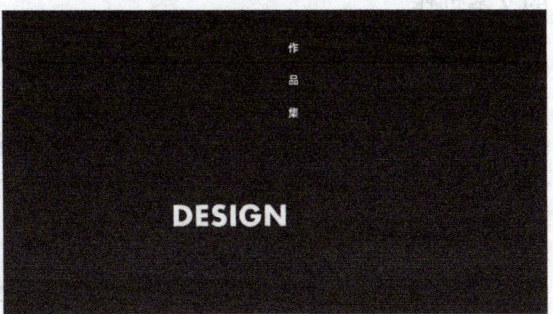

图 3-28　选取主色调

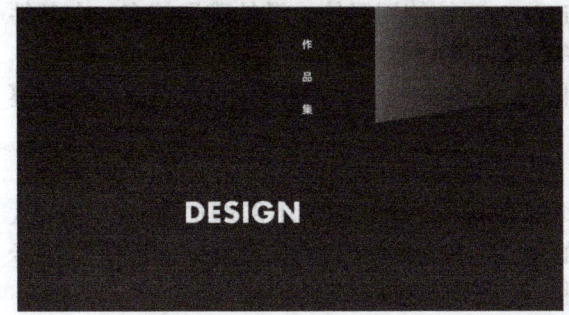

图 3-29　增加几何元素和点缀色

图 3-30　使用二号色卡添加几何修饰

场景实践二　如何设计商品详情页

大多数产品和服务都会配有详情页。在电子商务中,商品和服务的详情页是浏览者获取产品和服务详情的关键途径,旨在吸引浏览者购买。

详情页如同产品和服务的前端展示窗口,浏览者可以从这个页面全面了解产品和服务的细节,如商品参数、服务人群、核心优势、注意事项等。成功的详情页设计可以为产品和服务带来超高的转化率和销售额。

设计详情页时,需要梳理信息结构、设计文案、构思表现形式,并进行视觉设计。此外,还可以融入营销策略和品牌等元素。

1. 梳理信息结构

梳理信息结构就是思考详情页的页面内容结构,具体来说,就是确定这个页面放什么内容,以及内容的顺序怎么排列。如果没有头绪,可以参照 FABE 模型进行规划。好的结构设计会使详情页即便不加任何额外内容,也可以取得

> **小贴士**
>
> FABE:FABE 是一种销售法则,它把商品的特征(Features)、商品的优势(Advantages)、客户利益(Benefits)以及对卖点的证明(Evidence),按照科学的逻辑有机地结合在一起,形成一种有效的技术和工具。如果你需要思考一个详情页到底应该先放"品牌优势"还是先介绍"用户痛点",那么这个模型可以为你提供一个可参考的标准。

很好的视觉效果，让浏览者阅读起来感到自然流畅。

2. 设计文案

文案设计是商品详情页的灵魂，在开始具体文案内容创作之前，可以先设计文案结构，以结构设定"节奏"，如字数和行列等。然后，根据商品特点采用"填词"的方式进行具体的文案创作。

3. 构思表现形式

思考设计的表现形式对详情页的最终呈现效果具有很大的帮助。比如，当需要展示一个产品的成功案例时，可选择的内容形式很多，可以采用买家的评论截图，也可以采用商品认证信息，而这些都需要专业的设计师来巧妙构思和精心设计。

4. 视觉设计

视觉设计是详情页设计中的重要环节，包括配色、字体、排版、图片和修饰元素等。

（1）配色。一般可以根据 Logo 或 VI（视觉识别系统）来确定页面的配色，如主题色、辅助色、渐变色等，这样会确保整个设计的统一性。

（2）字体。可以选择开源免费的字体，Windows 系统使用黑体、微软雅黑较多，在条件允许的情况下，可以考虑使用付费字体或者让字体设计师单独设计。

（3）排版。一个详情页可以拆分为多个部分，各部分间可以重复使用，但一般需要遵循四个原则：亲密性、对齐、重复和对比。

（4）图片。需要确保图片高清且和主题相关，风格统一。

（5）修饰元素。增加修饰元素可以提升页面的整体设计感，但不能增加太多。可以从 Logo 或 VI 中提取元素，这样不仅丰富了页面的设计，还增强了品牌识别度，加深了浏览者对企业和品牌的印象。商品详情页设计示例如图 3-31 所示。

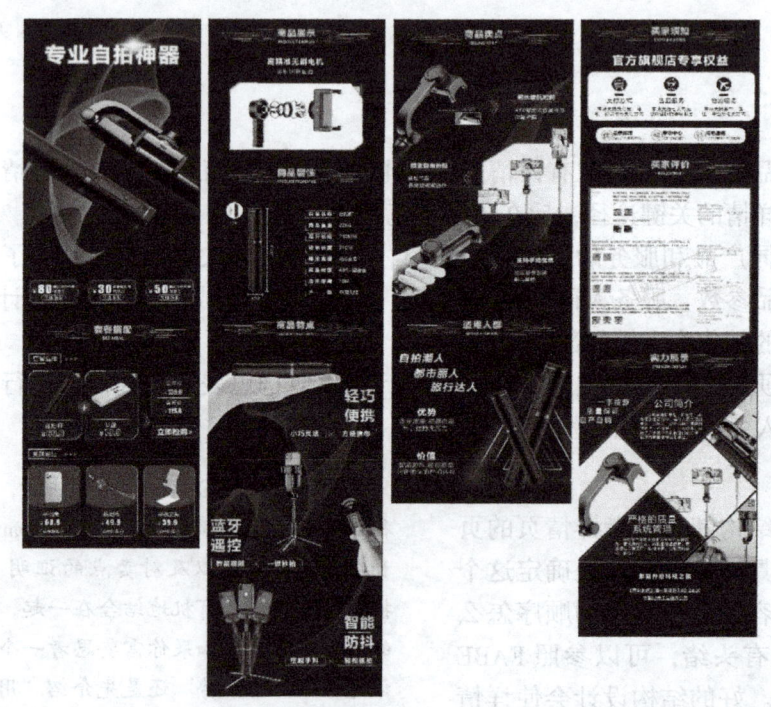

图 3-31 商品详情页设计示例

> **素养园地**　视觉信息的变化，时代美学的变革

一、案例导入

视觉信息的设计与传递在商业领域一直扮演着重要的角色。20世纪90年代，电视机里反复播放的"健力宝"广告，是我国较早的一批广告。从电视到互联网，从广告到直播，伴随着经济大潮的起伏，各种视觉呈现应运而生。细细品味，可以说我们在成长岁月里接收的视觉信息，也反映了时代的美学变革。对商品的拍摄、文案的修饰、细节的处理，都是对商品、品牌的一种深入解剖。

视觉信息的设计和传递往往能让消费者更深刻、更主动地去理解商品。隐喻的内容和变革的手法不仅体现了商品本身，还体现了商品制造者和营销者对商品的定位和期待。

在电子商务领域，每件商品的主辅图、详情页，乃至标志和活动海报等都体现了视觉的效果，在美学的基础上体现了对营销的导向。随着时代的发展和技术的更迭，作为沟通方式之一的视觉表达，其实就是鼓励消费者自己去浏览乃至探索，在发现细节的同时乐于购买。这些无处不在的变化，也正见证了我们伟大祖国的发展，展现了物质充盈的时代缩影。

二、案例讨论

1. 理解视觉设计在电子商务活动中的重要性，并举例说明。
2. 你认为复古的质感如何在设计中表达，它有助于营销吗？

三、分析与建议

视觉设计是通过文字编排和表现形式营造的一种直观的画面视觉感知，也是由细节整合而成的整体呈现，更是设计目的的最终感官呈现。

在信息爆炸的时代，人们对文字信息的接受程度远远小于图形。在视觉设计中，有效传达信息是最根本的任务。在突出目的、保证有效传递信息的同时，还要让消费者感受愉悦、提升产品辨识度。

简单地说，视觉设计是对营销结果的逆向思考，运用设计手段和表现形式整合实现结果，以满足消费者视觉感知的需求。其具体目的可以概括为：①有效传递信息；②简洁而优雅的表达；③制造愉悦的用户感知；④和谐统一的元素组合；⑤满足视觉感知的需求。

我的学习评价

提示：在本项目学习结束时，请填写此学习评价表（配套资源包已备电子版），可另增附页，并上交指导教师。

项目三　探究电子商务中的视觉设计技术（学习评价表）							
姓名			班级			学号	
本项目练习记录							
本人在学习中的发现与创新尝试							
本项目评定格次							
基本概念掌握		学习思路与语言表达			思考的正确性		综合得分

项目四

探究电子商务中的安全与电子支付

课前思考

我们身边的网络面临哪些安全威胁

电子商务为消费者带来极大便利的同时,也暴露出许多需要关注的网络安全威胁。

1. 网站篡改

网站篡改是一种低级别的网络攻击方式,主要针对安全性差且缺乏维护的小型网站,通过篡改页面信息内容实施攻击。

2. 木马病毒

木马病毒是计算机众多病毒中的一种,指隐藏在正常程序中的一段具有特殊功能的恶意代码。这段代码通常具备破坏和删除文件、发送密码、记录键盘操作和发起攻击等特殊功能,是一种后门程序。

3. 分布式拒绝服务攻击

这是一种通过控制多台计算机同时发起大量信息,以淹没攻击对象的安全系统的攻击方式。这种方式使攻击目标的系统运行超出安全阈值而发生"跳闸",同时由于来源分散,容易分散安全管理团队的注意力。

4. 勒索软件

勒索软件使用恶意手段阻止用户对计算机的文件、数据或程序进行正常访问,直到受害者向

> **小贴士**
>
> DDoS:DDoS(Distributed Denial of Service,分布式拒绝服务)是指处于不同位置的多个攻击者同时向一个或数个目标发动攻击,或者一个攻击者控制了位于不同位置的多台机器并利用这些机器对受害者同时实施攻击。由于攻击的发出点分布在不同的地方,所以这类攻击称为分布式拒绝服务攻击。

攻击者付款。这类威胁有明显的财务动机，且呈现愈演愈烈的趋势。

5. 武器化作战技术环境

网络犯罪分子通过关闭关键硬件或软件，将使用者锁定在程序和资产之外，或使重要服务无法使用。这一操作有可能对人们造成伤害，如急诊室突然关闭或医疗数据丢失等。

6. 渗透攻击

攻击者利用网络或系统存在的潜在危险和漏洞，采用迂回渐进式的攻击方法。通过长期而有计划的操作，攻击者逐步渗透进入网络或系统，直至完全控制整个网络或系统。

7. 深造技术

深造技术是一种制造"深度学习"和"虚假信息"混合体的技术。它将一份经过编辑的作品包装成当事人看起来好像有人说过或做过但实际并未发生过的事情。例如，将某人的声音和支付指令结合，通过电话让操作者感觉到是与当事人交谈，从而发起支付操作。

此外，随着加密货币的使用越来越广泛，网络攻击的支付方式也变得更加隐蔽。

学习目标

【知识目标】
- 熟悉电子商务中的安全问题与关键技术。
- 识记电子商务中的安全协议和安全策略。

【能力目标】
- 能够熟练使用各类电子支付工具。
- 能够熟练操作常用的杀毒软件和防火墙软件，具有数据合规意识。

【素养目标】
- 加强安全防范意识，理解安全对于经济活动的重要意义。

任务一　熟悉电子商务中的安全问题与关键技术

电子商务作为一种新兴的商业方式，伴随着互联网的迅猛发展而愈发普及。这些基于网络的应用程序和服务除了能简化交易、降低成本，也使个人和公司信息资源的安全风险大大增加。

电子商务安全是一个多层次、多方位的系统的概念：广义上讲，它不仅与计算机系统结构有关，还与电子商务应用的环境、操作人员的素质和社会因素有关，它包括电子商务系统的硬件安全、软件安全、运行安全及电子商务立法；狭义上讲，它是指电子商务信息的安全，主要包括信息的存储安全和信息的传输安全。

在电子商务领域，对于需要保护的目标，威胁往往来自未经授权的访问，而威胁产生于攻击，攻击源于软件或硬件的错误配置、不够完善的网络设计、固有的技术弱点和用户的粗心。目前，无法完全做到及时预防与消除风险，但有效的风险管理和评估可以将安全风险降到最低。安全管理的目的就是通过有效的管理将安全风险降至一个可接受的范围，并基于这一点尽可能地降低成本支出。

一、电子商务的安全需求、影响因素和目标

1. 电子商务的安全需求

随着互联网的快速发展，电子商务的交易内容日趋多样化，同时各种类型支付业务的电子化普及也显著推进。这一趋势一方面使电子商务得以深入开展，另一方面也使电子商务所依托的网络在面临"如何开放"和"开放程度"等问题时，愈发难以找到合适的平衡点。

电子商务对安全的需求建立在原有计算机网络安全需求的基础之上，更加关注商务信息的安全性，特别是信息的存储与传输。

简单地说，人们在电子商务环境下希望采取安全措施以确保以下内容：

（1）用户只执行已授权的任务。
（2）用户只能获取已授权的信息。
（3）用户不能对数据、应用程序或系统操作环境进行破坏。
（4）系统能够跟踪用户的操作及这些操作访问的网络资源。

此外，安全不仅意味着不受外界的恶意侵害，也包括防范系统内部的控制错误和设备故障所产生的安全影响。事实上，高达80%的安全问题源于系统内部。

任何能够防止攻击、错误和故障的安全措施，都有助于预防随机发生的安全问题。这些措施往往在问题发生时发挥重要作用，但即使没有发生问题，所投入的安全成本也并非无效。

2. 电子商务安全的影响因素

所有快速发展的产业都需要安全的保障，同样，在电子商务的发展中，众多因素推动着电子商务安全的发展。

（1）法律和隐私。对于企业和用户来说，遵守安全策略的主要驱动力来源于法律要求。任何导致企业业务操作延迟、失败或用户隐私泄露的安全问题，都会给企业带来不良影响，甚至引发诉讼。企业在开展业务的同时，有义务依据法律法规的相关要求，告知用户应知晓的信息并保护他们的隐私。同样，用户也应该遵守相关的法律法规，规范自己的言行。

（2）无线访问。随着无线技术以及智能手机、掌上电脑等相关设备的普及，无线访问带来的安全威胁和攻击技术也日益增多。面对这一变化，需要采用相应的技术和方法来保证电子商务的安全，并对原有的有线访问、验证和授权等标准和方法进行改进和升级。

（3）访问速度。人们在使用网络服务时，对访问速度提升的诉求是一直存在的，特别是随着电子商务中商品展现技术的不断发展，对网络带宽提出了更高的挑战。很显然，当安全需要保障时，访问速度势必受到影响。因此，是否需要牺牲部分安全诉求来保障网速，不仅是一个技术问题，更是一个策略问题。传统基于软件的安全方法一直存在传递速率和安全保障不平衡的问题。

（4）人力短缺。任何快速发展的行业都会不同程度地存在对专门型人才的需求，电子商务安全领域也不例外。随着企业电子商务业务的不断拓展和消费群体的不断增加，各类安全解决方案的应用也日益广泛，亟需大量熟悉并能保障电子商务安全的专业技术人员。

3. 电子商务的安全目标

电子商务的发展，伴随着越来越多的语音与数据方面的技术集成，对企业各类网络应用系统的可靠性要求不断提升。任何企业任何形式的系统问题，都会导致企业产生巨大的营收损失，以及可信度、客户满意度等关键指标的显著下降。

电子商务安全主要有三个目标。

（1）机密性。机密性是指保护数据，避免其未经授权泄露给第三方。企业拥有的信息很多是敏感且需要保密的。应保证只有经过授权的对象，才有权限访问被确认为需要保密的信息。同样，信息的传送应以安全的方式进行，以防止信息在传送途中受到未经授权的访问。

企业有责任保护其数据的私密性，其中包括客户数据与企业的内部数据。所有客户有权保护个人隐私。企业通过尊重客户的个人隐私来维系与客户的可信赖关系。

（2）完整性。完整性是指保证数据不被未授权的行为修改或破坏。例如，保证发送的信息与接收的信息一致。实际上，从安全角度出发，所有数据都应该采取一定的措施保证它的完整性，这样既可以防止信息数据被篡改或伪造，也可以预防信息发送方或接收方在实施操作后的抵赖行为。

（3）可用性。可用性被定义为系统的可持续、无故障操作性能，多指硬件系统。通常根据系统的停机时间和停机对企业所带来的影响，定义可用性等级。系统中所有组件都应提供可持续、无故障的服务，这些组件通常包括应用软件、数据服务、存储机制和最基本的计算机网络。

二、电子商务安全的关键技术

电子商务中的安全技术主要有信息加密技术、电子签名技术、数字时间戳技术、身份认证技术、病毒防治技术和防火墙技术等。

1. 信息加密技术

信息加密技术与密码学有着密切的联系。密码学研究的内容包括：将普通信息数据（明文）转化成难以理解的信息数据（密文）的过程及其相反过程。从学科的角度来理解，研究密码编制和如何保守通信秘密的学科称为密码编码学，研究密码破译和如何获取通信秘密的学科称为密码分析学，两者合称密码学。

以前，密码学只关注信息的机密性，即如何将可理解的信息转化成难以理解的信息，并确保拥有秘密信息的人能够逆向恢复，而缺乏秘密信息的拦截者或窃听者则无法解读。现今，这个领域已经涵盖身份认证、信息完整性检查、数位签单、互动证明、安全多方计算等各类技术。

无论具体应用如何，密码学的两个基本元素始终是加密算法和密钥。加密算法常指加密或隐藏信息的各种方法，密钥是用于加、解密的秘密参数，通常由通信双方持有。

> **案例**
>
> **公元前的秘密书信**
>
> 早在公元前，秘密书信已被用于战争之中。西洋"史学之父"希罗多德在其《历史》一书中记载了一些最早的秘密书信故事。公元前5世纪，为对抗奴役和侵略，希腊城邦与波斯发生多次冲突和战争。公元前480年，波斯秘密集结了强大的军队，准备对雅典和斯巴达发动一次突袭。希腊人狄马拉图斯在波斯的苏萨城里看到了这次集结，就将这一重要信息刻在了一块木板上，并在木板的字面上涂抹一层蜡以防信息在传递过程中被发现。随后，伪装后的木板被顺利地送到希腊，为希腊军队赢得了宝贵的准备时间，最终将波斯海军歼灭于雅典附近的沙拉米斯湾。

由于古时多数人并不认字，最早的秘密书写只用到纸笔或类似物品，随着识字率的提高，就开始出现真正的密码学了。最经典的两个加密技巧是置换与替代。

置换：将字母顺序重新排列，如"help me"变成"ehpl em"。

替代：系统地将一组字母换成其他字母或符号，如"fly at once"变成"gmz bu podf"（每个字母用字母表中的下一个字母取代）。

> **案例**
>
> **古典加密**
>
> 恺撒密码是经典的替代法，据传由古罗马帝国的皇帝恺撒发明，用于与远方将领通信。在这种加密方法中，通信信息中的每个字母被字母表中往后位移三个的字母所替代。
>
> 在我国古代也有过密码应用的先例，周朝兵书中记载了周武王和姜子牙征战时与主将通信的加密方式，即采用分割法将密码本一分为三，分别由三人传递，只有三份合一时才能还原出完整的信息。

无论是古典还是现代加密方法，数据加密基本模型如图4-1所示。

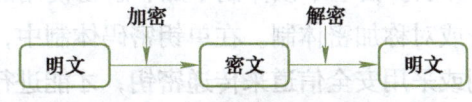

图4-1 数据加密基本模型

现行密码体制以"是否成对"为标准主要分为两大类：单钥密码体制和双钥密码体制。1972年，美国国家标准局定义的密码方式中提及安全性只依赖于密钥的安全性，不依赖算法的安全性。因此，下文提及的加密技术将以密钥为主要研究对象。

（1）单钥密码体制与双钥密码体制。

1）单钥密码体制。单钥密码体制中，加密密钥和解密密钥相同或实质等同。在进行加密通信时，密钥需要通过安全的密钥信道由加密方传给解密方。因为单钥密码体制无论加密还是解密都使用同一个密钥，所以保障这个唯一密钥的安全是单钥密码体制的核心。如果这个密钥泄露，单钥密码系统就不再安全。

为方便后文阐述，这里定义几个参数的表示方法：明文采用"M"表示；密文采用"C"表示；密钥采用"K"表示。

图4-2是单钥密码体制示意图，其中加、解密使用的是同一个密钥K。

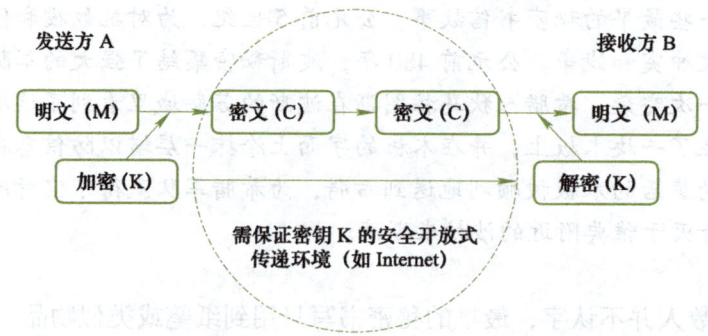

图4-2 单钥密码体制示意图

单钥密码体制的优点是加、解密使用同一密钥，加、解密速度快，在密钥的使用数量上，一次加、解密过程只涉及一个密钥，安全性相对较高。其缺点在于，密钥在公开的计算机网络上传递时，存在安全传送和密钥保管的问题，并且随着信息传播范围的扩大，管理会愈加复杂。

> **小贴士**
>
> 单钥密码体制中密钥管理的复杂体现：网络环境会随时发生变化，如新员工加入和旧员工退出时，密钥必须及时进行更新管理。为了保证和每一个对象的安全通信，如果使用单钥密码体制，就必须和每一个对象之间都产生并保管好一个共同的密钥，如果用 n 来表示需要安全通信的对象数量，那么这时每个对象就必须产生（$n-1$）个密钥的管理量，而整个网络中将产生 $n(n-1)/2$ 个密钥，以保障其可以和其他所有对象安全通信。

单钥密码体制中的典型算法是1977年美国国家标准局颁布的数据加密标准（Data Encryption Standard，DES）算法。由于单该体制中加、解密使用的密钥相同，且密钥关系对称，因此又被称为对称加密或对称加密体制。在单钥密码体制中，密钥是不能公开的，任何通信的双方只有先确定密钥或采用安全信道来传递密钥，才能进行保密通信。

2）双钥密码体制。双钥密码体制采用"公钥"和"私钥"作为一对密钥，其中公钥可以公开，私钥只能由所有者私有。由于加、解密使用的密钥不同，不具有"对称性"，所以也称非对称加密。在进行具体的加、解密操作时，可以使用公钥加密数据，私钥解密数据；反之亦可。

双钥密码体制下，加密密钥与解密密钥是不同的，所以不再需要安全信道来传送密钥。只需利用公开途径获取对方公钥，即可完成后继信息的安全传递。

如图4-3所示，加密使用密钥 K_1，解密使用密钥 K_2，此时的 $K_1 \neq K_2$。在这个过程中，发送方A持有一对密钥（K_A 公钥和 K_A 私钥），接收方B也持有一对密钥（K_B 公钥和 K_B 私钥）。这时图4-3中的 K_1 和 K_2 究竟是哪个密钥呢？

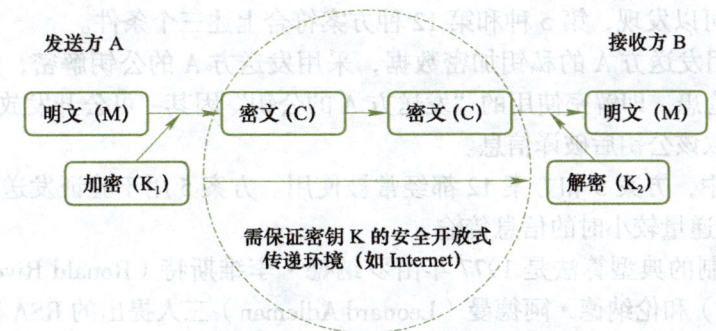

图 4-3 双钥密码体制示意图

我们不妨罗列出有可能出现的方式，见表 4-1。

表 4-1 双钥密码体制的罗列情况示意

加密密钥（K_1）	解密密钥（K_2）	加密密钥（K_1）	解密密钥（K_2）
K_A 公钥	K_A 公钥	K_B 公钥	K_A 公钥
K_A 公钥	K_A 私钥	K_B 公钥	K_A 私钥
K_A 公钥	K_B 公钥	K_B 公钥	K_B 公钥
K_A 公钥	K_B 私钥	K_B 公钥	K_B 私钥
K_A 私钥	K_A 公钥	K_B 私钥	K_A 公钥
K_A 私钥	K_A 私钥	K_B 私钥	K_A 私钥
K_A 私钥	K_B 公钥	K_B 私钥	K_B 公钥
K_A 私钥	K_B 私钥	K_B 私钥	K_B 私钥

这里根据前文阐述的双钥密码体制的概念，强调几个密钥组合成立的条件：

条件一：密钥是成对工作的，加、解密所使用的密钥必须在同一个密钥对中。

条件二：没有规定只能用公钥或私钥中的一种密钥加密，两者都可以用于加密，但解密密钥必须是密钥对里的另一个密钥。

条件三：双钥密码体制中，公钥是可以公开发放的，如同名片一样；私钥只能由持有者私有，不能用于交换，接收方永远不能得到发送方的私钥。

基于以上三个条件做出以下组合与判断，见表 4-2。

表 4-2 双钥密码体制的组合情况与判断

方案序号	加密密钥	解密密钥	是否符合条件
1	K_A 公钥	K_A 公钥	不符合条件二
2	K_A 公钥	K_A 私钥	不符合条件三
3	K_A 公钥	K_B 公钥	不符合条件一
4	K_A 公钥	K_B 私钥	不符合条件一
5	K_A 私钥	K_A 公钥	全部符合
6	K_A 私钥	K_A 私钥	不符合条件二
7	K_A 私钥	K_B 公钥	不符合条件一
8	K_A 私钥	K_B 私钥	不符合条件一
9	K_B 公钥	K_A 公钥	不符合条件二
10	K_B 公钥	K_A 私钥	不符合条件一
11	K_B 公钥	K_B 公钥	不符合条件二
12	K_B 公钥	K_B 私钥	全部符合
13	K_B 私钥	K_A 公钥	不符合条件一
14	K_B 私钥	K_A 私钥	不符合条件一
15	K_B 私钥	K_B 公钥	不符合条件二
16	K_B 私钥	K_B 私钥	不符合条件三

从表 4-2 中可以发现，第 5 种和第 12 种方案符合上述三个条件。

方案 5，使用发送方 A 的私钥加密数据，采用发送方 A 的公钥解密，加、解密过程可行。但存在安全隐患，即解密使用的"发送方 A 的公钥"因其"可公开发放的"公钥性质，导致第三方可获取该公钥后破译信息。

在实际应用中，方案 5 和方案 12 都经常被使用。方案 5 用于验证发送方的身份，而方案 12 用于信息传递量较小时的信息传输。

双钥密码体制的典型算法是 1977 年由罗纳德·李维斯特（Ronald Rivest）、阿迪·萨莫尔（Adi Shamir）和伦纳德·阿德曼（Leonard Adleman）三人提出的 RSA 密码体制。

相对于单钥密码体制，双钥密码体制的优点是：由于加密和解密使用不同的密钥，且公开公钥，保密私钥，所以大大简化了密钥管理的问题。双钥密码体制的缺点是：双钥密码算法一般比较复杂，又由于加、解密所使用的不是同一密钥，所以加、解密速度不及单钥密码体制。

> **小贴士**
>
> 密钥的长度：密钥的长度就是指密钥的位数。密文的破译实际是经过长时间的测算，破获密钥后解开密文的。使用长钥能使加密系统牢固。例如，一个 16 位的密钥有 2^{16}（65 536）种不同的密钥。因此，密钥的位数越长，加密系统就越牢固。密钥的长度取舍也需要综合考虑使用者是否方便和加、解密系统开销大小的问题。

因此，网络中的加密普遍采用双钥和单钥密码相结合的混合加密体制，即加、解密时采用单钥密码，密钥传送则采用双钥密码。这样既解决了密钥管理困难的问题，又解决了加、解密速度慢的问题。

（2）数字信封技术。数字信封技术实质是双钥和单钥密码体制相结合的一个实际应用。

在数字信封技术中，信息发送方采用对称密钥来加密信息内容，将对称密钥用接收方的公开密钥来加密（这部分称数字信封），再将加密后的密钥和信息一起发送给接收方。接收方接收后，先用相应的私用密钥打开数字信封，得到对称密钥，再使用对称密钥解开加密信息。

从实现过程来看，数字信封技术包括数字信封打包和数字信封拆解两个部分。数字信封打包是使用对方的公钥将加密密钥和信息进行加密的过程，数字信封拆解是使用私钥将加密过的数据解密的过程。此技术的安全性关键在于私钥的持有者，即信息的接收者和阅读者。该技术的功能类似于传统信件中的信封，传统信件使用普通信封对信件内容进行法律的约束，强调只有合法的收信人才能阅读信封内信件的内容，而数字信封则采用密码技术保证了只有规定的接收人才能阅读信息的内容。这样的组合加密，保证了数据传输的真实性和完整性，具体的实现过程如图 4-4 所示。

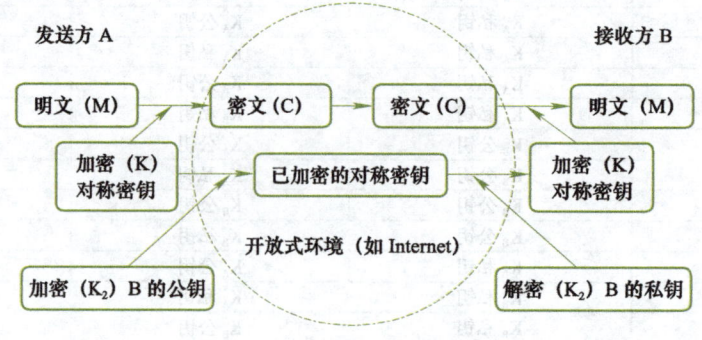

图 4-4　数字信封技术示意图

在一些重要的电子商务交易中，密钥需要经常更换，为了解决这一问题，往往就需要结合对称加密和非对称加密的技术优势，以克服单钥密码体制中密钥分发困难和双钥密码体制中加密时间长的问题。

2. 电子签名技术

电子签名技术是电子商务安全的重要组成部分，因为签名在商业信息的传递中有着至关重要的作用。《中华人民共和国电子签名法》于2005年4月1日起颁布施行，是我国电子商务领域施行较早的法律规范，具有里程碑意义。

（1）电子签名的要求。在传统贸易中，为便于合同在法律上被认证、核准和生效，通常采用手写签名或签章。随着电子商务的发展，交易各方为更加便利地开展各种活动，希望通过电子设备实现电子化签名，并赋予电子签名相应的法律效力。不可否认，当电子签名替代传统签名，将在电子邮件、网络转账和办公自动化等具体应用中带来便利并突显其价值。

电子签名的具体要求如下：

1）签名接收方能够验证签名方的签名，但不能伪造。
2）签名方发送出的任何经过其电子签名的信息，都不能被其否认。
3）签名接收方可以通过验证签名方的签名，检查已签名文件的完整性。

（2）电子签名和手写签名的区别。从本质上看，电子签名和手写签名的区别在于：手写签名基于个人书写习惯，因人而异；电子签名则是由0和1组成的数字串，因所签消息而异。

电子签名满足了签名使用者的两个基本要求：消息认证与身份认证。消息认证确保信息的接收方能验证经签名的信息内容在签名后是否被篡改，而身份认证则从身份识别的角度提供了签名者的身份证明。从这两个要求来看，手写签名与电子签名是很相似的：用笔迹鉴别真伪的同时不允许文件出现丝毫的修改迹象（即便有，也必须按照要求加以备注或说明）。电子签名以技术方式满足了在"不见面"条件下，签名使用者对签名安全的需求：采用消息认证防止未授权的篡改，采用身份认证解决信息收发者之间的纠纷。

任何一种电子签名的实现都需要依靠精心设计的通信协议。消息签名有别于消息加密。消息加密与解密大多是一次性的，要求加密信息在解密之前是安全的。而消息签名因为具备相应的法律效力，通常需要多次验证或者在签名后很多年才需要被验证，对签名的安全和防伪要求较高，同时对签名签署和验证速度也有较高的要求。因此，消息签名中所使用的算法与所使用的随机数据源等都需要建立妥善的保全机制。

（3）电子签名的实现。在变得近乎透明的网络交易环境中进行交易活动，急需建立安全的签名机制。最早的"电子化签名"方法是将手写签名制作成图像再输入计算机，该方式由于与所签文件的关联性不强且易被复制，未被广泛应用。现代的电子签名技术得益于EDI的应用。企业间的EDI对电子签名的诉求强烈，同时由于在特定的范围内实现相对较为容易，开启了电子签名的先河。

实际签名中需要明确签名方和签名文件的持有方，其中最简单的情形是：签名文件持有方与签名方为同一方，由另一方来验证签名的有效性。最复杂的情形是：文件传输双方都是签名方和签名的验证方，即双向签名。这里仅讨论第一种情形，其他情形可举一反三。

目前，电子签名的实现使用非对称加密（RSA算法）和报文摘要（Hash算法）两种技术，将所需签章的文件摘要与电子签名一起捆绑发送。具体实现方式：签名与文件持有方将明文文件作为哈希函数（Hash 算法）的输入值，得到一个 128 位的散列值即哈希值，将这个哈希值使用自己的私钥进行加密，形成电子签名后将该电子签名与签名文件一起加密传送给对方。接收方与签名验证方得到经过签名方私钥加密的电子签名后，使用签名方的公钥解密，也得到一个哈希值，并从收到的原始文件中也计算出一个哈希值，两者比对，比对结果相同则该签名有效。

电子签名的使用及验证过程如图 4-5 所示。

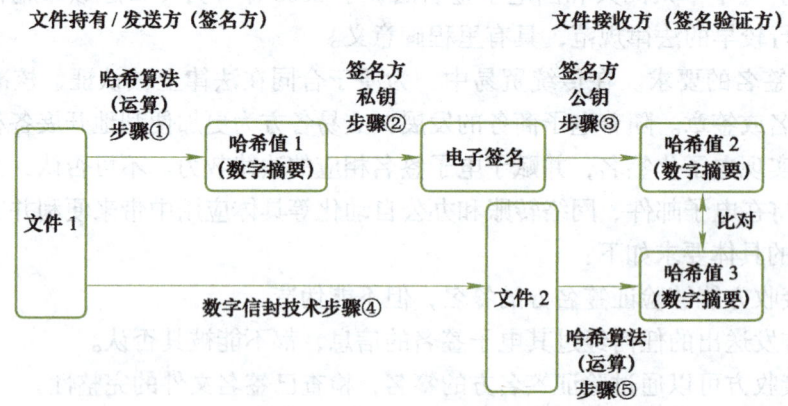

图 4-5　电子签名的使用及验证过程

依图 4-5 所示，电子签名安全与否的判定标准是哈希值 2 与哈希值 3 的比较结果。哈希值 2 来源于对签名方私钥的解密，哈希值 3 来源于对签名文件的系列操作。只有当签名方的私钥和步骤④的数字信封技术中所用的密钥全部泄密，才有可能实现对这一过程的攻击。这里需要指出的是，哈希值 2 和 3 的根源均来自文件 1，如果攻击者同时修改了文件 1 和文件 2，那么就可能造成哈希值 2 和 3 的结果相同。这就要求签收方在相信电子签名技术的同时，仍有必要仔细查看原文件的内容。

> **小贴士**
>
> 　　哈希函数：又称密码哈希函数（Cryptographic Hash Function），其本身是一类数学函数。该类函数存在三个基本特征：一是任意大小的数据作为该函数输入值经运算后均输出定长数据；二是单向性，这一特性使其无法从输出结果和该函数本身倒推出输入信息；三是唯一性，不同的信息经过该函数运算不会出现相同的结果。
>
> 　　签名方公钥的获得：这点就涉及公钥的传递问题，前文提到公钥涉及的双钥密码体制正是由于公钥的公开发放简化了密钥的管理工作。公钥应如何发放？最主要的途径就是含在公钥使用者的数字证书里，随证书进行传递，具体在实现网页链接时下载。这一过程与陌生人之间相互交换名片的过程非常相似。

3. 数字时间戳技术

（1）DTSS 和 DTS。在各种商务文件中，时间是十分重要的信息。与书面合同类似，电子文件上的签署日期是防止文件被伪造和篡改的关键内容，需要一个可信赖的时间做信任背书。

由于电子设备的桌面时间容易被修改，所以由操作者自己桌面时间产生的时间戳不具备公开的可信性，需要权威的第三方提供可信赖且不可抵赖的时间证明服务。这类在电子文件中对文件的日期和时间信息所采取的安全措施，就是数字时间戳服务（Digital Time-stamp Service，DTSS）。DTSS 由专门机构提供，而数字时间戳（Digital Time-stamp，DTS）是一个经加密后形成的凭证文档，主要包括三个部分：

1）需加时间戳的文件的摘要。
2）DTSS 机构收到文件的日期和时间。
3）DTSS 机构的电子签名。

（2）DTS 的产生过程。用户首先将需要加时间戳的文件用哈希编码加密形成摘要，然后将该摘要发送到 DTSS 机构。DTSS 机构在加入收到文件摘要的日期和时间信息后，再对该文件加密（电子签名），然后送回用户。注意，书面签署文件的时间是由签署人自己写上的，而数字时间戳则不然，它是由认证单位 DTSS 机构来添加的，以 DTSS 机构收到文件的时间为依据。每个 DTSS 机构都有自己的标准时间源。

DTS 的产生过程如图 4-6 所示。

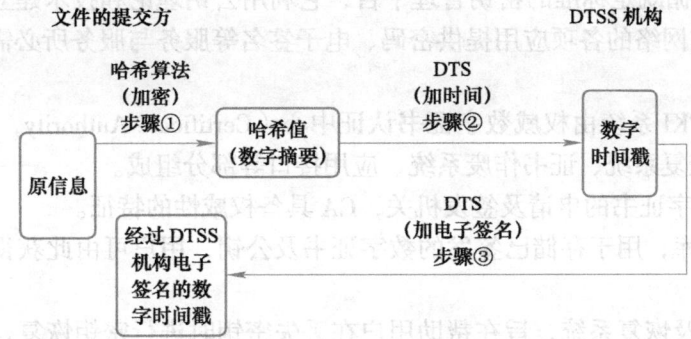

图 4-6　DTS 的产生过程

（3）DTS 的特点与解释。
1）DTS 具备以下特点：
① 文件加盖的时间戳与存储数据的物理媒体无关。
② 对已加盖时间戳的文件不可能做丝毫的改动。
③ 仿冒数字时间戳基本是不可能的。
2）关于 DTS 的两个解释：
① 文件提交方产生的哈希值传递至 DTSS 机构的过程中是否需要加密？
可以不加密，一方面源于哈希函数运算不可逆的特性，无须加密；另一方面作为文件的提交方在核实 DTS 时，可以直接参照电子签名技术中哈希值比对的方法，无须解密。
② 步骤②中所加的时间是怎么来的？
提供 DTSS 的机构必须拥有一个标准的时间源。同时，该机构在提供 DTSS 时，不考虑任何其他干扰因素，如网络传递延迟等，只负责参照自己的标准时间源生成并加盖时间戳。对于时间戳的时间是否有效的问题，DTSS 机构不参与界定，由文件使用各方界定。

4．身份认证技术

身份认证技术的作用是在揭示敏感信息或进行事务处理之前确定对方身份。通常确定身份的方法有：口令识别、特征识别、签名识别等。口令识别即常见的密码口令，特征识别是指基于个人特征的识别方式，如指纹识别、语音识别和视网膜图像识别等。这里介绍的身份认证技术，主要依靠公钥基础设施公开密钥体系（Public Key Infrastructure，PKI）来实现，属于签名识别的范畴。

（1）身份识别的两类方法。

1）根据用户知道什么来判断。这类方法以用户知道什么为依据。比如用户是否知道正确的口令，如果担心用户重复登录，导致同一口令很容易被截获盗用，可以采用一次性口令系统或者明确口令的实效时间。

2）根据用户拥有什么来判断。这类方法采用用户的某些物理特征作为识别标准，这些特征既难以伪造又易于被用户所接受，如指纹、语音语调、视网膜血管分布，或者更简单的，用户是否拥有正确的物理钥匙。

（2）PKI。当双钥密码体制在网络中大规模推广使用时，需要建立公钥基础设施（Public Key Infrastructure，PKI），从技术上、法律上来支持有关的业务，这是发展电子商务的重要基础。

PKI是一种遵循既定标准的密钥管理平台，它利用公钥理论和技术建立提供安全服务的基础设施，为所在网络的各项应用提供密码、电子签名等服务与服务所必需的密钥和证书管理体系。

一个完整的PKI系统由权威数字证书认证中心（Certificate Authority，CA）、数字证书库、密钥备份及恢复系统、证书作废系统、应用接口等部分组成。

1）CA，即数字证书的申请及签发机关，CA具备权威性的特征。

2）数字证书库，用于存储已签发的数字证书及公钥，用户可由此获得所需的其他用户的证书及公钥。

3）密钥备份及恢复系统，旨在帮助用户在丢失密钥时进行密钥恢复，提供密钥的备份与恢复服务。

4）证书作废系统，证书在有效期以内也可能作废，原因可能是密钥介质丢失或用户身份变更等。为了实现这一点，PKI提供作废证书的一系列机制。

5）应用接口，为了帮助各类用户和系统能够方便地使用加密、电子签名等安全服务，PKI需要拥有良好的应用接口系统即API（Application Program Interface，应用程序接口），使得各类应用能够以安全、一致、可信的方式与PKI交互。

CA是证书的签发机构，是PKI的核心。构建密码服务系统的核心是实现有效的密钥管理，对于双钥密码体制而言，目前最好的解决方案就是数字证书机制。

（3）数字证书。数字证书是由权威、公正、可信赖的第三方——CA发行和管理，能在网络上提供身份识别与验证的电子文档。

数字证书的颁发过程如下：

1）用户生成密钥对，将公钥及部分用户身份信息发送给CA。

2）CA在核实用户身份后，确认用户请求的真实性。

3）当真实性确认无误后，CA颁发给相应用户数字证书，该证书内包含用户的个人信息及其公钥，同时附有CA的签名信息。

4）用户就可以使用自己的数字证书进行各种相关的活动。

各类数字证书有所差异，每种证书通常也提供不同级别的可信度背书。用户按需从CA申领、获取自己需要的数字证书。目前，数字证书的格式普遍采用的是X.509 V3国际标准，证书信息主要包括：①证书序列号；②证书持有者名称；③证书颁发者名称；④证书有效期；⑤证书持有者公钥；⑥证书颁发者的电子签名。

对数字证书的验证，目前多采用树形验证的方式。在双方通信时，通过出示由某个CA签发的证书来证明自己的身份。如果对签发证书的CA本身不信任，可验证该CA身份，依此类推，一直到公认的权威CA处，就可确定证书的有效性了。这种逐级验证的方式，形成了一个具有证书关联性的信任树。当验证到某一级CA，确定其是可信任的时候，那么它的所有下级CA均可信任。

> **小贴士**
>
> 证书管理机构CA：负责证书发放、管理、废除的数字证书机构。作为可信第三方，CA的行为具有非否认性是重要条件之一。作为第三方，CA对所颁发和管理的证书承担责任，若用户因为信任证书而遭受损失，该证书可以作为有效证据用于追究CA的法律责任。

5. 病毒防治技术

计算机病毒（Computer Virus）在《中华人民共和国计算机信息系统安全保护条例》中被明确定义，是指"编制或者在计算机程序中插入的破坏计算机功能或者毁坏数据，影响计算机使用，并能自我复制的一组计算机指令或者程序代码"。一般教科书和通用资料将其定义为：利用计算机软件与硬件的缺陷，破坏计算机数据并影响计算机正常工作的一组指令集或程序代码。

（1）计算机病毒的特征。计算机病毒种类繁多，但主要特征基本相同，具体如下：

1）传染性。在生物界，病毒通过传染从一个生物体扩散到另一个生物体。在适当的条件下，它可以大量繁殖，并使被感染的生物体表现出病症甚至死亡。同样，计算机病毒也会通过各种渠道从已被感染的计算机扩散到未被感染的计算机，在某些情况下造成被感染的计算机工作失常甚至瘫痪。与生物病毒不同的是，计算机病毒是一段人为编制的计算机程序代码，这段程序代码一旦进入计算机并得以执行，它就会搜寻其他符合其传染条件的程序或存储介质，确定目标后再将自身代码插入其中，达到自我复制的目的。

2）潜伏性。一个编制精密的计算机病毒程序，进入系统之后一般不会马上发作，而是可以隐藏几周或者几个月甚至几年。在此期间，它会传染给其他文件、程序或系统，但不产生破坏行为，因此难以被发现。潜伏性越好，病毒存在时间就越长，传染范围也就越大。潜伏性的第一种表现是，不使用专用的检测程序就检查不出病毒程序。潜伏性的第二种表现是，计算机病毒的内部往往设有触发机制，不满足触发条件时，计算机病毒除了传染外不产生破坏行为。

> **小贴士**
>
> 计算机感染病毒的常见症状：系统运行速度变慢、系统经常无故发生死机、系统的存储容量异常减少、文件丢失或损坏、键盘输入异常、不应驻留内存的程序驻留内存等。

3）破坏性。计算机中毒后，可能会导致正常的程序无法运行，计算机内的文件会被删除或受到不同程度的损坏。具体的破坏行为常表现为：增、删、改、移。

（2）从名称了解计算机病毒。了解计算机病毒的命名规则，对于判断病毒的共有特性非常有帮助。使用杀毒软件进行病毒查杀后，从反馈报告中可以得到病毒的名称，其一般格式为：<病毒前缀>.<病毒名>.<病毒扩展名>。

1）病毒前缀用于标识病毒的种类，以区分不同的病毒族群。例如，木马病毒的前缀是 Trojan，蠕虫病毒的前缀是 Worm。

2）病毒名代表病毒的家族特征，用于区别不同的病毒家族。例如，CIH 病毒的家族名为 CIH，振荡波蠕虫病毒的家族名是 Sasser。

3）病毒扩展名用于区分同一病毒家族中的不同变种。一般采用英文中的 26 个字母来表示，如 Worm.Sasser.b，指振荡波蠕虫病毒的 B 变种，称为"振荡波 B 变种"或者"振荡波变种 B"。如果该病毒的变种非常多，也可以用数字与字母混合的方式来表示。

在杀毒软件无法自动查杀某病毒时，根据病毒名来初步判断所中病毒的基本情况显得尤为重要。此时，可以根据病毒的基本信息查找专杀工具或方法，采用手动方式处理病毒。

（3）计算机病毒的传播途径。计算机病毒的传播途径主要有两类：

1）通过各类存储介质传播。使用已被病毒感染的光盘、移动 U 盘等存储介质是病毒传播的途径之一。频繁地使用各类存储介质，特别是与共用计算机进行内容和程序的复制与传输时，若不注意病毒防范，便容易造成病毒传播。

2）通过网络传播。病毒通过网络传播的形式一般有两种：一种是文件下载，被浏览的或是被下载的文件可能带有病毒；另一种是电子邮件，由于大多数互联网邮件系统提供了在网络间传送附带格式化文档的功能，因此感染病毒的文档或文件就可能通过邮件涌入敏感网络。病毒通过网络途径传播的速度极快，能在很短的时间内实现大面积的计算机系统感染。

现今，随着手机应用的普及和功能的多样化，手机网络和手机本身也成为计算机病毒的一个传播渠道。了解计算机病毒的传播渠道，有助于我们有意识地进行防范。

（4）防治计算机病毒的措施。防治计算机病毒的常见措施如下：

1）备份与恢复。对重要的数据文件、软件和操作系统进行备份，以便在出现问题时进行数据恢复。

2）更新与升级。及时更新所使用的系统软件和应用软件。

3）预防与检测。提高警惕，在安装软件和复制文件时关注来源，不定期检测系统安装状况；使用安全监视软件，防止浏览器等应用程序被异常修改或被安装不安全的恶意插件；安装并开启系统防火墙，或使用系统自带防火墙或使用杀毒软件自带防火墙，随时查看和调整计算机系统现有的不安全设置。

4）隔离与查杀。确认并隔离携带病毒的文件或软件，定期进行计算机系统的全盘查毒扫描，并对有安全隐患的对象进行查杀。

6. 防火墙技术

（1）了解防火墙。防火墙技术是一种内网资源的保护技术，它在内外网的边界位置建立安全屏障，阻挡外部不安全因素对内网的侵害，主要原理是防止外部网络用户未经授权就可以实现对内部资源进行访问。

防火墙不能防止内部攻击、未经过防火墙的攻击，也不能查杀病毒，所以不能取代杀毒软件，往往与其他安全技术同时使用。它的位置很特殊，通常被放置在所保护的网络即内网与外界网络的边界位置，如图 4-7 所示。

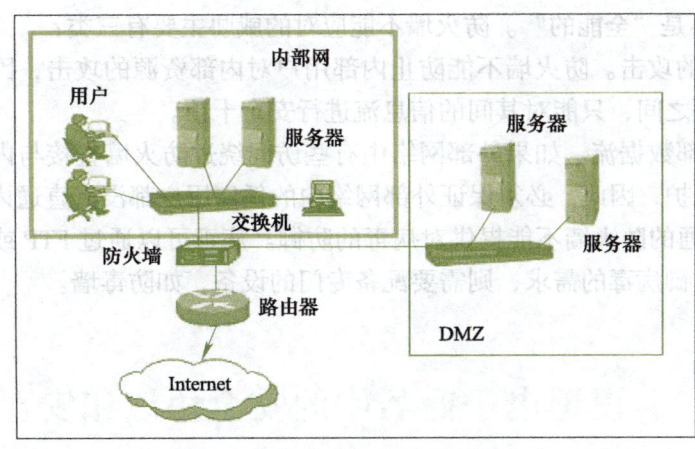

图 4-7 防火墙的边界位置示意

> **小贴士**
>
> DMZ：DMZ（Demilitarized Zone，隔离区）是为了解决安装防火墙后，外部网络的访问用户不能访问内部网络服务器的问题，而设立的一个非安全系统与安全系统之间的缓冲区。

（2）防火墙的作用。

1）建立网络安全屏障。通过合理的参数配置，防火墙为内部网络过滤来自外部网络的不安全风险，只有防火墙认可的信息、行为和访问者，才能进入内部网络获取资源。

2）强化网络安全策略。因为防火墙处于特殊位置即边界位置，所以围绕防火墙进行安全策略的配置，可以将所有安全设置，如口令、加密、身份认证、审计等集中配置，相较分散配置到各主机，防火墙的集中安全管理更经济。

3）便于网络监控审计。防火墙不仅能过滤访问并做日志记录，还可以提供网络使用情况的统计数据。当发生可疑情况时，防火墙也可以触发报警，同时提供网络监测和攻击的详细信息。

4）防止内部信息外泄。可以使用防火墙对内部网络进行划分，实现内部网络重点区域的再划分与隔离，从而限制局部重点或敏感网络安全问题可能对全局网络造成的影响。同时，隐私是内部网络非常关心的问题，一个内部网络中不引人注意的细节可能因包含了有关安全的线索而引起外部攻击者的兴趣，甚至因此暴露内部网络的某些安全漏洞，使用防火墙可以隐蔽敏感的内部细节，或者采用防火墙附加的 VPN 功能实现专用的加密通信。

（3）防火墙的分类。从技术角度，防火墙可分为包过滤型防火墙和应用代理型防火墙。

1）包过滤型防火墙。包过滤型（Packet Filtering）防火墙工作在 OSI 模型的网络层和传输层，它的工作原理是：根据数据包包头部分的源地址、目的地址、端口号和协议类型等标识信息，判定是否允许该数据包通过。只有满足过滤条件的数据包才会被防火墙转发到相应的目的地，否则数据包将被丢弃。

2）应用代理型防火墙。应用代理型（Application Proxy）防火墙工作在 OSI 模型的应用层。它的特点是完全"阻隔"了网络通信流，只有符合条件的用户才能通过专门的代理程序访问内部网络，不仅能实现基于用户级的安全过滤，还具备网络监视和控制应用层通信流的功能。

（4）防火墙不是"全能的"。防火墙不能应对的威胁主要有三类：

1）来自内部的攻击。防火墙不能防止内部用户对内部资源的攻击，因为防火墙设在内部网络和外部网络之间，只能对其间的信息流进行安全干预。

2）直接的外部数据流。如果外部网络中有些访问绕过防火墙直接与内部网络相通，则得不到防火墙的保护，因此，必须保证外部网络中的任何用户都没有直通内部网络的通道。

3）病毒。普通的防火墙不能提供对病毒的防御。病毒可以通过 FTP 或其他工具传至内部网络，如果有防御病毒的需求，则需要配备专门的设备，如防毒墙。

任务二 识记电子商务中的安全协议和安全策略

一、电子商务中的安全协议

网络安全是实现电子商务的基础，通用性强、安全可靠的网络协议是实现电子商务交易安全的关键，对电子商务整体性能的发挥起着重要的作用。

电子商务领域常用的安全协议有：安全套接层（Secure Socket Layer，SSL）协议和安全电子交易（Secure Electronic Transaction，SET）协议。

1. 安全套接层协议

（1）协议概述。安全套接层协议即 SSL 协议，由 Netscape 公司于 1994 年开发并推出，该协议位于 TCP/IP 协议与各种应用层协议之间，为数据通信提供安全支持。SSL 协议通过互相认证，使用数字签名确保完整性，使用加密确保机密性，以实现客户端和服务器之间的安全通信。该协议由两层组成：SSL 记录协议和 SSL 握手协议。

SSL 协议已成为全球化标准，是目前在电子商务中应用最广泛的安全协议之一。SSL 协议之所以被广泛应用，主要有两个方面的原因：

1）凡是构建在 TCP/IP 协议上的客户机/服务器模式需要进行安全通信时，都可以使用 SSL 协议。

2）所有主要的浏览器和 WEB 服务器程序都支持 SSL 协议，可通过安装 SSL 证书激活 SSL 协议。

（2）协议的功能与服务。SSL 协议工作在 TCP/IP 体系结构的应用层和传输层之间。在实际运行时，支持 SSL 协议的服务器可以向一个支持 SSL 协议的客户机认证自己，客户机也可以向服务器认证自己，同时还允许这两台机器间建立加密连接。这些构成了 SSL 协议在互联网和其他 TCP/IP 网络上支持安全通信的基本功能。

1）确认服务器身份。支持 SSL 协议的客户机软件能使用公钥密码技术来检查服务器的数字证书，判断该证书是否是由在客户所信任的认证机构列表内的认证机构所发放的。例如，用户通过网络发送银行卡卡号时，可以通过 SSL 协议检查接受方服务器的身份。

2）确认用户身份。支持 SSL 协议的服务器软件能检查客户所持有的数字证书的合法性。例如，银行通过网络向消费者发送秘密财务信息时，可以通过 SSL 协议检查接受方的身份。

3）保证数据传输的机密性和完整性。一个加密的 SSL 协议连接要求所有在客户机与服务器之间发送的信息由发送方软件加密和由接受方软件解密,这就提供了传输的机密性。同样,所有通过 SSL 协议连接发送的数据都被检测篡改的机制保护,该机制自动判断传输中的数据是否已被修改,保证了数据的完整性。

简而言之,SSL 协议提供以下主要服务:①认证用户和服务器,确保数据发送到正确的客户机和服务器。②加密数据以防止数据中途被窃取。③维护数据的完整性,确保数据在传输过程中不被改变。

(3)协议的体系结构设计。SSL 协议通过 TCP 协议提供可靠的端到端的安全传输。它是一个双层协议,包含 SSL 记录协议和在记录协议之上的子协议。记录协议定义了要传输数据的格式,位于 TCP 协议之上,当该协议从高层 SSL 子协议收到数据后,会对它们进行封装、压缩、认证和加密。在记录协议之上的子协议中,握手协议是最重要的子协议,该协议允许服务器与客户机在传输和接收数据之前进行互相认证并协商算法和密钥。

SSL 协议提供了两个对象或系统间的安全连接,一定程度上促进了网络通信和电子商务的发展,但伴随着电子支付需求的爆发,常见的双方交易往往需要银行、CA 等第三方参与才能完成,而超过两方的安全通信,SSL 协议只能采取两两加密和通信的方式,存在一定的风险和不便。

2. 安全电子交易协议

(1)协议概述。1996 年,MasterCard 与 Visa 两大国际信用卡组织会同一些计算机供应商,共同开发了安全电子交易协议即 SET 协议,并于 1997 年正式推出 1.0 版。SET 协议是一种应用于互联网环境,以信用卡为基础的安全电子支付协议。作为一套电子交易的过程规范,SET 协议可以实现电子商务交易中的加密、认证、密钥管理等功能,为在开放网络上使用信用卡进行在线购物提供了安全保障。

具体来说,SET 协议提供了针对商户和收单银行的认证,确保了交易数据的安全、完整、可靠和交易的不可抵赖性,特别是有效保护了消费者的信用卡卡号隐私。它是目前公认的信用卡网上交易的国际标准。

SET 协议采用双重签名技术对交易过程中消费者的支付信息和订单信息分别签名,使得商户看不到支付信息,只能对用户的订单信息解密,而金融机构看不到交易内容,只能对支付和账户信息解密,从而充分保证了消费者账户和订购信息的安全。

相较 SSL 协议而言,SET 协议更适用于电子商务领域,但它的推广和应用却一直较为缓慢,主要原因如下:

1)由于多层保障导致复杂度显著增加,这使得 SET 协议的软硬件开销较大,互操作性差。

2)SSL 协议已被广泛应用。

3)银行的电子支付业务并不局限于银行卡支付,而 SET 协议目前只适用于银行卡支付。

4)SET 协议目前只支持 B2C 类型的电子商务模式,还不能支持 B2B 模式。

尽管 SET 协议有诸多缺陷,但是其复杂性代价换来的是风险的降低。目前,SET 协议已获得了 IETF 的认可,成为电子商务中最重要的安全支付协议,并得到了 IBM、HP、Microsoft、

> **小贴士**
>
> IETF:IETF(The Internet Engineering Task Force,互联网工程任务组)是一个松散的、自律的、自愿的民间学术组织,成立于 1985 年年底,其主要任务是负责互联网相关技术规范的研发和制定。

Netscape、VeriFone、VeriSign 等许多大公司的支持。目前，国外已有不少网上支付系统采用 SET 协议标准，国内也有多家企业开通遵循 SET 协议的网上安全交易系统。

（2）从协议参与者理解协议的运作机理。SET 协议在实际运作中的参与方有六个。

1）持卡人。持卡人（Cardholder）是网上消费者或客户。SET 协议支付系统中的网上消费者或客户首先必须是银行卡（信用卡或借记卡）的持卡人。为了参与网上交易，持卡人首先要向发卡行提出申请，经发卡行认可后，持卡人从发卡行取得一套 SET 交易专用的持卡人软件（称为电子钱包软件），再由发卡行委托第三方中立机构——CA 发给数字证书，持卡人才具备了上网交易的条件。持卡人上网交易是由嵌入浏览器的电子钱包软件来实现的。

> **小贴士**
>
> 电子钱包：电子钱包是电子商务购物活动中常用的支付工具。使用电子钱包购物，需要在电子钱包服务系统中进行。全球范围内共有 VISA Cash 和 Mondex 两大在线电子钱包服务系统。电子钱包作为软件为安全电子交易（SET）服务，可以让消费者进行电子交易与储存交易记录。消费者在网络上进行安全电子交易前，必须先安装符合安全标准的电子钱包。

2）商户。商户（Merchant）是 SET 支付系统中网上商店的经营者，在网上提供商品和服务。商户首先必须在收单银行开设账户，由收单银行负责交易中的清算工作。商户要取得网上交易的资格，首先要由收单银行对其审定和信用评估，并与收单银行达成协议，保证可以接收银行卡付款。商户的网上商店必须集成 SET 交易商家软件，商家软件必须能够处理持卡人的网上购物请求和与支付网关进行通信、存储自身的公钥签名密钥和交易参与方的公钥交换密钥、申请和接收认证、与后台数据库进行通信及保留交易记录。与持卡人一样，在开始交易之前，商户也必须向 CA 申请数字证书。

3）支付网关。支付网关（Payment Gateway）是由收单银行或指定第三方操作的专用系统，用于处理支付授权和支付。买卖双方进行交易，最后通过银行进行支付。由于 SET 交易是在公开的网络——互联网上进行的，考虑到安全问题，银行的计算机主机及银行专用网络不与各种公开网络直接相连，而是通过一个专用系统接收和反馈从互联网上传来的支付指令，这个专用系统就称为支付网关。在 SET 支付系统中，支付网关首先必须由收单银行授权，再由 CA 发放数字证书，方可参与网上支付活动。支付网关具有确认商户身份、解密持卡人的支付指令、验证持卡人的证书与在购物中所使用的账号是否匹配、验证持卡人和商户信息的完整性、签署数字响应等功能。由于商户收到持卡人的购物请求后，要将持卡人账号和付款金额等信息传给收单银行，所以支付网关一般由收单银行或其信任委托的第三方来担任。

4）收单行。收单行（Acquirer Bank）是一个金融机构，负责为商户建立账户并处理支付授权和支付。收单银行是 SET 交易系统完成交易的必要参与方。支付网关接收商户的 SET 支付请求后，将支付请求转交给收单银行，进行银行系统内部的联网支付处理工作，这部分工作与互联网无关，属于传统的银行卡受理工作。由此可以看出，SET 交易系统与收单行的交易内容与传统银行卡的受理业务相同，SET 交易并未改变传统的银行卡业务受理过程。

5）发卡行。发卡行（Issuer Bank）是一个金融机构，负责为持卡人建立一个账户并发行支付卡，同时保证对经过授权的交易进行付款。付款请求最后必须通过银行专用网络，经收单银行传送到持卡人的发卡银行进行授权和付款。同收单行一样，发卡行也不属于 SET 交易的直接组成部分，且同样是完成交易的必要参与方。SET 系统的持卡人软件从发卡行获得，持卡人要申请数字证书也必须先由发卡行批准，才能从 CA 得到。在每一笔 SET 交易中，发卡行同收单行一样，完成传统银行卡联网受理的那一部分工作。

6）认证机构。在基于 SET 的认证中，按照 SET 交易中的角色不同，认证机构负责向持卡人颁发持卡人证书，向商家颁发商家证书，向支付网关颁发支付网关证书，利用这些证书可以验证持卡人、商户和支付网关的身份。

3. SET 协议与 SSL 协议的比较

SET 协议是一个多方消息报文协议，定义了银行、商户、持卡人之间信息交互所必需的通信规范，支持多方之间的非实时信息交换。因为支付网关的存在，支持 SET 协议的信息可以在银行内部网或者其他网络上传输。

SSL 协议相对简单，定义了两方之间的实时性安全连接。在实际使用中，需要与 Web 浏览器捆绑使用。

将两者具体比较，主要区别体现在以下四个方面：

（1）认证方面。SET 协议的安全需求较高，要求所有参与 SET 交易的成员都必须先申请数字证书来标识身份；在 SSL 协议中，只有商家需要认证，因为客户是提供支付等敏感信息一方，客户认证则并不强制。

（2）安全方面。SET 协议的多方认证使消费中的支付信息直接传送给银行而非商家，并对商家的合法性有明确的安全认证。这种多方认证和信息的分类传送方式，在消费隐私的保护上更具安全性。相比之下，SSL 协议的安全范围则相对局限在持卡人和商家之间。

（3）兼容性方面。SET 协议针对参与交易的各方都定义了互操作的接口，并且一个采用 SET 协议的支付系统，支持由不同厂商的产品构筑。SSL 协议中没有这样的兼容性定义。

（4）市场占有率方面。由于 SET 协议的配置成本较 SSL 协议高很多，且进入国内市场的时间较短，所以目前 SSL 协议的普及率相对较高。

总的来说，SET 协议相较于 SSL 协议有着明显的优缺点：

（1）优势：SET 协议支持灵活构筑，可以全部或局部使用，这一点比较友好地解决了已经在使用 SSL 协议的客户的优化诉求。

（2）劣势：由于 SET 协议要求在银行网络、商户服务器、客户的个人计算机上安装相应的软件，还需要向各方发放证书提供支持，这给各方增加了许多附加成本，使得 SET 协议总体比 SSL 协议的使用成本要昂贵得多。

二、电子商务中的安全策略

电子商务的安全问题并非单纯的技术问题，还有管理问题。任何安全技术都需要在有效、正确的管理与控制下才能得到落实和应用。依据经验，在传统的网络安全领域，安全维护工作的量化比例大致为：管理占60%，主体安全占20%，技术占10%，法律因素占10%，这一比例凸显了安全管理的重要性。而有效开展安全管理的前提是明确和制定合理、科学的安全策略。

1. 制定安全策略的目的和内容

（1）制定安全策略的目的。安全管理基于安全策略。在一定技术条件下切合实际的安全策略，需要基于具体应用来确定其开放性、安全性要求，并寻求综合、平衡这两种要求的最佳结合点。安全问题的解决往往涉及多方面、一系列相关问题的选择，这就需要制定"因地制宜"的安全策略。同时，由于各种安全维护的成本差异很大，在实施任何一套安全技术之前，都需要判断采用什么样的技术组合，事先制定安全策略。

简而言之，制定安全策略的目的是保证网络安全保护工作的整体性、计划性及规范性，保证各项措施和管理手段的正确实施，使网络系统信息数据的机密性、完整性及可使用性受到全面、可靠的保护。

（2）制定安全策略的内容。制定安全策略的具体内容主要包括确定所保护的对象、要防范的对象和安全成本投入等，具体如下：

1）安全需求分析。明确内部网络的开放要求和安全要求，并寻求两者的平衡点，对两者间有矛盾的根据实际情况决定取舍。在分析时，充分考虑内部网络的边界安全、数据安全、用户身份管理、访问记录与审计等方面。

2）评估内网资源。对内部网络资源进行安全评估，如环境、硬件、软件、数据、人员等，针对各类资源尽可能划分出安全等级，明确安全防范的重点。

3）预判安全风险。对可能存在的安全风险进行研判，包括自然、人为、管理、技术、硬件、软件等各个方面，借助专门的风险分析工具，进行风险分析与评估。

4）明晰资源开放权限与人员责权。明确内部资源对外开放的种类、开放方式，结合内部业务实际，划分各级权限与责任，如用户资源访问权限和保密义务等。

5）建立规则与制度。针对潜在的风险和可能具体采取的安全保护措施，制定安全存取、访问的规则和各种管理制度。

2. 制定安全策略的原则

（1）整体性原则。一个好的安全策略是多种方法和技术科学、综合应用的结果。运用系统工程的观点、方法分析影响网络安全的各种因素，包括人员、设备、软件、硬件、数据、线路等环节，全面分析它们在网络安全中的影响和作用，然后从系统上、整体上入手，针对具体因素采用具体措施。

（2）均衡性原则。在任何安全领域，绝对安全都很难做到且无必要。因为过多或过于复杂的安全机制会降低整体性能。安全策略不能简单粗暴地采取封闭式的安全措施，以免影响网络的开放性。因此，需要对网络面临的威胁、安全状况及可能存在的风险进行定性与定量相结合的分析，并依据分析结果制定安全策略。

（3）一致性原则。根据安全问题与系统的工作周期制定安全策略。在制定安全策略的过程中，需要将现有问题和预计问题相结合，同时在整体上设计和融合各个局部的安全需求，这样的安全策略才会有效且节约投资。

（4）易操作性原则。安全策略所定义的安全措施应满足容易操作的要求，因为如果操作在技术上过于复杂，或者对人员的素质要求过高，本身就会增加安全风险。此外，安全策略应具备一定的适应性和灵活性，能够随网络性能和安全需求的变化而调整。

（5）可靠性原则。在制定安全策略时，要充分考虑设施设备的可靠性。关键业务的设施设备应立足国内，因为把安全建立在进口设施设备上是存在风险的。同时，应充分测试所采用的或即将采用的设施设备的可靠性，当然也包括人员的可靠性。

（6）层次性原则。由于安全等级的差异，安全结构具有一定的层次性。在制定安全策略时，要根据层次的特点和安全需求的不同，采取不同的安全策略，有效地将安全策略覆盖到业务的各个层面。

（7）可评价性原则。安全策略的制定应参照国际和国内的专业标准，以便日常对整个运作系统的安全进行评估与验证。"对标找差"也是一种学习和完善的科学方法。

3. 制定安全策略的实施方案

依据已制定的安全策略，还需制定具体的实施方案将其落地。实施方案的制定，就是在实施内容明确的基础上选择合适的技术手段。

（1）实施方案的主要内容。实施方案应涵盖以下具体的安全防护措施：系统标识与认证、资源存取与控制、密码加密与解密、电子签名、数据完整性控制、防火墙与多层防御措施、病毒防治、数据恢复与备份等。此外，制定实施方案还要考虑资金投入等实际情况，并在今后的执行中遵循 PDCA 循环，不断完善和改进。

（2）安全技术的选择。正确评价和选用安全技术对于安全方案的实施至关重要。为达到技术组合方案的最优化，可以向安全技术专家和安全产品供应商征询专业意见。总的来说，安全技术应包括但不限于：

1）内外网安全连接技术。明确内部与外部连接的资源和方式。

2）内网构建技术。不同类型的网络对于接口安全的要求和技术不同。

3）内网对外服务技术。明确内网为哪些外部用户服务以及提供哪些服务，以何种形式提供，需要哪些技术实现这些需求。

4）内网分层分类加密技术。明确内网信息的保密要求，对外合理共享信息和提供服务。

4. 安全策略的层次

基于 OSI 模型视角，电子商务安全贯穿于各个层次，各层次侧重点各不相同，大致可以分为网络层（含网络层以下）和应用层两个层级。

（1）网络层（含网络层以下）。网络层主要保障通信线路安全。具体而言：物理层，主要采用物理手段和装置，防止物理通路的损坏、搭线窃听、攻击或干扰等；链路层，主要采用划分 VLAN（虚拟局域网）、加密通信（远程网）等手段，保证通过网络链路传送的数据不被窃听；网络层，主要通过防火墙等技术，保证网络只给授权的客户使用，并保证网络中路由的正确性。

（2）应用层。相较网络层，应用层主要解决系统的安全问题，并侧重解决数据的安全与保护问题。具体包括身份认证、资源管理和信息审计与通信分析等。

通过在网络层和应用层实施对系统安全和数据安全的保护，形成整体有效的防护体系。

任务三 识记和运用电子支付的概念与工具

一、何为电子支付

1. 电子支付的概念

电子支付是指在电子交易过程中,消费者、卖家和金融机构等当事人之间,通过网络使用安全的电子化支付手段进行的货币支付或资金流转。

支付本身可以从不同角度进行分类。例如,按流通形态的不同,可以将支付分为开放式支付和封闭式支付。按使用技术的不同,可以将支付分为传统支付和电子支付。

> **小贴士**
>
> 开放式支付与封闭式支付:开放式支付是指支付方式所代表的价值信息可以在主体之间无限地传递下去,而封闭式支付是指该支付方式所代表的价值信息只能在有限的主体间传递。两者的差异在于支付信息的认可和传递范围是否有限。

2. 电子支付体系的构成

一个完整的电子支付体系由支持和使用电子支付的CA、客户、商家和银行构成,如图4-8所示。

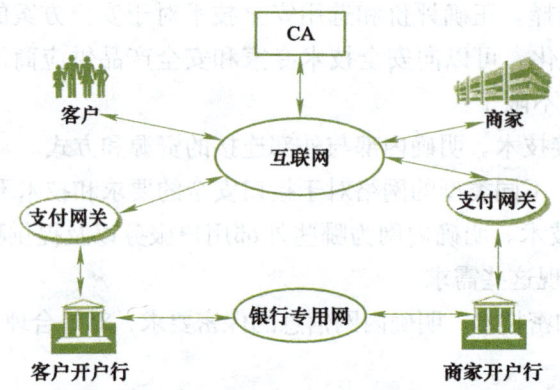

图4-8 电子支付体系的构成

二、电子支付工具

传统支付通常由纸基发起。例如,贷记转账时在银行柜面填写的单据,以传统手写签名对支付进行授权,传统支付的工具多为纸质单据或传统货币。电子支付是指由电子方式发起和电子化方式授权的支付,涉及的工具随着计算机技术的发展呈多样化趋势。目前电子支付的形式主要有:电子现金、银行卡、电子支票、智能卡。

日常生活中常见的POS机支付系统和ATM机支付系统,也是采用电子化的方式进行支付,但本质上还是银行卡或智能卡的具体使用。

> **小贴士**
>
> POS 机支付系统和 ATM 机支付系统：
>
> POS 机支付系统（Point of Sales Terminal，销售点情报管理系统），其本质是一种配有条码或 OCR 码技术的终端阅读器，其主要功能是对商品交易提供数据服务和管理，并进行非现金结算。作为一种多功能终端，将它安装在信用卡的特约商户和受理网点，并与计算机联网，就能实现资金自动转账，并支持消费、预授权、余额查询和转账等功能。
>
> ATM 机支付系统（Automated Teller Machine，自动柜员机）是一种高度精密的机电一体化装置，利用银行卡或智能卡实现金融交易的自助服务，代替银行柜面人员的工作。可实现提取现金、查询存款余额、资金划拨、余额查询等具体功能。

1. 电子现金

电子现金（Electronic Cash，E-Cash）又称现金模拟型电子货币，可以把它看作现实货币的电子或数字模拟。电子现金以数字信息形式存在，使用时相对独立，通过网络流通，具备相应的货币价值，适用于通过网络进行支付的小额交易。

电子现金在技术上基于面额需求的不同可以实现在金额上的拆分，因其具备一定的匿名性且适合小额支付，使用上较为灵活，因此受到用户的青睐。在安全方面，与传统现金一样，电子现金也使用防伪技术以防止被重复使用。

2. 银行卡

银行卡（Bank Card）是由银行发行、供客户办理存取款业务的服务工具的总称。常见的银行卡有：贷记卡（即信用卡）和借记卡。因为各种银行卡大多为塑料材质，所以银行卡又称"塑料货币"。

为方便专用设备对银行卡信息的识别与读取，银行卡大小一般为 85.60mm×53.98mm（3.370inch×2.125inch），也存在特殊的迷你卡和形状不规则的异型卡，但大小一般不会超出这一标准规格。

3. 电子支票

电子支票（Electronic Check）是一种借鉴纸质支票转移支付的特点，利用数字传递将钱款从一个账户转移到另一个账户的电子付款方式。究其本质，电子支票是一种客户向收款人签发的、无条件的数字化支付指令。它可以通过互联网或无线接入设备来完成传统支票的所有功能。

图 4-9 为电子支票的样式。其中表示的内容有：①使用者姓名及地址；②支票号；③传送路由号（9 位数）；④账号。

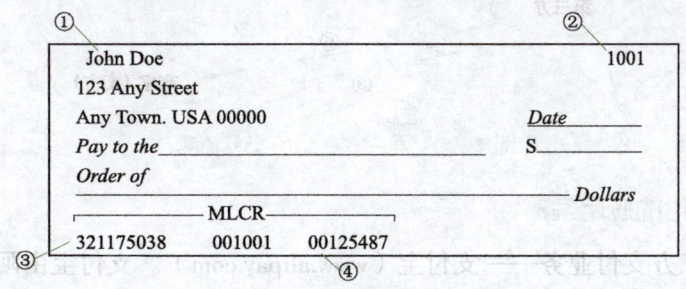

图 4-9 电子支票的样式

电子支票可以说是纸质支票的电子替代物，其合法性通过数字签名和自动验证技术来确定。在视觉上，电子支票与传统支票十分相似，填写与操作方式也相近。由于支票在信息处理和成本等方面的天然优势，常被用于企业间资金结算，电子支票也传承了这一特点。

4. 智能卡

1974年，微芯片之父罗兰德·莫雷诺（Roland Moreno）申请了智能卡（Smart Card）专利，随后第一张智能卡问世。随着1978年电子产品的小型化普及，智能卡被广泛接纳和使用。

智能卡又称 IC 卡，是一个带有微处理器和存储器等微型集成电路芯片的、具有标准规格的卡片。智能卡的制作遵循一系列标准，ISO7816/IEC7816 是其中最重要的一个标准，它规范了智能卡的外形、厚度、触点位置、电信号、协议等。智能卡的样式如图 4-10 所示。

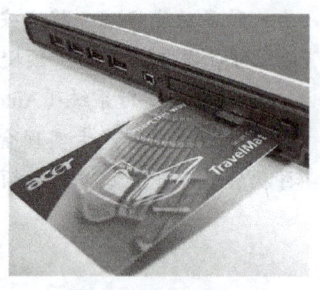

图 4-10　智能卡的样式

智能卡与银行卡的主要区别在于：智能卡上没有磁条，而是将具有微处理器及大容量存储器的集成电路芯片嵌装于塑料基片上。智能卡在信息容量和处理速度上均优于银行卡，其应用的扩展性也更强，例如可以将财务数据的应用延伸到健康保险等相关领域。

三、第三方支付

1. 第三方支付及其流程

第三方支付是具备一定实力和信誉保障的独立机构，采用与各大银行签约的方式，提供与银行支付结算系统接口的交易支持平台的网络支付模式。

以 B2C 交易为例，第三方支付的交易流程如图 4-11 所示。

① 客户在电子商务网站上选购商品，最后决定购买，买卖双方在网上达成交易意向。

② 客户选择利用第三方支付平台作为交易中介，用信用卡将货款划到第三方支付平台账户。

③ 第三方支付平台将客户已经付款的消息通知商家，并要求商家在规定时间内发货。

④ 商家收到通知后按照订单发货。

⑤ 客户收到货物并验货后通知第三方支付平台。

⑥ 第三方支付平台将其账户上的货款划入商家账户，交易完成。

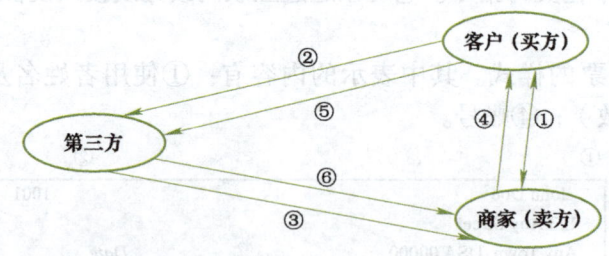

图 4-11　第三方支付的交易流程

2. 第三方支付的应用案例

（1）国内第三方支付业务——支付宝（www.alipay.com）。支付宝由阿里巴巴集团创办，是国内领先的独立第三方支付平台之一。

1）针对个人用户，支付宝提供的网上支付服务主要有：网上付款服务、买家保障计划、银行卡卡通支付服务、网上收款服务、手机购物支付、卖家信贷服务和各种红包活动。

2）针对企业用户，支付宝提供的服务主要有：网站集成支付、营销工具集成支付、商家交易与资金管理和安全中心服务。

（2）国外第三方支付业务——贝宝（www.paypal.com）。贝宝是 eBay 的子公司 Paypal 公司开发的网上支付系统，在全球的电子支付领域有庞大的客户群。

贝宝可以方便用户在全球范围内购物和销售，是目前跨国交易中比较常用的付款方式。它的功能主要关注跨国交易在支付环节的需求。

任务四　理解和探究数据安全与数据合规

一、数据安全与数据合规

1. 数据安全

数据安全是指通过一系列过程和技术，保护数字数据免受未授权访问、泄露、破坏或丢失。这包括一系列的措施、策略和程序，旨在确保数据的保密性、完整性和可用性。

在电子商务交易过程中，会涉及大量的个人和财务数据的传输和处理。随着电子商务的发展，数据安全风险也成为一个备受关注的问题。

2. 数据合规

数据合规是指企业的数据活动需要符合一切规则，包括国际条约、国内法律法规规章、其他规范性文件、行业准则、商业惯例、社会道德以及企业章程、规章制度的要求。数据合规的目的是保障数据安全和个人隐私，促进数据价值的合法利用和发展。

作为电子商务的业务基础，若数据安全与数据合规存在风险，可能会使企业面临法律和商业双重风险，如个人信息泄露、盗用等。因此，数据安全与数据合规显得尤为重要。

3. 数据分级

依据 DAMA 数据管理标准，数据一般分成五个等级。

（1）普通（一级）：可以向任何人公开的数据。

（2）仅对内部使用（二级）：内部可以共享的数据。

（3）机密（三级）：无保密协议，不得与他人共享的数据。

（4）受限机密（四级）：个人需要获取特定的许可才能访问的数据。

（5）绝密（五级）：信息机密程度较高，任何访问者需要签署保密协议才可以访问的数据。

> **小贴士**
>
> DAMA：国际数据管理协会（Data Management International，DAMA）成立于 1988 年，是一个由技术和业务专业人员组成的国际性数据管理专业协会，独立于厂商，旨在世界范围内推广并促进数据管理领域的概念和最佳实践，是一个全球性的非营利性专业组织，专注于数据管理和数字化。

数据分级中,等级越高,表示机密性越高,可以根据实际需要调整数据分级的等级数,以更好地管理和使用数据。设置数据分级的作用是控制访问者可以查看的数据范围,从而实现数据分级后的数据事前管控。例如普通级别的表有 1 张,仅对内部使用的表有 2 张,机密表 3 张,受限机密表有 4 张,绝密表有 5 张,那么拥有绝密等级的用户可以看到 15 张表,拥有受限机密等级的用户可以看到 10 张表,依此类推。

二、数据安全与合规常见问题

1. 数据隐私保护不足

通常表现为企业未能充分保护消费者的个人数据隐私,如未经用户同意就进行数据收集和分享,或者未能提供充分的隐私政策和选择权。

2. 数据传输的合规性

企业在处理业务数据流动时,可能违反了某些国家或地区的数据传输规定,如未能签订合适的数据处理协议或未能确保数据得到适当的保护。

3. 安全漏洞和数据泄露

由于网络攻击、内部失误或技术故障等原因,业务活动可能面临安全漏洞和数据泄露的风险,导致用户数据被盗取或泄露。

4. 合规审查不全面

在电子商务特别是跨境电子商务中,企业可能未全面了解和遵守各国家或地区的数据保护法规,导致合规性审查不够严格或不完善。

5. 数据处理合法性

企业在处理用户数据时可能存在合法性问题,如未能获得用户的充分同意或未能合法获取和使用特定类型的数据。

6. 第三方数据处理风险

企业可能委托第三方服务提供商处理客户数据,但未能充分评估和监督这些服务提供商的数据安全与合规性,导致数据风险增加。

7. 数据存储地点问题

企业可能在选择数据存储地点时未能考虑到当地的数据保护法规和政策,导致违反了相关规定。

8. 合规培训不足

企业可能未能为员工提供充分的数据安全与合规培训,导致员工对数据保护要求和流程的理解不够深入。

三、如何做好数据安全与合规

在电子商务的业务活动中,为了全方位保护用户数据,确保数据安全和用户利益,需要从技术手段、法律及对接流程等多方面着手。具体措施如下:

（1）主动提前与用户签署保密协议，预防和减少数据泄漏的风险。
（2）主动要求用户将数据加密处理后再进行线上传输，提高数据的安全性。
（3）明确必要数据维度与可选数据维度，通过内部系统对数据进行脱敏处理。
（4）优化系统线上管理和权限设置，方便用户进行权限梳理和管理。
（5）建立并完善法务团队，全方位地进行数据的合规性分析与处理。

> **小贴士**
>
> **数据脱敏**：数据脱敏是一种隐私保护措施，旨在保护个人信息和重要数据的安全。在数据脱敏过程中，通常使用不可逆转的算法或方法对敏感数据进行修改，以使其无法直接或简单地关联到真实个人身份或敏感信息。脱敏处理可以采用多种技术手段，如替换、隐藏、加密和扰动等。对敏感数据进行处理，以去除或隐藏其中的敏感信息，从而降低数据在非生产环境中被泄露时所带来的风险。

四、探究数据合规

1. 数据合规框架

在电子商务活动中，数据作为基础要素始终贯穿于活动的全生命周期和各级、各类业务流程，形成诸多主体间深度交织的数据关系。电子商务数据合规建设一般需要同时兼顾面向用户、其他商事主体和企业内部的工作，主要覆盖以下三个层次。

（1）TO C。遵循国内和业务相关国家的《网络安全法》《电子商务法》《个人信息安全规范》等个人信息保护的相关规定，并参考《个人信息保护法》《数据安全法》等已公开的政策法规，结合执法机构针对个人信息执法行动的要求，形成面向用户个人信息收集处理的全生命周期管理要求。

（2）TO B。面向技术和内容等平台服务供应商、外部合作平台（如淘宝、微信）等，通过商务谈判、协议控制等方式，明确数据的商业秘密保护、竞争性财产权益及数据治理等责任边界。

（3）内部。针对外部数据爬取、用户信息管理、数据共享、前端用户告知、新业态数据需求评估等事项，构建数据内部管理制度及流程机制。

2. 数据合规的重点问题

在电子商务活动中，各类业务模式都存在一些数据的合规问题，主要表现在数据收集、数据爬取、数据共享等方面。以下结合具体业务模式，列出一些重点问题。

（1）社交电商模式下的用户数据授权。社交电子商务活动具有多样性和便捷性，数据收集往往渗透在信息交互的各种典型场景中，如即时通信工具的聊天和交易评论。因此，需要具体设置数据收集处理规则，并以突出、易于感知的方式展示，方便用户阅读并明示授权同意。

（2）新零售业态下数据的合规风险。新零售业态是目前众多企业电商化力推的业务发展模式，该模式结合大数据分析、人脸识别等新技术，出现了类似"无人店模式"中的用户生物信息识别、智能硬件的用户信息记忆等情形。这一业态下，需要关注信息收集过程和应用场景的合规风险。

（3）定向营销的合规问题。随着智能推荐技术的发展和业务竞争的加剧，电子商务场景下自动化决策、个性化推荐机制被广泛应用，用户个人信息存在加剧滥用的风险。定向推广应获得用户授权并以显著标识展示相关内容，同时为用户提供退出或关闭选项，确保用户有权拒绝。

（4）数据爬取风险。电子商务企业出于了解市场的目的，常会采用自动化访问采集技术如数据爬虫，通过网页、开放的业务系统爬取相关信息。对于数据爬取，应评估其合规性风险，如爬取对象（政府公开信息网站或商业性网站）是否具备 Robots 协议或公示条款限制爬取、是否影响被爬网站的正常运行等。

（5）与第三方的数据交互风险。基于服务支持等具体目的，电子商务企业可能涉及向外部第三方共享数据，如与物流企业共享位置信息等。基于不同的场景，需要分析数据共享各方的合规义务与责任，采取相应的信息脱敏管理和控制措施。

五、探究数据脱敏

1. 数据脱敏与去标识化和匿名化的区别

（1）数据脱敏与去标识化。数据脱敏是通过修改或删除数据中的敏感信息来保护数据隐私。数据脱敏通常用于非生产环境，如测试、开发和培训等场景，以避免在处理真实数据时泄露个人隐私和敏感信息。脱敏后的数据可以在非生产环境中使用，但不能用于实际的业务运营。脱敏后的数据能否被还原视实际情况而定。

相比数据脱敏，去标识化是一种更加彻底的隐私保护方法，它通过将个人身份与敏感信息脱离，使得对于这些数据的分析和使用无法确定其所属个体。去标识化是不可逆的，即无法从去标识化后的数据还原出原始数据。它通常用于实际的业务运营，如数据共享、数据交换和数据分析等场景，以确保数据隐私和安全。

（2）数据脱敏与匿名化。数据脱敏的主要目的是在保留数据中的某些特征的同时，降低其敏感程度，以便在数据共享、数据分析等场景下降低隐私泄露风险。

数据匿名化更强调在数据中将个人信息完全剔除，以确保无法通过数据本身来识别或推断出特定个体的身份。而匿名化的手段较去标识化也更加多样，如数据泛化、基于规则的数据扰动等。

在实际应用中，数据脱敏、去标识化、匿名化，往往结合使用，以达到最佳的数据保护效果。

2. 数据脱敏工具和相关技术指标

数据脱敏工具通常采用以下技术对数据进行处理：

（1）替换。将敏感数据替换为虚拟数据。
（2）局部隐藏。只展示数据的部分信息。
（3）加密。对数据进行加密处理，确保只有授权人员能够解密并查看真实数据。
（4）数据扰动。对数据进行微小的改动。

数据脱敏工具需要达到以下技术指标：

（1）高度安全性。需要采用加密算法和安全机制，确保敏感数据在脱敏过程中不被泄露。

（2）数据可用性。脱敏后的数据必须保持原有数据的格式、结构和一致性，以确保数据在非生产环境中的可用性。

（3）高效性和可扩展性。数据脱敏工具需要具备高效的脱敏处理能力，能够处理大规模的数据，并在短时间内完成脱敏任务。同时，工具应该具备可扩展性，能够适应不同规模和复杂度的数据脱敏需求。

（4）合规性。数据脱敏工具需要遵守相关的法律法规和隐私保护标准，确保在脱敏过程中不违反相关法律和规定。工具应该提供合规性方面的支持，如数据审计、日志记录和报告等功能。

图文解说

图文解说一　数字证书

数字证书本质是一种电子文档，是由 CA 对证书申请者身份审核通过后，颁发的一种较为权威与公正的电子化证书。

当前，数字证书比较常用的版本是 TUTrec.x.509V3，由国际电信联盟制定，内容包括证书序列号、证书有效期和公开密钥等信息，如图 4-12 所示。

数字证书可用于发送安全电子邮件、访问安全站点、网上支付等电子事务的处理和电子交易活动的展开，主要发挥文件加密、数字签名和身份认证作用。

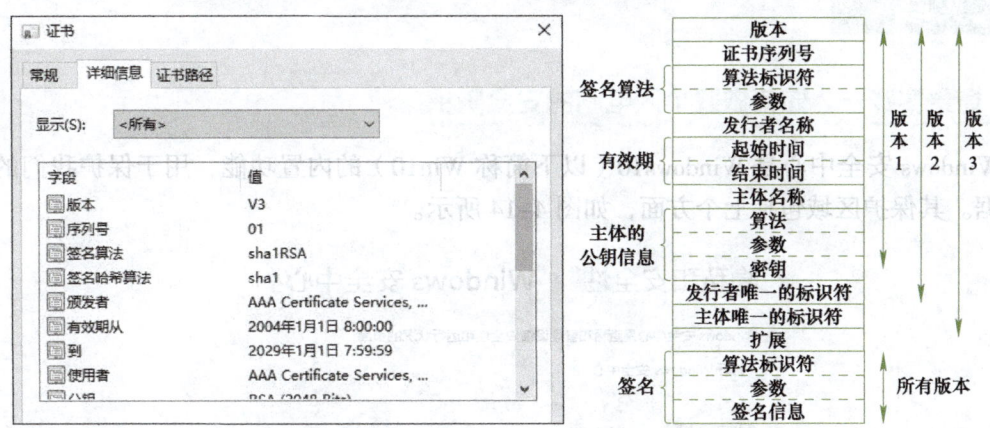

图 4-12　数字证书及其包含的信息

图文解说二　跨境支付与结算

跨境支付与结算是指两个或者两个以上国家或者地区之间因国际贸易、国际投资及其他方面所发生的国际债券债务，借助一定的结算工具和支付系统实现资金跨国和跨地区转移的行为。

实现跨境支付的基本元素有：商户、用户、交易币种、结算币种，这四种元素相辅相成，缺一不可。以跨境出口业务为例，跨境出口零售电商的支付流程如图 4-13 所示。

收单、汇款和结售汇是跨境支付的三个业务大类。目前，跨境收单基本实现前台支付工具本土化；跨境汇款亦称"汇付"，是国际结算支付方式之一；结售汇业务指的是持有牌照的第三方支付公司，可以在国内开展结汇和售汇，赚取汇差。购汇是将本币兑换成外币，结汇是将外汇兑换成本币。

图 4-13 跨境出口零售电商的支付流程

场景实践

场景实践一　如何做好个人电脑的安全防护

Windows 安全中心是 Windows10（以下简称 Win10）的内置功能，用于保护我们的设备和数据。其保护区域包括七个方面，如图 4-14 所示。

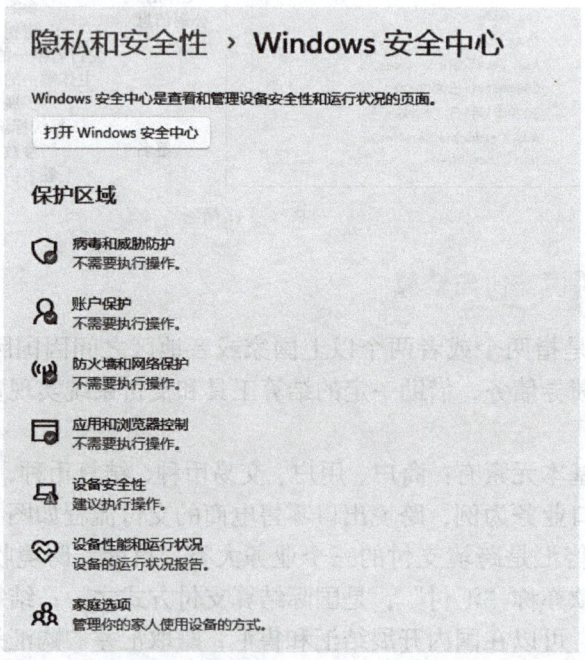

图 4-14　Win10 安全中心的七个保护区域

1. 病毒和威胁防护

（1）扫描病毒和威胁。在"当前威胁"下，可以选择"快速扫描"或"扫描选项"。当选择"扫描选项"时，会出现"全面扫描""自定义扫描""Microsoft Defender 脱机版扫描"等扫描选项。选择"立即扫描"可以查看已设定的"允许的威胁"和"保护历史记录"。

（2）"病毒和威胁防护"设置。开启实时保护、云保护、篡改防护，当有异常时可自动提交样本信息。同时提供"文件夹限制访问"功能，用于防止不友好的应用程序对设备上的文件、文件夹和内存区进行未授权的更改操作。

（3）病毒和威胁防护更新。实时检查防护更新，以确保设备免受最新威胁的侵扰。

（4）勒索软件防护。通过操作"文件夹限制访问""勒索软件数据恢复"两个方式保护文件免受勒索软件的威胁，用于在遇到攻击时还原文件。

2. 账户保护

账户保护以"Microsoft 账户""动态锁"两个功能保护账户和登录的安全。用户在"Microsoft 账户"中可查看账户信息、管理 Microsoft 账户、创建登录头像。"动态锁"的设置相对复杂，可以设置一个登录选项，用户可以进行添加、更改或删除操作。

3. 防火墙和网络保护

管理防火墙设置，并监控网络和 Internet 连接的状况。防火墙和网络保护主要解决允许哪些人和哪些内容访问用户网络的问题。打开"高级设置"，可以进行更为细致的规则设置。

4. 应用和浏览器控制

更新 Microsoft Defender Smart Screen 设置来帮助设备抵御具有潜在危害的应用、文件、站点和下载内容，可以为设备自定义保护设置。

应用和浏览器控制页上的设置允许用户：

（1）阻止不明的应用、文件、恶意网站、下载和 Web 内容。

（2）针对不明的应用、文件、恶意网站、下载和 Web 内容设置警告。

（3）同时关闭阻止和警告功能。

5. 设备安全性

（1）内核隔离通过将计算机进程与操作系统和设备隔离，针对恶意软件和其他攻击提供加强防护。选择"内核隔离详细信息"以启用、禁用和更改内核隔离功能的设置。

（2）内存完整性是一项内核隔离功能。打开"内存完整性"设置，有助于在遭到攻击时防止恶意代码访问高安全性的进程。

（3）安全处理器为设备提供额外加密。

（4）安全启动可阻止复杂和危险的恶意软件类型（Rootkit）在用户启动设备时加载。

6. 设备性能和运行状况

Windows 安全中心会监视用户设备的安全问题，并提供在"设备性能和运行状况"页面显示的运行状况报告。运行状况报告提醒用户注意四个关键区域中的常见问题，并提供解决这些常见问题的建议。

（1）Windows 时间服务。注意系统当前时间是否有问题。

（2）存储容量。注意系统正在运行的磁盘空间是否较充足。

（3）电池使用时间。注意电脑的电池是否有额外的压力。

（4）应用和软件。注意目前有无软件存在运行失败或需要更新的情况。

7. 家庭选项

Windows 安全中心的家庭选项功能可让用户获取相关工具，管理孩子的数字生活和网络安全。

场景实践二　如何做好网上支付的风险防范

1. 使用数字证书

身份认证是网上支付的关键环节，数字证书是确保交易双方身份真实性、信息完整性、私密性和交易不可否认性的"网络身份证"。目前，我国既有银行自己发放的数字证书，也有由第三方安全认证机构发放的数字证书。在网上支付时应坚持并正确使用数字证书。

2. 了解信用评价

通过查阅相关评论和多方信息检索的方式，了解交易各方的信用状况。了解各交易平台或认证机构的信用评级方法，建立并不断拓宽自己的信息来源，对各类型交易方的特点和信用做到心中有数。

3. 熟悉相关法律法规和监管制度

随着电子商务领域法律法规的不断完善，众多相关法律法规和监管制度陆续出台，在此背景下，相关人员在学习和工作中应有意识地加以分析和积累，熟知各种容易出现的安全问题，并懂得如何使用相关的法律法规或监管制度保护自己。

4. 合理选择网上支付机构

网上支付机构一般包括传统银行和第三方支付机构。由于网上支付具有很强的技术性和国际性，第三方支付机构参与网上支付已成为一种趋势。它的优势在于独立于用户、银行，可以相对公正地处理支付纠纷。因此，对于第三方支付机构的选择一般需要综合考虑它的服务能力和行业影响力。

5. 树立安全意识，正确操作网上支付

在实际操作中，银行与第三方支付服务商因为安全需要，会不断地提升自己软硬件系统的安全级别、完善应用系统结构、规范各类规章制度，以此加强自身风险管理与防御能力。因此，用户也应随之"升级"，随之提高，在不断提升自身安全水平的同时，牢固树立安全意识，警钟长鸣。

素养园地 《中华人民共和国电子商务法》

一、案例导入

中华人民共和国第十三届全国人民代表大会常务委员会第五次会议于 2019 年 8 月 31 日通过《中华人民共和国电子商务法》(以下简称《电子商务法》),该法共七章八十九条,自 2019 年 1 月 1 日起施行。其中第九、三十九、六十二条如下:

第九条规定:"本法所称电子商务经营者,是指通过互联网等信息网络从事销售商品或者提供服务的经营活动的自然人、法人和非法人组织,包括电子商务平台经营者、平台内经营者以及通过自建网站、其他网络服务销售商品或者提供服务的电子商务经营者。"

第三十九条规定:"电子商务平台经营者应当建立健全信用评价制度,公示信用评价规则,为消费者提供对平台内销售的商品或者提供的服务进行评价的途径。电子商务平台经营者不得删除消费者对其平台内销售的商品或者提供的服务的评价。"

第六十二条:"在电子商务争议处理中,电子商务经营者应当提供原始合同和交易记录。因电子商务经营者丢失、伪造、篡改、销毁、隐匿或者拒绝提供前述资料,致使人民法院、仲裁机构或者有关机关无法查明事实的,电子商务经营者应当承担相应的法律责任。"

二、案例讨论

1. 查阅《电子商务法》,谈谈该法在安全和支付等方面是如何保障电子商务的发展的。
2. 我国电子商务的立法说明了什么?

三、分析与建议

《电子商务法》以条款形式将电子商务在发展中的关键问题加以界定和制约。例如:第九条实质是将微商、代购、网络直播纳入制约范畴;第三十九条实质是明确电子商务平台不得删除消费者评价;第六十二条实质是强化经营者的举证责任。

随着电子商务的不断发展,该领域中法律主体关系、新型电商模式将更加多样化,实际上我国执法机关在执法依据上并不单一依赖于《电子商务法》,而是与其他法律如《中华人民共和国网络安全法》《中华人民共和国广告法》等联合使用。

我的学习评价

提示：在本项目学习结束时，请填写此学习评价表（配套资源包已备电子版），可另增附页，并上交指导教师。

项目四　探究电子商务中的安全与电子支付（学习评价表）			
姓名	班级		学号
本项目练习记录			
本人在学习中的发现与创新尝试			
本项目评定格次			
基本概念掌握	学习思路与语言表达	思考的正确性	综合得分

项目五
探究电子商务中的营销管理

课前思考

"双11"背后的经济理论

"双11"从2009年"全场五折,全国包邮"的非主流光棍节,到现今千亿级销售额的主流购物节,已成为一种独特的互联网经济现象。"双11"购物节的体量和影响目前已超过所有传统节日营销,成为全球最大的购物节。这背后伴随着中国互联网的发展、经济体量的增长和广大消费者消费观念的转变,诸多经济理论在这一活动开展的过程中得到具体实践。

(1) 需求理论。商品的需求量与价格成反比。限定时间段的低价、打折、满减等促销,带来销售量的激增。

(2) 价格歧视。将同一商品以不同的价格销售。"双11"的特定降价,满足价格敏感消费者的需求;"双11"结束后恢复原价,面向价格不敏感消费者。价格敏感者在初次购买后,未来更容易产生复购行为。

(3) 注意力经济。在信息经济中,人们的注意力是稀缺资源,能吸引公众注意力即意味着具备创造财富的可能。"双11"每年采用不同的营销主题,同时结合各大媒体做大量宣传,吸引了广大消费者。

(4) 羊群效应。个人的观念或行为因某些影响因素而趋于与多数人相一致。"双11"已然成为一种消费文化,让消费者在此期间产生不去购物似乎就与时代脱节的感受,刺激消费者的购物欲望。

(5) 锁定效应。当某种约定或制度出现后,大家不满意,但又无法改变,只有执行。"双11"使用定金预售模式绑定客户,并与第二年的参加资格挂钩,导致广大商家只能积极配合"双11"的活动,但无法精准预判活动效果。

（6）信息不对称。买卖双方所掌握的交易信息不同，对购买行为的判断和执行并不最优。"双11"限时折扣是否一定比传统促销优惠力度更大、是否存在变相包装和先提价后降价的操作，消费者并不完全知情。

总的来说，在网络时代经济爆发式发展的今天，营销无处不在。重视营销特别是网络营销，已成为互联网时代企业生存和发展的关键。

学习目标

【知识目标】
- 准确识记网络营销的内容、理论与策略。
- 了解营销活动策划和文案写作的基本内容。

【能力目标】
- 熟练掌握并灵活运用传统与电子商务市场调研的方法。
- 熟练掌握并灵活运用网上商品选择与采购的主流方法。

【素养目标】
- 坚定文化自信，积极培育和践行"诚实、守信"社会主义核心价值观。

任务一 识记网络营销的内容、理论与策略

一、营销与营销学

营销作为一门学科，即营销学，始于20世纪上半叶，当时主要出现在与分销相关的课程中，主要研究企业如何在发现、创造和交付价值以满足一定目标市场需求的同时获取利润。

营销关注的对象主要是营销实施过程的各个环节，如机会的辨识、新产品的开发、对客户的吸引、保留客户并培养客户忠诚度、订单执行等。市场中未被满足的需要如何被辨识、如何定义、量度目标市场的规模和利润潜力，找到适合企业进入的细分市场或者市场供给品，是营销一直关注的重点内容。

营销之所以对企业很重要，是因为营销能力是企业赢利的根本保证。商品或者服务如果没有实际的成交量来为企业创造利润，那么企业的财务、运营和其他方面的努力只不过是水中月、镜中花。正因为销售是企业赢利的基础，很多企业专门设置了首席营销官（Chief Marketing Officer，CMO）一职。

营销本身是比较复杂且微妙的工作。当企业面对变幻莫测的市场和各色的竞争时，对营销目标的追求本身也就变得复杂且需要随时进行有效性验证与调整。同时，在营销上做出正确的决策并非易事。企业的营销人员往往面临这样一些问题：所涉及的新产品的特征是什么、制定怎样的价格、选择怎样的营销渠道、广告费用的投入数额是多少。他们甚至面临一

些更精细的问题，如包装上选择哪一种印刷字体。要正确做出这些决策，需要对客户有深入的了解，还需要对自己公司的利益负责，压力往往很大。

总体来说，营销学是一门"艺术"和"科学"相结合的学科，它既有惯例化的模式，又需要创造性的灵感，而营销也是如此，技巧永无止境。

二、网络营销的概念与特点

1. 网络营销的概念

网络营销（On-line Marketing 或 E-Marketing）就是以国际互联网为基础，利用数字化的信息和网络媒体的交互性来辅助营销目标实现的一种新型的市场营销方式。

网络营销最直观的认识就是以客户为中心，以网络为导向，为实现企业目的而进行的一系列企业活动。

（1）广义的网络营销。网络营销概念的同义词包括网上营销、互联网营销、在线营销等，这些词汇说的都是同一个意思。笼统地说，网络营销就是以互联网为主要手段开展的营销活动。

（2）狭义的网络营销。狭义的网络营销是指组织或个人基于开放便捷的互联网络，对产品、服务所做的一系列经营活动，从而达到满足组织或个人需求的全过程。

这里需要特别指出的是，网络营销不是网上销售。销售是结果，营销是过程。一个成功的网络营销方案，往往促进的不仅仅是线上销售额的上升。

2. 网络营销的特点

由于互联网技术的成熟以及互联网成本的低廉，互联网好比一种"万能胶"，将企业、团体、组织以及个人跨时空连接在一起，使得他们之间信息的交换变得非常容易。市场营销中最重要、最本质的基础就是组织和个人之间所进行的信息交换。如果没有信息交换，那么交易也就是无本之木。因此，网络营销不仅具有传统营销所具备的某些特性，而且存在一些自身的"个性"特征。

（1）跨时空。营销的最终目的是占有市场份额，由于互联网能够超越时间约束和空间限制进行信息交换，使得营销脱离时空限制进行交易变成可能，企业有了更多的时间和更大的空间进行营销，可每周 7 天、每天 24 小时随时随地地提供全球性营销服务。

（2）多媒体。互联网被设计成可以传输多种媒体信息，如文字、声音、图像等，使得为达成交易进行的信息交换能以多种形式存在和交换，这样可以充分发挥营销人员的创造性和能动性。

（3）交互式。互联网通过建立商品信息资料库提供有关的查询与展示功能，实现供需互动与双向沟通。互联网还可以进行产品测试与消费者满意度调查等活动。互联网是产品联合设计、商品信息发布以及提供各项技术服务的最佳工具。

（4）个性化。互联网上的促销是一对一、理性、消费者主导、非强迫性、循序渐进的，而且低成本、人性化，避免了推销员强势推销的干扰，并通过信息提供与交互式交谈，与消费者建立长期良好的关系。

（5）成长性。互联网使用者数量快速增长并遍及全球，且使用者多为年轻的中产阶级，受教育水平比较高。这部分群体购买力较强且具有很强的市场影响力，因此互联网是一条极具开发潜力的市场渠道。

（6）整合性。互联网上的营销可将商品信息至收款、售后服务一气呵成，是一种全程的营销渠道。另外，企业可以借助互联网将不同的传播营销活动进行统一设计规划和协调实施，以统一的传播资讯向消费者传达信息，避免不同传播不一致产生的消极影响。

（7）超前性。互联网是一种功能强大的营销工具，它同时兼具渠道、促销、电子交易、互动客户服务以及市场信息分析与提供等多种功能。

（8）高效性。互联网可传送的信息数量庞大且精确度高，远超其他媒体。同时，它具备较强的市场适应性，能够根据市场需求及时更新产品或调整价格。因此，互联网能及时有效地了解并满足客户的需求。

（9）经济性。通过互联网进行信息交换，代替以前的实物交换，一方面可以减少印刷与邮递成本，可以无店面销售，免交租金，节约水电与人工成本；另一方面可以减少由于迂回多次交换带来的损耗。

（10）技术性。网络营销建立在以高技术作为支撑的互联网基础之上，企业实施网络营销必须有一定的技术投入和技术支持，以改变传统的组织形态，增强信息管理部门的功能，引进懂营销与计算机技术的复合型人才，未来才能具备市场的竞争优势。

三、营销的理论与策略

1. 营销的基础理论

（1）营销理论历经的三个阶段。

1）4Ps 阶段。4P 指代的是 Product（产品）、Price（价格）、Place（地点，即分销渠道）和 Promotion（促销）四个英文单词。4Ps 营销理论自 20 世纪 50 年代末被提出以来，对市场营销理论和实践产生了深刻的影响。这一理论认为，如果一个营销组合中包括合适的产品、合适的价格、合适的分销渠道和合适的促销策略，那么这将是一个成功的营销组合，企业的营销目标也可以得以实现。

2）4Cs 阶段。20 世纪 80 年代，专家针对 4Ps 存在的问题提出了 4Cs 营销理论。4C 分别指代 Customer（客户）、Cost（成本）、Convenience（便利）和 Communication（沟通）。Customer（客户）主要指客户的需求。企业必须首先了解和研究客户，根据客户的需求来提供产品；Cost（成本）不单是企业的生产成本，还包括客户的购买成本，应该既低于客户的心理价格，也能够让企业有所盈利；Convenience（便利）是指为客户提供最大的购物和使用便利；Communication（沟通）是指企业应通过同客户进行积极有效的双向沟通，建立基于共同利益的新型企业/客户关系，在双方的沟通中找到能同时实现各自目标的途径。总体上，4Cs 营销理论注重以客户需求为导向。

3）4Rs 阶段。4Rs 阐述了 Relevance（关联）、Reaction（反应）、Relationship（关系）和 Reward（回报）四个全新的营销要素。4Rs 营销理论强调因为客户具有动态性，企业要与客户建立互助、互求、互需的关联关系；强调企业应该站在客户的角度，及时倾听客户的希望、渴望和需求，并及时答复和迅速做出反应；强调在市场环境中客户关系发生了本质变化，建立和管理与客户的互动关系越来越重要；强调回报是营销的动力源泉，对企业来说，市场营销的真正价值在于其为企业带来短期或长期的收入和利润的能力。

总的来说，4Ps、4Cs、4Rs 三者不是取代关系而是完善、发展的关系。由于企业层次不同，情况千差万别，市场、企业营销还处于发展之中，所以至少在一个时期内，4Ps 还是营销的一个基础框架，4Cs 也是很有价值的理论和思路，因而这两种理论仍具有适用性和可借鉴性。4Rs 不是取代 4Ps、4Cs，而是在 4Ps、4Cs 基础上的创新与发展，所以不可把三者割裂开来甚至对立起来。在了解体现了新世纪市场营销新发展的 4Rs 营销理论的同时，根据企业的实际情况，把三者结合起来指导营销实践，会取得更好的效果。

（2）常见营销理论及其应用。

1）直复营销理论。直复营销起源于美国。1872 年，蒙哥马利·华尔德创办了美国第一家邮购商店，标志着一种全新的营销方式的产生。对于直复营销的理解有"广告说"和"营销系统说"两大流派，"广告说"流派认为：直复营销是指将目标对象及现有客户当成独立个人的条件下，任何能创造并开拓你们之间直接关系的广告活动。"营销系统说"流派认为：直复营销是一个与市场营销相互作用的系统，它利用一种或多种广告媒体，对各个地区的交易及可衡量的反应施加影响。

直复营销的常见类型：

① 邮购营销，指经营者自身或委托广告公司制作宣传信函，分发给目标客户，引起客户对商品的兴趣，再通过信函或其他媒体进行订货和发货，最终完成销售行为的营销过程。这一方式的优点在于将广告与渠道相连，适用于以一对一为基础的客户服务，同时以信函作为产品或者服务的展示工具，具有较高的客户可信度；缺点在于当范围宣传较大时，信函制作成本较高，存在投递无法到达的风险，且信函本身内容支持与展现力较差。

② 目录营销，由邮购营销演化而来，是指经营者编制商品目录，并通过一定的途径分发到客户手中，由此接受订货并发货的营销行为。它的优点是：内容含量大，信息丰富完整；图文并茂，易于吸引客户；便于客户作为资料长期保存、反复使用。主要缺点是：设计与制作的成本费用高昂；只能具有平面效果，视觉刺激较为平淡。

③ 电话营销，是指经营者通过电话向客户提供商品与服务信息，客户再借助电话提出交易要求的营销行为。它的优点是：能与客户直接沟通，可及时收集反馈意见并回答提问；可随时掌握客户态度，使更多的潜在客户转化为现实客户。主要缺点是：营销范围受到限制，没有电话号码难以开展工作；因干扰客户的工作和休息所导致的负效应较大；由于客户既看不到实物，也读不到说明文字，易使客户产生不信任感等。

④ 电视营销，是指营销者购买一定时段的电视时间，播放某些产品的影像，介绍功能，告示价格，从而使客户产生购买意向并最终达成交易的行为。它实质是电视广告的延伸。它的优点是：通过画面与声音的结合，使商品由静态转为动态，直观效果强烈；通过商品演示，使客户注意力集中，接收到信息的人数相对较多。它的缺点是：制作成本高，播放费用昂贵；客户很难将它与一般的电视广告相区分；播放时间和次数有限，稍纵即逝。现今绝大多数电视营销已演化为家庭购物频道（Home Shopping Channels）。

直复营销不论是上述哪一种具体形式，基本都体现了营销者与客户的各种形式的"直接接触"和经过多次"往复"客户所表达的相对明确的购物意向。

2）网络软营销理论。网络软营销理论是针对工业经济时代以大规模生产为主要特征的"强势营销"提出的新理论。它强调，企业进行市场营销活动的同时，必须尊重消费者的感受和体验，让消费者能舒服地主动接收企业的营销活动。

网络软营销理论有两个重要特征：网络互动与网络礼仪。

① 网络互动表现为各种平台载体的利用，如网络社区，是指包括论坛、贴吧、公告栏、个人知识发布、群组讨论、个人空间、无线增值服务等形式在内的网上交流空间，同一主题的网络社区通常集中了具有共同兴趣的访问者，多为互利互惠的网络虚拟组织。基于网络社区的特点，不少营销者已经开始借助这种普遍存在的网络社区的紧密关系，为企业谋利。

② 网络礼仪是指互联网使用者在网上对其他人应有的礼仪。真实世界中，人与人之间的社交活动有不少约定俗成的礼仪，在互联网虚拟世界中，也同样有一套不成文的规定及礼仪，即网络礼仪，供互联网使用者遵守。互联网自诞生以来已不断完善并逐步形成一套良好、不成文的网络行为规范，对客户在消费时的体验有着重要的影响。

3）关系营销理论。1985年，巴巴拉·本德·杰克逊提出了关系营销的概念，该理论把营销活动看成是一个企业与消费者、供应商、分销商、竞争者、政府机构及其他公众发生互动作用的过程，其核心是建立和发展与这些公众的良好关系。

关系营销理论的本质主要体现在以下几个方面：营销过程中的沟通应该是双向的而非单向的，只有广泛的信息交流和信息共享，才可能使企业赢得各个利益相关者的支持与合作；通过参与方之间的合作增加各方的利益，即合作共赢是关系营销理论的基础；在关系的建立与维护中，各方的情感满足也非常重要，决定了关系是否能够得到稳定和发展；各方关系的变化需要即时跟踪并充分了解，及时消除关系中的不稳定因素和不利因素。

4）整合营销理论。这是一种对各种营销工具和手段的系统化结合，根据环境进行即时性的动态修正，以使交换双方在交互中实现价值增值的营销理念与方法。整合营销就是为了建立、维护和传播品牌以及加强客户关系，而对品牌进行计划、实施和监督的一系列营销工作。整合就是把各个独立的营销工作综合成一个整体，以产生协同效应。这些独立的营销工作包括广告、直接营销、销售促进、人员推销、包装、赞助和客户服务等。

整合营销理论的特点有以下几个方面：整合，着重以消费者为中心，把企业所有的资源综合利用，实现高度一体化营销；系统化管理，整体配置并协调企业所有资源关系，如外部合作伙伴关系，形成竞争优势；规模化，以规模化使企业获得较大的经济效益，同时也为企业更有效地实施整合营销提供便利。简单地说，整合营销就是整合各种网络营销方法，与客户需求进行匹配，给客户提供最佳的网络营销方法，当然，现今线上线下的营销已无法清晰分离，线上线下资源的整合也是整合营销的一部分。

2. 网络营销的策略

网络营销的策略是企业根据自身所在市场中所处地位的不同而采取的一些网络营销组合。它包括产品策略、价格策略、促销策略、渠道策略、客户服务策略等。

（1）产品策略。选品一直是企业特别是电子商务企业的核心问题。企业要使用网络营销方法，必须明确自己的产品或者服务项目，明确哪些是网络消费者会选择的，并将这些网络消费者定为自己网络营销的目标群体。因为产品网络销售的费用远低于其他销售渠道的销售费用，因此，企业如果产品选择得当，可以通过网络营销获得丰厚的利润。

（2）价格策略。价格策略是企业需要面对的最为复杂的问题之一。网络营销中价格策略是成本与价格的直接对话，由于信息的开放性，消费者很容易掌握同行业各个竞争者的价格，如何引导消费者做出购买决策是关键。企业如果想在价格上获得成功，必须注重强调自己产品的性能价格比以及与同行业竞争者相比自身产品的优点。由于竞争对手的冲击和企业各自营销目标的不同，企业自身网络营销的价格可以根据不同的时期做出灵活的调整。

（3）促销策略。促销策略是指企业如何通过人员推销、广告、公共关系和营销推广等各种促销手段，向消费者传递产品信息，引起他们的注意和兴趣，激发他们的购买欲望和购买行为，以达到扩大销售的目的的活动。企业将合适的产品，在适当地点、以适当的价格出售的信息传递到目标市场，一般是通过两种方式：①人员推销，即推销员和客户面对面地进行推销；②非人员推销，即通过大众传播媒介在同一时间向大量消费者传递信息，主要包括广告、公共关系和营销推广等多种方式。此外，目录、通告、赠品、店标、陈列、示范、展销等也都属于促销策略范围。

（4）渠道策略。渠道策略包括营销渠道的选择、拓展、管理等，如企业未来渠道的拓展方向、分销网络的建设和管理、区域市场的管理、营销渠道自控力和辐射力的评估等。渠道策略对营销决策起到直接影响，是企业是否能够成功开拓市场、实现销售及经营目标的重要手段。

（5）客户服务策略。客户服务策略是企业在一定发展阶段，以服务为核心，以客户满意为宗旨，使服务资源与变化的环境相匹配，实现企业提绩增效、长远发展的动态策略。由于网络营销特有的互动方式，企业依据特定的目标客户群、特有的企业文化来加强互动，可以避免原有营销模式的单一化。

任务二　运用与探究市场调研的方法

一、传统市场调研

1. 市场调研的内容

市场调研就是指运用科学的方法，有目的、系统地搜集、记录、整理有关市场营销信息和资料，分析市场情况，了解市场的现状及其发展趋势，为市场预测和营销决策提供客观、正确的资料的过程。市场调研具体分为市场调查和市场研究。

市场调查的内容主要包括：

（1）市场环境调查，主要包括政策环境、经济环境、社会文化环境等方面的调查。

（2）市场状况调查，主要包括市场规范、总体需求量、市场动向、同行业的市场分布占有率等方面的调查。

（3）销售可能性调查，主要包括现有和潜在用户的人数及需求量、市场需求变化趋势、企业竞争对手的市场占有率等方面的调查。

此外，市场调查还包括对消费者及消费需求、商品特征与价格、销售渠道和影响销售的社会与自然因素等方面的调查。通常可从外部市场环境和内部组织环境两个角度开展具体的调查与分析。

2. 市场调研的基本方法

市场调研作为市场营销的第一步，是整个市场营销的基础。可以说，企业所有收集信息的动作都属于市场调研。在采用具体方法实施市场调研时，需要遵循"真实"原则，因为只有真实的信息才具有参考价值。尽管市场调研有各种方法，既会收集到主观信息也会收集到客观信息，但这些信息都需要遵循"真实"原则，即信息收集的来源必须清晰，信息代表的意义必须清晰，可以作为判断的依据。

市场调研方法包括市场调查和市场研究两类，常用的市场调查与研究方法如下：

（1）观察法。观察法是指调研人员根据一定的研究目的、研究提纲或观察表，用自己的感官直接观察，借助各种现代化的仪器、手段（照相机、录音机等）辅助观察被研究对象，从而获得资料的一种方法。例如，电视收视率调查、商店评价调查、商品购买记录调查等。

按观察结果的表现形式，观察法可分为定量观察和定性观察。定量观察以数字呈现观察结果，定性观察以文字呈现观察结果。定量观察和定性观察比较见表5-1。

表5-1 定量观察和定性观察比较表

种类	方法	观察对象	优点	缺点
定量观察	机械观察	电视收视率 销售量 库存量	能做到避人眼目的观察 不受时间限制 比人员观察更准确	必须设置、管理机械 机械设置、维护费用高
	人员（肉眼）观察	广告单发放数量 店内行动路线 来店顾客的性别、年龄段	与机械观察相比，不受观察地点的限制 可完成机械观察难以测定的观察	24小时连续性观察有困难 不同的观察者可能得出不同的观察结果
定性观察	参与观察	集体、组织的特性	可以同时进行几项内容的观察	可能得出主观的观察结果
	实地考察	布局条件 销售礼仪		

（2）问卷法。调查问卷是实地调查的有效工具，其核心在于通过设计具有一定结构的问卷进行有针对性的调查。调研人员通过问卷收集资料，并采用统计方法进行处理与分析。问卷法的实施过程主要分为问卷设计、问卷投放与回收、问卷分析三个步骤，具体方式方法见表5-2。

表5-2 问卷调查方法和方式

调查方法	调查方式
访问员通过拜访进行邀约	面访调查
	留置问卷调查
访问员在街头、设施内等进行邀约	街头拦截，到现场者面访调查
	街头拦截，到现场者自填式调查
	定点街头访问调查
通过信息通信手段进行邀约	邮寄调查
	电话调查
	互联网调查
通过报纸和杂志广告、宣传单、互联网广告、店内海报、商品包装等进行邀约	回答者募集式调查
	家庭使用测试
	传真调查

（3）实验法。实验法是指调研人员操作和控制一个或多个自变量，观察它们对一个或者多个因变量的影响的一种研究方法。通常是调研人员在一个相对较小的特定市场内，以商

品营销的某个具体目标如销量为基准,通过调整商品包装、广告、价格等实验方法来测量消费者反馈,依据实验结果决定是否在生产或营销等环节进行相应改进。

实验法在实际运用中常用的调节因素如下:

1)商品因素。在同一市场条件下,设定某个具体营销目标,变动相关商品因素,测量该商品因素对购买行为的影响。如提高广告投入会带来销量提升,降低价格也会带来销量提升,两者自身效果和效果比较等。

2)区域因素。市场形势、消费者购买力和季节变化等因素,都会不同程度地影响效果。测量不同区域的市场容量、消费水平和自然条件对销售结果的影响是必要的。可以在不同的具备代表性的特定区域开展相关实验,从而更好地锁定消费群体和改进自身。

二、电子商务市场调研

1. 电子商务市场调研的内容

电子商务市场调研继承了传统市场调研的核心内容,区别在于将调研对象由传统市场转移到网络市场,出现了特定的分析对象和方法。

(1)关键词调研。在电商领域,每一个关键词背后都代表一个客户群体,通过对关键词的分析,可以分析并找到客户的精准需求。

(2)商品调研。依据各平台某一商品的搜索结果,从商品的主图、详情页、价格等信息,不仅可以找出同行竞品的相似与不同,还可以发现各商家对这款商品的主推卖点。

通过不同方式的调研,不断聚焦自身的市场定位。通过市场分析,如果没有搜索到相关商品,可有针对性地开发商品,争取使商品在某个细分市场占据领先地位;如果市场上已有类似商品,可以结合自身特点寻找差异,争取使商品的某个卖点或功能做到独树一帜。企业在进入电商行业前,需要全面地了解该企业所在行业的线上发展状况,了解用户在网上是否有足够多的搜索量,是否有在网上购买这类产品的习惯。通过必要的调研和分析,可以提前规避风险,做到有的放矢。

2. 电子商务行业市场调研

电子商务行业市场调研主要包含四个方面:市场容量分析、子行业市场容量分析、行业集中度分析、市场趋势分析。

(1)市场容量分析。市场容量即市场规模,指目标行业市场的整体规模,即目标行业市场在指定时间内的销售额。市场的发展是动态的,需要实时检索并分析市场容量的变化,为了达到这一目标,保证分析数据的客观性和科学性,需要整合不同来源渠道的数据。常用数据来源如下:

1)目标行业的市场容量数据。艾瑞网、艾媒网、中国产业经济信息网、IT桔子、易观国际等平台发布的季度或年度报告。

2)目标销售平台的交易数据。京东网、淘宝网、当当网等相关类目的交易数据。

3)目标行业的市场趋势数据。百度指数、阿里指数、360趋势等数据。

(2)子行业市场容量分析。选择计划进入的电商平台,并依托该平台做行业集中度分析。以淘宝为例,可以借助其生意参谋里的市场功能采集某特定行业某时段的相关数据,创建数据透视表来计算"支付金额较父行业占比"等子行业市场容量情况。通过综合分析子行业市场容量，选出其中市场容量比较大的子行业。以童装为例，可能经过子行业调研，会发现细分后羽绒服市场容量较大。当然，在对受季节性因素影响较小的商品进行分析时，还要综合商品迭代出新和客户消费习惯等因素，全面细致地进行分析。

（3）行业集中度分析。行业集中度又称为行业集中率或市场集中度，是衡量整个行业市场集中度的重要量化指标，可以反映某个行业的饱和度、垄断程度。一般通过赫芬达尔－赫希曼指数（Herfindahl-Hirschman Index，HHI）来衡量，该指数的数值越小，说明行业的集中度就越小，趋于自由竞争。当行业处于完全垄断时，HHI的值为1。为了进行具体分析，可以采集相关销售平台（如淘宝）排名靠前（如前50名）的品牌交易数据，并计算其HHI值。如果计算得出的HHI值较低，则表示该行业的进入风险相对较低。

> **小贴士**
>
> 赫芬达尔－赫希曼指数（Herfindahl-Hirschman Index，HHI）：HHI是一种衡量产业集中度的综合指数。它是指一个行业中各市场竞争主体所占行业总收入或总资产百分比的平方和，用来计量市场份额的变化，即市场中厂商规模的离散度。简单地说，当独家企业垄断某行业时，该行业的HHI等于1；当所有企业规模相同时，该指数等于$1/n$，故而这一指标在$1/n \sim 1$之间变动。数值越大，表明企业规模分布越不均匀。

（4）市场趋势分析。市场趋势分析，即根据市场历史数据判定行业目前所处的发展阶段，是处于萌芽期、成长期、爆发期还是衰退期。市场趋势可以通过行业研究报告来分析，前文市场容量分析中已提及一些数据来源，这里将做一个相对全面的整理。

1）国内咨询机构网站。艾瑞网、中国互联网络信息中心、易观智库、艾媒网、DataEye等。

2）国家公开数据机构。国家统计局、国家数据局等。

3）互联网公司数据报告网站。腾讯大数据、网易用户体验设计中心、优酷指数行业报告、360应用商店产品报告等。

电子商务企业未来的盈利水平不仅会受到自身发展周期的制约，还会受到行业发展阶段的制约。如果一个行业处于衰退阶段，那么即使企业处于成长阶段，其发展空间仍然有限，所以行业调研是必要的。

3. 电子商务市场的微观分析

（1）头部店铺、品牌和单品分析。通过头部店铺、品牌和单品三个维度的调研，明确目标定位，寻找市场机会与空间。如果某类目头部店铺销售额占比较高，则表示竞争难度较大，要充分挖掘差异化卖点；用户已建立较强的品牌认知，可以考虑品牌代理；没有形成明显的店铺单一爆款群，则表示用户综合选择的因素较多，进入后如果合理营销机会也相对较多。

（2）用户画像分析。尝试通过交易数据绘制用户画像，研究生成的用户群体，进行标签化分析和判断，以选择合适的营销方式或进行必要的商品改良。

（3）支付偏好分析。不同时段和价格区间的消费用户占比都有一定比例，可以根据采集到的交易数据进行细致分析，不断修正交易活动时段和商品价格区间。

除以上三个角度的微观分析外，电子商务市场的调研方法还有很多，但依据商品或品牌的属性、卖点做具体分析是主流做法。

任务三　探究电子商务的选品与货源

一、电子商务的选品

选品是指卖家选择优秀的商品作为交易品,这类商品是否优秀的衡量标准就是能否实现盈利。选品在电子商务领域一直是一个核心问题,也是一个难题。

1. 选品的相关概念与思路

(1)选品的相关概念。

1)选品成功率。选定一个可以短期或者长期盈利的产品,即可视为选品成功。广义上,只要产品有一次补货,即可视为选品成功;狭义上,选品成功率与选品精度相关,选品越聚焦盈利、盈利持续时间越长,则选品成功率越高。

2)毛利率。盈利是选品是否成功的判断依据,因此在实际选品中,无论采取哪种选品方法,决策前必须要做粗略的成本/利润估算。在商品销售中,毛利率的计算方法为:毛利率=(销售额-成本)/销售额。这里的成本指的是每一款商品即单个SKU的成本,不计算企业层面的房租、人员、水、电、燃气等费用。

> **小贴士**
>
> SKU(Stock Keeping Unit,库存量单位):从货品角度看,指单独一种商品,其货品属性如品牌、型号等已被确定,如某款跑步鞋43码和39码属于两个不同的SKU;从业务管理角度看,SKU包含货品包装单位信息,如某款啤酒以瓶为单位还是以箱为单位;从信息系统和货物编码角度看,SKU只是一个编码。

(2)选品的思路。通常选品的思路分三个基本步骤:站点环境分析、商品属性分析和选品估算与决策,见表5-3。

表5-3　选品思路的三个基本步骤

站点环境分析	商品属性分析	选品估算与决策
消费需求大不大 增速快不快 价格有无利润空间 卖家生存空间如何	哪些属性是消费者真正需要的	该类商品在哪些价格区间卖得最好 结合商品的定位如何定价
新商品/品牌能否存活 新商品/品牌能否成长	该类商品有哪些必备或热点属性 如何平衡投入/产出	是否存在知识产权侵权风险 是否需要产品认证才能经营

1)站点环境分析。分析特定电子商务平台的整体体量、交易发展趋势和各门类商品的热门价格区间。特别关注计划售卖品类中新品占比情况,重点分析该品类每年的发展趋势及是否被头部品牌垄断。

2)商品属性分析。收集和对比品类属性和商品属性的相关数据,找出单个或组合属性销量最高的商品,并将这些商品作为重点关注的对象。

3)选品估算与决策。通过计算毛利率、竞品对比、评估折损率等进行选品的风险评估辅助决策。

2. 常见的选品方法

（1）铺货选品。先在售货平台找头部编码产品，再去货源平台找货源，然后依据两者的费用，进行利润维度的判断和选品。这种方法的优势是短平快、容易起步，但缺点在于存在明显瓶颈且风险逐年增高。采用这一方法时需要配合使用信息采集器等工具，往往一周左右可以确定一个选品。

（2）关键词工具选品。使用第三方工具或各电商平台站内工具（如亚马逊的品牌分析工具），根据某些关键词近期的搜索量或者热度，从关键词角度分析近期的热卖产品或可入手产品。这种方法同样可能产生一些工具费用，且不同的平台提供的工具也不尽相同。

（3）浏览器插件选品。通过选品插件获取页面内某编码商品的预估销量等信息，辅助进行选品。例如，Scott 等第三方插件，它既有浏览器插件功能，也有销量预估功能，可以支持选品。这种选品方法的优势在于，关键词引申的搜索量或预估销量等数据可以辅助卖家选品，从而提高选品的精确度。

（4）品类数据选品。品类数据选品是指直接采集电子商务平台各个品类、每个类目甚至每个 SKU 的交易数据，进行大规模的数据采集或直接购买平台数据库。相较而言，平台数据库购买的费用较高，适合能承受较高成本的卖家。此方法带来的优势是数据量更大，分析的精准度更高，但也可能存在数据库品类覆盖不全的问题，即有些品类的数据并未采集。

值得注意的是，选品的实质是在合理或已知的误差范围内，找到更可能盈利的产品，而不是找到绝对能盈利的产品。因为分析会带有一定的误差，商家需要将误差控制在可接受或者已知的范围内。同时，不同时期的选品方法也不一样，比如早期商家会选择轻巧便宜、资金占用成本较低的商品，但随着竞争的加剧，这类商品已不具备明显优势。当前，随着供应链优势的凸显，商家更倾向于选择拥有强大供应链的商品。无论如何变化，选品一定要分析成本，判断盈利空间，掌握基本的利润计算和成本评估方法。

3. 爆款商品的打造方法

在线下，门店容纳的客户人数有限，通常具备销售渠道优势的品牌商家才能产生爆款。在线上，商家只要有一个好的商品，就可能被全国乃至全球的客户所知晓，这就是爆款选品的营销魅力。

在电子商务领域，流量的分配原则呈现聚集性特点，成功打造爆款商品可以为企业带来更多流量、展现和销量，同时提升企业及店铺的影响力。基于这一点，对于电子商务企业而言，打造爆款商品是一件很重要的事情。

（1）创新。创新强调以消费者为导向，通过改善消费者体验，为消费者创造价值；通过围绕消费者体验中的细节进行细微改进，打造能够打动消费者的产品或服务。实质上，这是一种针对某个客户关注点进行局部放大、优化、升级的创新行为。具体的做法可以是突出商品的刚需卖点或者突出该商品同行并未充分挖掘的卖点。

> **小贴士**
>
> 爆款商品：从形态角度看，爆款商品是指在同一个经营赛道上能胜过竞争对手，且具备一定坑产能力的商品。即该商品本身不小众，且市场覆盖面和覆盖体量都相对较大。

（2）移植。移植就是将其他类目爆款的做法根据关联情况巧妙地应用到自己的类目上。

在各大电子商务平台，每个类目的竞争程度和自身迭代速度都不相同，这样的时差就为卖点移植提供了机会。使用这一方法打造爆款成功的概率较高，因为这样打造出来的商品，既经过了一定程度的市场验证，又跳出了原来商品固有的圈层。

（3）进化。进化与创新不同，它将打造爆款聚焦于消费者对商品的需求迭代上，充分考虑到任何商品都存在产品周期的基本规律，以商品升级来提前满足消费者的未来需求。市场中谁能敏锐察觉到消费者的需求变化，领先升级产品或服务，就有机会获得丰厚的市场回报。进化的关键是关注消费者对特定商品的期待和商品目前存在的痛点，通过进化使产品或服务超出消费者预期。

（4）降维。在电子商务领域，行业间市场的发展并不均衡。同样，产品和服务的进化阶段和价格水平也呈现出不均衡的状态。采用产品力强的商品和产品力弱的商品进行竞争，就是降维。多关注行业头部企业的研发和产品，比如高客单价、高颜值、有科技感的商品，以更高的维度观察市场，会对爆款的打造带来启示和帮助。

（5）展会。展会是一类重要的商务活动。展会上的产品通常是参展公司最成功的设计和作品，商家可以通过参加展会，发现好的产品，构建自身的产品力。展会一般分三类。

1）本行业展会。了解本行业的产品特点和趋势。

2）科技类展会。了解科技元素和相关技术对产品的改造可能。

3）综合性国际展会。了解各类主流产品的特点和趋势。

总的来说，打造爆款商品需要在产品设计、产品规划、产品开发、产品选择、产品布局等多个维度综合考量和深入分析。

二、电子商务的货源

货源是大多数商家经营活动的起点，与选品同样重要。货源与经营成本关系密切，在电子商务领域也是一个核心问题。

（1）选择产业带一手货源。了解和掌握我国各地产业带情况，如世界羽绒之都——杭州萧山、中国家纺布艺生产基地——杭州余杭、小商品集散地——金华义乌等。产业带的优势在于：价格优势、信息权威、配套支撑度高。如果不了解我国各地的产业带分布情况，可以通过阿里巴巴产业带查询工具来查询相关信息。

（2）依据现有商品查找货源。采购少量目标商品，从商品的包装上查找该商品的经销商和委托生产商，再通过网络查询或相关工具如"天眼查"等，找到经销商和生产商的联系方式。

货源选择的方式和技巧有很多，各个行业也有所区别。但总的来说，要重点考虑两个方面，一是货源要稳定，二是不断通过实践缩小货源范围。

电子商务也存在"无货源模式"，所谓的无货源不是指不需要货源，而是指卖家从阿里巴巴等平台找到货源后，将货源信息传到自己的店铺，直接销售代发。从代发数量的角度看，它属于"一件代发"。也就是说，凡是支持"一件代发"的平台，都可以支持"无货源模式"。由于这种模式减轻了货源压力，因此其关键在于前文所说的"选品"环节。

任务四　运用与探究营销活动策划和文案写作

一、营销活动策划

1. 了解营销活动策划

企业做各类营销推广时，经常需要策划各种营销活动，以此促进营销推广的效果。如果说营销是企业为了发现或发掘目标群体需求，并让目标群体了解并购买商品的过程，那么营销活动则是企业为了实现用商品获取利润而开展的一系列具体行动。

成功的营销活动策划往往以企业的品牌为核心，可以带来诸多益处，例如：

1) 助力企业快速树立品牌形象。
2) 助力企业开拓品牌市场，抢占市场份额。
3) 让客户感知品牌力量。
4) 帮助目标群体养成特定习惯。
5) 实现品牌的口碑效应。
6) 提升品牌美誉度。

营销活动策划的基础是市场调研，包含前文所说的目标市场细分和竞品分析等。

2. 营销活动策划的流程

营销活动策划的流程可以分为以下五步：基础调研、策划筹备、反向调研、执行优化、复盘总结。

（1）基础调研。通过基础调研明确活动目的，洞察用户需求，实现对营销活动的基础把控。在这一阶段，需要充分了解商品、品牌、市场情况、成本价格、利润空间等。在电子商务领域，更需要关注目标群体的洞察，如粉丝获取和需求痛点等。

（2）策划筹备。构思活动方案，明确内容，借力时下流行热点激发用户共鸣。通过做商品的属性延伸，连线商品与用户，打造交集。方案具体包含活动流程、分工安排和风险预估与把控等要素。

（3）反向调研。测试出自市场调研的营销活动策划能否适应市场需求，根据市场反馈进行反复推敲与修改，直至确定最终方案。同时，为确保活动成功，应设计多套活动方案备用。

（4）执行优化。营销活动实施后，需要分析效果，如流量变化等，并采用不同的前端营销和后端转化包装进行营销内容、创意和展现形式的调整与优化。依据目标群体的反馈，适时把握营销机会。

（5）复盘总结。每次营销活动结束后，对整个营销活动及时进行复盘和总结，撰写达到"回放"效果的复盘报告，通过总结每次营销活动的优缺点积累经验。具体的复盘内容包括但不限于活动过程数据及各维度数据报表、营销活动的目标达成度、活动执行措施等。

3. 营销活动策划的误区

（1）套用方案。在营销活动中直接套用现有方案是不可取的。比如，当发现竞争对手策划了一场完美的营销活动取得了很好的效果时，就直接套用其方案，忽略了场景等细节变化和用户体验"撞车"等消极影响。

（2）依赖数据。整场营销策划活动的设计过分依赖行业数据，不考虑自身实际情况，如资金实力等。通过压缩利润等方法实施活动策划，盲目跟风行业或竞争对手数据，会带来较大风险。在使用数据时，数据的覆盖面、所处时期等因素都需要充分考量，并结合企业自身情况做细致分析。

（3）华而不实。营销活动的策划不能采用纯粹的卖方思维，更不能不接地气地一味追求专业术语或华丽创意。如果营销活动本身与目标群体不能产生关联感，营销活动的效果就不会很好。

4. 电子商务营销活动策划的"三大线索"

（1）营销线索。营销线索是营销活动的"骨架"，对于大部分电子商务活动来说就是促销，具体就是促销机制，主要有以下三种。

1）"买送"。只要消费者买 A 就送 B。当店铺新开张或流量较低时，采用"买送"设计门槛，可以实现消费者快速下单。这样的门槛设计，使用得当可以帮助企业更精准地找到目标消费群。

2）"满减"。只要消费者购买了一定数额的商品，该订单就具备使用优惠券或打折的条件，刺激消费者多买。实际运用时，可以设计相对复杂的价格组合，打乱消费者对商品价格的原有感知，让其短时间无法对价格进行准确比较和判断。

3）"限时或限量"。制造商品稀缺的情形，结合库存设计低价清仓活动。这种机制可以让消费者在对比价格后产生购买欲望，因不愿错失机会而产生购买行为，如"整点秒杀"等活动。

上述三种促销机制都可以刺激消费者，达到提高客单价的目的，但在实际操作中，需要技术上的可行性，毕竟单纯地依靠手动来实现改价等营销设置的操作，工作量较大且容易出错。同时，还要看企业从财务核算的角度是否支持这些促销机制，不能一味简单地"赔本赚吆喝"。

（2）故事线索。故事线索与营销线索紧密结合，目的是通过故事与消费者产生共鸣，可简单地分为"衣食住行"和"情感诉求"两类。

1）衣食住行。通过消费者日常的衣食住行，在营销活动中建立情感连接。将每款商品的用途与消费者的生活结合，突出体现商品对生活的帮助和改善，尤其在健康等消费者特别关注的领域。比如换季时激发购衣消费，将食物消费与节日习俗挂钩，将家具数码与居住品质相联系，以及将户外用品与旅行关联。实际上，衣食住行也恰恰是电子商务交易中相对核心的四大领域。

2）情感诉求。生活里的各种情绪都可以作为企业设计营销活动的素材。这里最常见的就是节日营销，各种纪念日和纪念活动总能不同程度地激发消费者的各种情绪，从而使其产生购物意愿。毕业季的离别、新年的万象伊始，都会引发各类消费群体的购物需求。

故事线索的设计，可以理解为将商品的调性与消费者价值观相契合，它是对消费者需求的一种深度洞察。

（3）设计线索。营销活动策划中的设计线索是指活动设计要素的运用，主要包含 VI 设计和 UED 设计。

> **小贴士**
>
> 调性：调性一词原为音乐学专用语，是指音乐作品中所体现的调式特性。在商业领域，调性是指某个商品或品牌的自身风格及这一风格给消费者留下的印象。

1）VI 设计。VI 设计关注商品展现时的字体、字号、颜色、图片等视觉元素的规范和各元素之间的协调效果。比如，在选择商品效果展示与拍摄方式时，我们需要考虑采用真实人物还是卡通人物。

2）UED 设计。UED 设计负责营销和故事两条线索在内容展现上的排版设计，包括各页面结构设计和点击效果设计。

在设计线索中，如果有符合商品调性的 VI 体系，再加上有质感、有创意且实用性强的 UED 设计，那么一个营销活动的体验效果就呈现出来了。

营销、故事、设计三大线索的合理运用，将展现一个完整且相对优秀的营销活动。

二、营销文案写作

1. 了解营销文案的概念与特征

（1）文案与营销文案。"文案"一词来源于广告行业，最早是"广告文案"的简称，多指以语句展现广告信息内容的形式。文案的作用是对传播的信息进行设计，使其更容易被读者理解，更容易在诸多信息中被读者发现并被记住，甚至被再次传播。

营销文案能引发和带来消费者关注、传递商品及其品牌价值。在电子商务领域，营销文案的阅读对象除消费者外，还有搜索引擎。

理解营销文案的两个角度：

1）消费者。针对不同的商品，文案面向的消费群体就会有差异。同一商品解决的使用痛点不同，其展现的商业价值也会有所不同。以某类商品为例，产地为本地与境外，由于品牌、税收等价值诉求的不同，其消费群体就存在明显差异。

2）平台与媒介。不同营销渠道即不同营销平台对文案的要求不同，所以文案的展现形式和写作方式也存在一定程度的差异。文案的写法与展现要与营销所在平台相宜，比如企业 PC 端官网的文案和企业移动端微信公众号的文案就会因篇幅等因素存在差异。

随着文案在营销中作用的提升，文案逐渐成为一种职业，专指从事广告文字创作的人员。业界一般采用流量或销量等尺度衡量文案创作水平，这看似简单，但实际对从业者的市场洞察力、语言创造力、图文展现力和营销能力都有较高的要求。

（2）电子商务营销文案的特征。电子商务营销文案与传统文案具有共通性，本质上只是文案投放的渠道不同，但由于媒介、渠道的变化，电子商务营销文案的特征也发生了一些变化。

1）文案发布成本降低。众所周知，传统媒体宣传成本较高，随着网络媒体的价值被普遍认可和挖掘，以网络媒体作为文案载体，相较传统媒体可节约可观的费用。

2）文案目标群体更精准。由于网络浏览和操作行为大多由浏览者主动完成，这使得网络媒体的目标群体更加精准。企业可以采取按文案投放效果计费的方式，直接对宣传的效果进行验证和跟踪。同时，目标群体的信息和偏好也更加容易被挖掘和分析。

3）文案受众群体更广泛。随着网络和手机等移动设备的普及，网络营销的受众面越来越广。加上网络技术实现的一些"互动"功能，如转发和评论等，可以让文案等企业宣传信息以极快的速度在更广泛的范围内传播。

（3）好文案的特点。

1）有策略。策略的核心在于实现某一个特定目标，它根据形势的发展和变化，设计连贯且可执行的行动方案，以确保最终目标的实现。好的文案具备这一特点。它能够找出消费者真正的需求并强化消费者心智，为企业建立长期优势。

好的策略能提供准确的需求定位，比如某款纸尿裤的使用是否方便是首要需求、保持干爽是次要需求。好的文案建立在对消费者需求的正确理解上。此外，还要在理解需求的基础上强化消费者心智，为企业建立长期优势。文案为商业服务，要服从企业的营销战略，有效地展现企业商品的差异化，并强化这种差异所带来的优势，给消费者留下深刻印象。

2）看得懂。不要创作消费者看不懂甚至不愿意看的文案。简单地说，文案的语言应简单、直指利益，可以让消费者在脑海中呈现画面感，能描绘出他们在使用产品时的场景和感受。不要人为制造空洞、复杂且令人费解的文案，表现力和感染力差的文案往往描述不到位、生搬硬套，甚至违反常识。

为了让消费者看得懂，可以降低消费者对商品的理解门槛，比如，将关键特征数据化，如某品牌鲜花饼"三朵玫瑰，一个饼"；展示商品工作过程，如某品牌空气净化器"360度进风，三层净化"；指出商品特定属性的优势，如某品牌热水壶"双层壶身，隔热不烫手"等。

3）吸眼球。文案是否吸引眼球，其实又回归到创意的问题上。在文案创意中常用的技法是"制造反差"，通过创造"不可能出现"或者"猜得到开头却猜不到结尾"等情理之中却意料之外的情形来吸引读者的注意。

在文案创意中，我们可以从内容创新和形式创新两个方面入手。以内容创新为例，可以考虑使用极端化的呈现方式，如描述使用或不使用这款商品会带来的后果；或进行时间转换，把这款商品放到未来或者过去的场景中去描述；还可以进行空间转换，利用地理位置的变化展现某款商品或服务的优势等。

4）有情感。有情感的文案能直击人心，激起情绪、触动情感、唤起欲望。激起情绪，指文案可以激发消费者的某种情绪，引发共鸣；触动情感，指文案可以透过具体的场景还原将观者代入特定时空；唤起欲望，指文案可以唤起消费者的某种价值追求。

通俗地说，激起情绪削弱消费者理智，触动情感击中消费者内心最柔软的地方，唤起欲望则唤醒消费者压抑或潜在的追求。有情感的文案往往是有人情味儿的文案，它们能帮助企业塑造形象。

5）促销售。好的文案能促进销售，而促进销售是营销的核心目标。好的文案在这个关键特点上通常展现出以下能力：引出问题，即通过说出消费者的问题引发共鸣，从而激起购买欲望；打破认知，在解决问题的时候跳出消费者现有认知，使其产生"恍然大悟"的感觉；提出解决方案，让消费者确信使用某款产品可以解决问题，甚至指出之前未能解决问题的症结是用错了产品；描述细节，通过细节特别是商品解决问题的功能细节，让消费者信服的同时体现企业承诺；运用客户证言，如使用者评价或第三方认证等，从外部为商品增加信用背书。

此外，还可以从制造稀缺、利用从众心理等诸多方面考虑文案写作。

2. 文案赏析与写作

（1）经典文案八则，如图5-1所示。

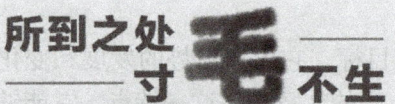

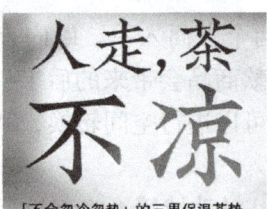

图 5-1 经典文案八则

（2）文案的写作。文案创意是文案写作者一直需要思考的问题，一般来源于生活、各大媒体网站、书籍和身边的人，它是文案写作者对生活的观察和积累。

文案写作的几个建议：

1）言简义丰。用尽量少的文字来表达最大化的信息，将表达精简到无法删除任何一个字，但含义却是丰满完整的。

2）句式简单。使用结构简单、易于理解的句子，每句话只表达一个核心意思，便于重复，确保信息流畅且易于传播。

3）创设"不和谐"。在保持信息流畅的基础上，加入一些不寻常的词语或元素，引发浏览者关注并激发他们进行进一步的思考。这里的"不和谐"在逻辑方面要说得通，并且越琢磨越有深意，"不和谐"并不等于"不合逻辑"。

4）渗透情绪。运用具有明确情绪指向性的句子，既能引起浏览者的共鸣，也能刺激浏览者的传播欲望。

5）节奏韵律。有节奏和韵律的文案更利于记忆，也更利于传播。借鉴古诗词或者骈体文的技巧，通过对韵脚、声调（平仄）和字数的控制，可以使文案变得有节奏和韵律，让浏览者能够更顺畅地阅读，并在传播时更具"黏性"。

6）表达创意。创意设计的本质，就是把看似无关的事物按照某种逻辑重新组合，创造出不一样的表现形式。关键在于避免陈词滥调，使用全新的思维去解读、联结、表达事物。

7）建立价值观连接。好的文案几乎都与某种价值观相关联，这里的价值观也许是品牌价值观，也许是迎合了某种社会行为。许多文案都蕴含着浓厚的人文精神。

（3）文案的写作技巧。

1）排比。运用排比手法，可以制造磅礴的气势、丰富具体的事例、极速推进叙事、巧妙烘托格调。排比能让观众第一眼读到文案时就快速建立逻辑，不同意象相同句式的重复，能够产生强大的传播能量。

2）观点。源于经历的观点往往独到，放在内文是记忆，放在标题能吸睛。

3）想象力。"满减""折上折"等是高转化的字眼，但并无文案的魅力。用某种语言风格把稀松平常的事情表达得耐人寻味，就是想象力的发挥。

4）故事表达。以第三视角评述的方式讲一个故事。这样的讲述方式，既体现了逻辑的铺陈，又细腻还原了人物的感受。

5）借力经典。寻找创作的灵感和源头，学会向经典的文学、电影等各种形式的作品借力。

图文解说

图文解说一　营销漏斗

营销漏斗的五层对应了企业搜索营销的各个环节，反映了从展现、点击、访问、咨询，直到生成订单过程中的客户数量及流失。从最大的展现量到最小的订单量，层层缩小的过程表示不断有客户因为各种原因离开，对企业失去兴趣或放弃购买。

百度搜索的营销漏斗分为展现量、点击量、访问量、咨询量和订单量五个部分（见图5-2）。每个部分以关键词的形式出现在百度搜索上，彼此衔接紧密，相辅相成。从该漏斗模型的角度对网站自身的各部分进行优化，可以达到较好的网络营销效果。

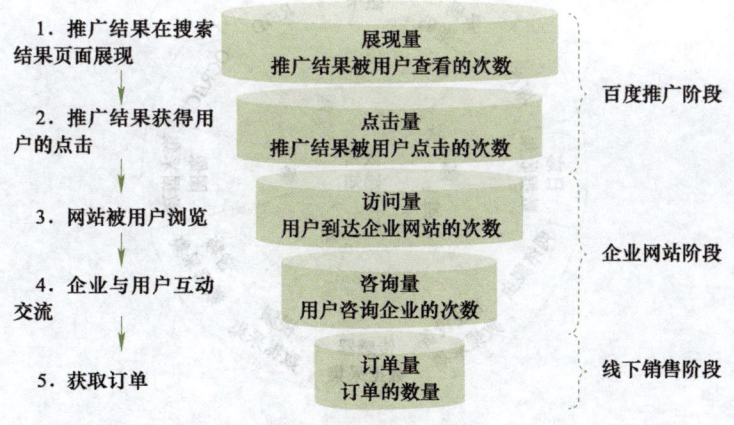

图5-2　百度搜索的营销漏斗

图文解说二　企业的数据感知

企业需要建立数据感知能力，并采用现代化手段采集和获取数据。数据感知能力架构如图 5-3 所示。

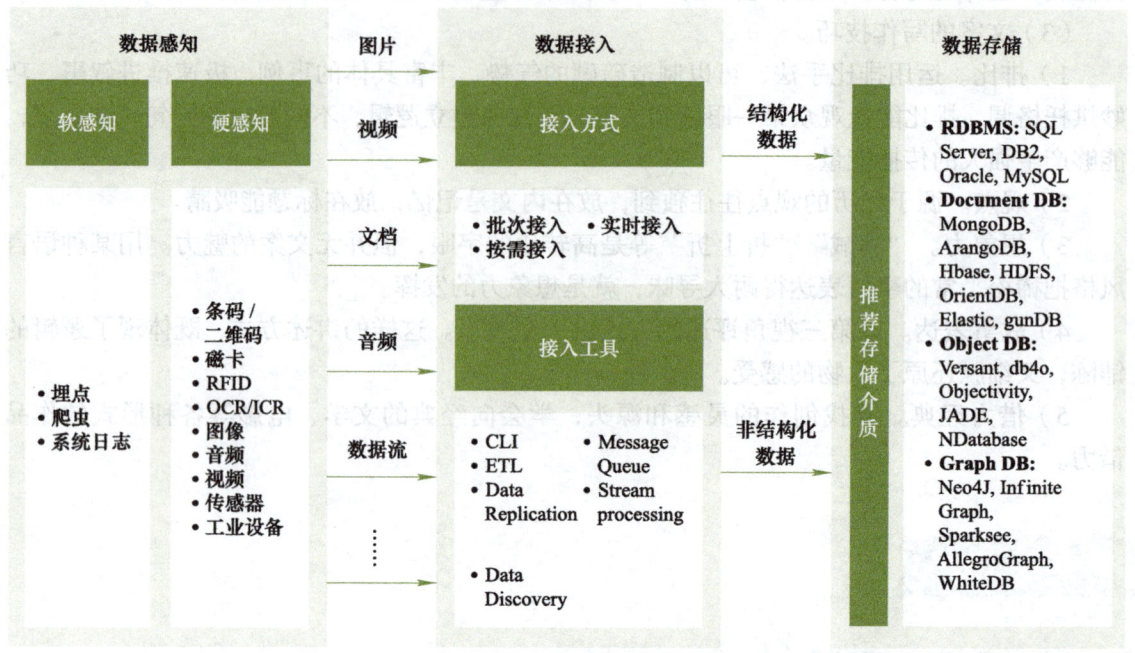

图 5-3　企业数据感知能力架构

针对不同场景，"硬感知"主要利用设备或装置进行数据收集，其收集对象为物理世界中的物理实体，或者是以物理实体为载体的信息、事件、流程等。"软感知"利用软件或者各种技术进行数据收集，其收集对象存在于数字世界，通常不依赖物理设备进行收集。企业数据感知中的"硬感知"和"软感知"如图 5-4 所示。

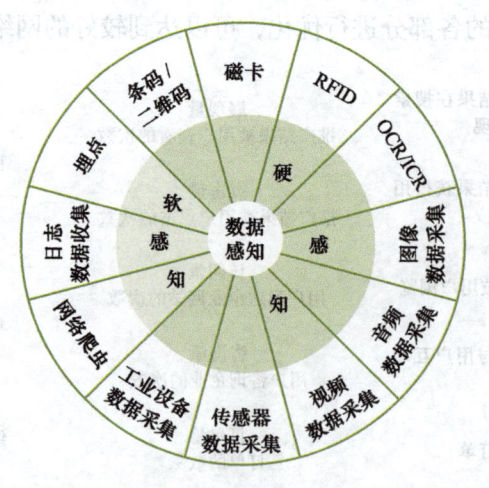

图 5-4　企业数据感知中的"硬感知"和"软感知"

场景实践

场景实践一　如何撰写商情分析报告

商情分析报告旨在用简洁规范的文字介绍整个商情数据的调研过程与结果,并将其展现为可读性强的文字与图表。商情分析主要内容包括:商业情报信息收集、市场环境宏观分析、行业市场发展前景展望、行业动态变化分析、投资决策与可行性分析等。

商情分析是一个严格、程序化且逻辑化的过程,涉及数据的搜集、统计、分析与研究。它通过搜集数据并分析得出的结论,来呈现特定主题的商业发展状况和趋势。

一份优质的商情分析报告,首先需要结构清晰、主次分明,能使阅读者正确理解报告内容;其次应图文并茂,使数据更加生动活泼,提升视觉冲击力,帮助阅读者更形象、直观地看清楚问题和结论,从而引发思考;最后,需要注重科学性和严谨性,通过报告中对数据分析方法的描述、对数据结果处理与分析过程的展示,让阅读者从中感受到整个数据分析过程的科学性和严谨性。

商情分析报告的结构(见图5-5)包括题目、目录、摘要、正文、结论和附录。

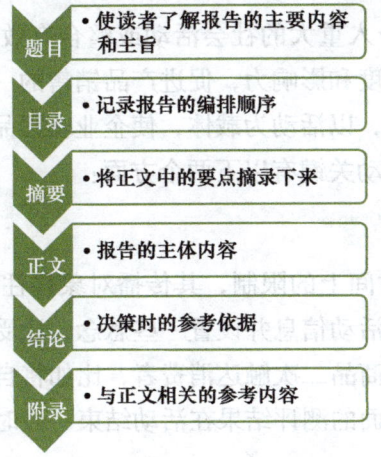

图 5-5　商情分析报告的结构

1. 题目

题目为报告的标题,需要点明报告中的调研对象,并用简明扼要的文字语言介绍报告的主题,准确概括报告的主要内容。

2. 目录

目录是报告的大纲。当报告内容较多的时候,应把报告分为若干章节,同时建立图表目录,方便阅读者翻阅和了解报告的内容结构。

3. 摘要

摘要是报告的内容提要,展现报告中的重点内容,包含报告的目的和意义、报告撰写的原因和分析对象,介绍报告中使用的方法,解释报告中的发现与各类背景信息。

4. 正文

正文为报告的主体内容。正文详细说明并解释报告的目的及预期能达成的结果，介绍报告的撰写过程、安排及所需条件、数据收集的方法等。重点解释论证报告撰写中的发现，逐步分析结论是使用哪些数据信息和方法得到的。以严谨科学的论证，确保观点的合理性和真实性，以图文并茂的方式将数据分析过程与数据分析结果美观地展示出来。

5. 结论

分析报告要有明确的结论、建议和解决方案，可以作为阅读者在决策时重要的参考依据。

6. 附录

在报告中附录并非必备部分，可以根据需要决定是否撰写。附录一般补充正文应用到的分析方法、展示图形、专业术语、重要原始数据等内容。

场景实践二　如何打造一场吸引人的网络营销活动

营销活动是指企业通过介入重大的社会活动或整合有效的资源策划大型活动而迅速提高企业及其品牌知名度、美誉度和影响力，促进产品销售的一种营销方式。简单地说，营销活动是围绕活动而展开的营销，以活动为载体，使企业获得品牌的提升或销量的增长。

打造一场吸引人的营销活动关键有以下两个方面：

1. 前期预热与后期口碑承接

由于营销活动在空间和时间上的限制，其传播对象往往相对有限，因此前期需要激发受众的好奇心，提前告知受众活动信息并设置一些悬念，让受众对活动产生预期并引发二次传播。口碑承接是指让企业的商品二次触达消费者，比如将自己的商品交给专业的测评方，邀请他们做专业测评，并将正面的测评结果在活动结束一段时间后发布，使受众产生直接、重复且强烈的触动。

2. 活动设计与多渠道曝光

营销活动的成功与否，与营销的活动主题、活动环节、参与嘉宾及媒体有密切关系。

（1）活动主题。活动主题应贯穿所有环节，覆盖所有要发布的内容，且直接、简单、好记、易传播。

（2）活动环节。活动环节紧扣主题，各活动环节各有侧重且形式多样，突出亮点打造。

（3）嘉宾与媒体。活动邀请流量嘉宾或信用背书嘉宾，重量级的嘉宾会让营销活动更具吸引力和传播性。媒体在活动中不会上台，但他们是营销活动的记录者和分享者，他们会通过自己的视角，将活动的内容分享给更广泛的受众，达到为活动助力的效果。

任何活动的宣传和曝光都会直接影响营销活动的传播程度及之后的口碑承接、流量沉淀和最终转化。

素养园地　被电商改变的乡村

一、案例导入

在青山绿水间,有一个名为柳溪的宁静小村庄,它曾是时间遗忘的角落,村民们世代以耕作为生,日出而作,日落而息,生活简单而质朴。然而,一场由电商引发的变革,悄然间在这片古老的土地上生根发芽,彻底改变了柳溪的面貌与命运。

故事始于几年前,一位名叫李明的年轻人回到了家乡。在外求学多年的他,亲眼见证了互联网经济的蓬勃发展,心中萌生了一个大胆的想法——利用电商平台,将家乡优质的农产品销往全国各地。起初,这个想法在村里引起了不小的轰动,老一辈的村民对此半信半疑,认为"网上卖货"不过是天方夜谭。但李明没有放弃,他挨家挨户地走访,耐心讲解电商的运作模式与前景,逐渐赢得了部分村民的支持与信任。

于是,一场关于"触网"的试验在柳溪悄然展开。李明带领团队,搭建了属于柳溪的电商平台,精心拍摄农产品照片,撰写翔实的商品描述,并通过社交媒体、直播带货等多种方式扩大影响力。很快,柳溪的土特产如蜂蜜、有机蔬菜、手工编织品等,开始受到市场的热烈欢迎,订单如雪花般纷至沓来。

随着电商业务的不断发展,柳溪发生了翻天覆地的变化。村民们不再仅仅依靠传统的种植养殖为生,而是纷纷加入电商产业链,有的负责种植管理,有的负责包装发货,还有的则成为网络销售员,在家门口就能实现就业增收。昔日的贫困村庄,如今已成为远近闻名的电商示范村,吸引了众多游客前来参观学习,带动了乡村旅游的兴起。

更令人欣喜的是,电商的兴起还促进了柳溪与外界的交流与融合。村民们通过电商平台,不仅学到了先进的经营理念和技术知识,还拓宽了视野,增强了自信心和创造力。他们开始尝试将传统文化与现代元素相结合,创新出更多具有地方特色的产品和服务,为柳溪的持续发展注入了新的活力。

被电商改变的柳溪,不再是那个默默无闻的小村庄。它正以崭新的姿态,迎接着新时代的挑战与机遇,书写着属于自己的乡村振兴新篇章。

二、案例讨论

1. 农村电商为什么能这么火?
2. 从以柳溪为代表的案例中,我们可以学习到什么?

三、分析与建议

优质的农产品产出来更要卖出去,需要畅通的供应链助力产业升级,将更多的农民培养成"新农人",借力电商走向市场中央。如何挖掘优质的农产品,打造畅通的供应链,培养合格的、更多的新农人是值得我们思考和探究的问题。

我的学习评价

提示：在本项目学习结束时，请填写此学习评价表（配套资源包已备电子版），可另增附页，并上交指导教师。

项目五　探究电子商务中的营销管理（学习评价表）			
姓名		班级	学号
本项目练习记录			
本人在学习中的发现与创新尝试			
本项目评定格次			
基本概念掌握	学习思路与语言表达	思考的正确性	综合得分

项目六
探究电子商务中的客户服务

课前思考

为什么客户服务在电子商务中如此重要

1. 信任与忠诚

信任是推动客户关系的必要条件。客户的信任不仅依赖于企业提供产品的质量,也依赖企业提供的客户服务。电子商务不需要实体店铺,为了让客户放心购买,需要及时有效地解决他们的问题,树立一个可靠和值得信赖的企业形象。

2. 更好的客户体验

除了吸引人的产品内容外,轻松愉快的购物体验是提高转化率的关键。客户服务在客户体验中扮演核心角色,它帮助客户在遇到任何问题和担忧时,都能得到共情和有效解决。良好的客户服务可以将负面体验转化为积极体验,提高客户满意度、留存率和主动性。

3. 为持续改进获得反馈

客户服务是反馈信息的重要来源。倾听客户的询问投诉和建议,可以及时了解产品的优缺点和客户的实际体验,帮助企业做好持续改进。

4. 降低退货率

高效的客户服务有助于降低退货风险和运营成本。结合人工智能技术如聊天机器人等,能让企业提供更高效的客户服务,从而降低退货率。特别需要注意的是,低效的客户服务比没有客户服务更糟糕,它会导致更多的退货以及客户的不满。因为在这种情况下,遇到问题的消费者更有可能选择退货,而不是寻求帮助。

5．个性化

提供个性化的购物体验对企业来说是具有挑战性的，但却是推动客户留存率增长的关键因素。客户喜欢被重视和被理解的感觉，个性化的客户服务可以使客户保持对品牌的忠诚，并成为回头客。

6．社会认同

社会认同是客户消费行为最强大的驱动力。积极正面的评论、推荐和口碑对购买决策有很大的影响。提供密切有效的客户服务，可以及时解决客户的疑问和投诉；密切关注满意的客户并让他们分享使用经验，往往也是客户服务内容的一部分。

总的来说，客户服务是决定实际销售体验如何的关键，对所有企业都是不可或缺的组成部分，在品牌形象、声誉、收入和客户忠诚度方面起着关键作用。

学习目标

【知识目标】
- 了解电商客服的工作内容与基本要求。
- 掌握物流服务的工作内容与工具。

【能力目标】
- 能够通过数据分析客户行为。
- 能够运用物流技术解决特定物流问题，同时具备分析各类物流模式的能力。

【素养目标】
- 培养服务意识、数据意识和数据分析能力。

任务一　熟悉和理解电商客服

一、电商客服介绍

电商客服是指在电商平台负责销售产品和提供服务的工作人员，我们常说的客服通常是指平台网店的在线接待工作人员，也称在线客服。他们的主要工作是在线接待销售和处理售后问题。

在线客服与传统线下门店客服（后称线下客服）的区别在于，线下客服在服务过程中与消费者面对面，可以观察并感受到消费者的表情、语气等，并由此推敲消费者的心理。同时，线下客服可以让消费者直观感受到商品实物，而这些是在线客服做不到的。消费者在网上购物时，无法看到或试用商品实物，当他们无法在商品详情页等页面找到清晰描述或者收到不满意的商品时，就会寻求在线客服的帮助。

> **小贴士**
>
> 商品详情页：商品详情页是指在线购物平台（如淘宝、京东、天猫等）上商品的详细展示页面。在商品详情页上，卖家会提供商品的详细描述，包括图片、价格、规格、参数、用户评价等信息，以帮助买家了解和评估商品。

根据网店订单销售时间节点，电商客服分为售前客服与售后客服，售前客服负责客户下单付款前的咨询服务，而售后客服则负责产品发货后产生的一系列售后问题的处理和沟通。可以将两者简单理解为：下单前的咨询属于售前服务，下单后的咨询属于售后服务。

1. 售前客服

售前客服的主要工作是解答消费者关于商品、物流及相关服务的咨询，以商品销售为核心。

作为售前客服，要了解商品、商品品牌，以及商品的制作工艺。越全面地了解商品特点及其延展信息，越能在消费者的咨询服务中显得专业，从而打动消费者，成为商品和消费者之间的有效连接者。

售前客服的主要任务是引导销售，还应主动去了解消费者的购买动机、网店所属平台的规则、网店合作物流的特性，同时催收付款，及时形成销售闭环。在服务的过程中用心沟通，收集改进反馈，理解消费者的需求和期望，带给消费者热情周到的购物体验。

2. 售后客服

售后客服的主要工作是负责消费者购买商品后的一系列服务，包括物流跟踪、商品答疑、退换货等，以消费者满意为核心。

消费者下单后遇到问题，就会联系售后客服进行处理。如物流不及时、尺码不合适等，各式问题林林总总，如果处理不当，很容易演变成交易纠纷。作为售后客服要积极与消费者沟通，尽可能及时解决问题。售后服务代表着一次交易的最后过程，换一个角度理解，售后服务也意味着下一次交易的开始。

优质的售后服务可以有效地提升企业形象，在同质化竞争愈演愈烈的今天，企业之间的竞争更需从细节入手，从消费者需求出发，看谁的服务更细致，看谁更能赢得消费者的青睐。此外，售后服务工作不仅面向消费者，同时也在为整个企业的提升提供支持。企业可以从消费者提出的问题中汲取经验，改进产品和服务，从而提升整个企业的业务水平。

二、客服的基本要求与相关知识

1. 客服的基本要求

（1）快速应答。响应时长关乎消费者对企业的印象，快速响应是对客服工作的基本要求之一。礼貌、专业的回复，通常需要在黄金 6 秒内完成。

（2）亲切沟通。客服和消费者的沟通如果过于生硬，就会把原本不近的距离拉得更远。因此，客服和消费者对话，无论是回答疑问还是给出建议，都要保持亲切感，善用语音语调，让消费者在沟通中感受到舒心。

（3）肯定之辞。不要急于否定客户，因为任何人都不希望被否定。客服要用肯定的话术，打消消费者的顾虑，建立信任。尽可能使用简短的话语安抚消费者，如"非常理解您的心情、我能感受到您的心情"，并在安抚后立即给出适当的解决方法。

（4）主动关心。客服的工作并不是被动的，主动服务更能赢得消费者。如果消费者对正在促销的商品感兴趣，可以及时告知消费者，陈述促销活动能给消费者带来的利益，提高企业该商品的销量，同时建立和消费者的强连接，形成忠诚客户。

2. 客服的相关知识

（1）商品知识。

1）商品本身知识。客服应当对商品的种类、材质、尺寸、用途、注意事项等有一定的了解，并尽可能掌握行业相关知识。同时对商品的使用方法、修理方法等也要有所了解。

2）商品周边知识。某些商品只适合特定人群，且这类人群对商品的需求可能不是单一需求，而是组合需求。比如，化妆品的客服需要了解该化妆品对不同肤质的适用情况，并大致掌握同类或者配套商品的基本情况。

（2）交易流程和规则知识。

1）交易流程。客服需了解所负责商品在交易过程中可能出现的各个环节。以支付环节为例，客服应实时了解支付工具的支付原则和流程，以便指导消费者完成支付、交易和查看交易状况。

2）交易规则。客服应从商家视角出发，了解平台、网店的交易规则，从而更好地把握交易尺度并提供客户服务。在了解规则的基础上，可以帮助消费者实现网上交易并查看交易详情。

（3）付款和物流知识。

1）付款知识。客服要了解网上交易的付款方式和自己企业支持的付款方式，熟悉它们的使用方法，了解常见问题和对应的解决办法。

2）物流知识。客服需要了解不同的物流及其运作方式，也需要对不同物流的差异有一定的了解，以方便处理消费者提出的相关问题。客服通常需要熟悉不同物流的价格、速度、联系方式、询单方式、索赔处理等关键信息。

三、如何做好电商客服

网络购物环境中，因为消费者看不到实物，为了促成交易，客服的角色显得尤为重要。客服是企业品牌和店铺的代表，专业的客服往往可以给企业带来更多的收益。

1. 优秀电商客服的表达式

优秀的电商客服 = 熟悉商品 + 了解规则 + 熟悉操作 + 理解客户 + 处置妥当

优秀的电商客服应认识到自身所提供的服务等同于"商品的部分价值"。在服务过程中，应致力于引导消费者快乐购物，塑造企业形象，提高成交率和回购率，并合理处置纠纷。为达到这些要求，客服往往需要具备一定的语言组织能力、沟通技巧和良好心态，同时业务能力和打字速度也是不可或缺的。

客服应具备商品知识和规则知识，这需要客服自身不断地向同行学习和自我提升，养成不断总结和修正的习惯。因为工作环境的特殊性，客服工作往往需要保持良好的心态，做好工作期间的情绪管理。

当然，客户服务很难做到让所有消费者都满意，客服和企业都应该重视和充分把握与消费者交流的每一次机会。交易后进行一些必要联系，同时将不同的消费者进行个性化的备注，及时记录他们的联系方式和特征，定期回访和关心自己的客户。

2. 电商客服的沟通技巧

（1）树立端正、积极的态度，拥有足够的耐心和热情。树立端正、积极的态度对电商客服尤为重要。当商品售出后有了问题，无论什么原因，都应当予以及时解决，不回避、不推脱。积极主动地与消费者进行沟通，尽快了解情况，让消费者感受到被尊重、受重视，并尽快提出解决办法。

一些消费者好像有问不完的问题，这也需要客服有足够的耐心和热情，通过细致的回复传递信任感。如果问题实在难以解决，如砍价等，也应该委婉地回绝，注意沟通的方式和方法。

（2）表达善意，用礼貌的语言传递信息。无论是线上还是线下，礼貌的语言都是对消费者最好的欢迎，一句"欢迎光临""谢谢惠顾"，就能让消费者感受到客服的友善。诚心诚意的情感表达，会让消费者更容易接受客服传递的信息。

在沟通的过程中，关键不在于客服说了什么，而在于客服如何说。客服在沟通时的语言选择很重要。比如，少用"我"，多用"您""请"等礼貌用语。在与消费者交流中，尽量避免使用"我不能""不可以"等负面语言，而应使用活泼的语气，配合生动的表情。

（3）面对不同类型的消费者，有针对性地沟通。任何沟通技巧并不是普遍适用的，针对不同的消费者应该采用不同的沟通技巧。

1）对于商品了解程度不同的消费者。对商品完全不了解的消费者，往往对客服依赖强，需要客服从他们的角度给予细致的解答；对商品一知半解的消费者，往往比较主观、易冲动，需要客服有礼有节、专业耐心地解答；对商品非常了解的消费者，往往问题更加专业、充满自信，需要客服把他们当成内行，尊重和肯定他们。

2）对于价格敏感程度不同的消费者。对价格不敏感的消费者，客服要表示感谢并主动告知可以给到的优惠，让他们感觉物有所值；对价格敏感的消费者，客服要坚定地告知价格底线，有礼有节地拒绝不合理要求，同时建议他们再看看其他相对便宜的商品；对于试探价格的消费者，客服可以先坚定地告知价格原则，再用缓和的态度告诉消费者商品物超所值，请他们予以理解和支持。

3）对于商品品质要求不同的消费者。有过类似商品购买经历的消费者，通常对需要购买商品的品质有清楚的认识，比较容易沟通甚至无须沟通；对商品品质比较挑剔的消费者，会非常在意商品可能出现的各种问题，这就需要客服在实事求是地介绍商品的同时，详细介绍可能存在的问题；对商品品质将信将疑的消费者，往往关心图片和商品是否一致，客服需要耐心地提醒消费者实物与图片存在差异，让他们有一定的思想准备。

四、客服的重要性和基础技能

1. 客服的重要性

客服是企业与客户直接沟通的关键岗位，直接关系到企业给客户带来的沟通体验是否满意。好的客服会给企业带来以下价值。

（1）提升企业品牌形象与口碑效应。如果企业客服热情周到，提供的服务令客户满意，那么在网络发达、信息互通的今天，客户会将正面的信息快速地传递给身边的亲朋好友。所以企业要重视每一位客户的体验，发挥好客服的作用。

（2）有助于改善客户体验，形成忠诚客户。很多人会认为客服工作很简单，只要了解基本业务，态度好一点就可以。其实不然，优秀的客服应具备较高的情商，通过客户的声音或者文字能觉察到客户的情绪，或安抚或赞美；通过服务打动客户，让客户印象深刻，记住企业并重复购买。

（3）有利于发现问题，提升企业竞争力。除日常解答客户问题外，客服还可以将客户反馈的意见、建议进行归纳和分类，反馈给相应的部门做及时的处理和改进。特别是当客服发现客户的负面评价和高频问题时，客服的及时反馈尤为重要。所有可能影响企业形象的客户反馈都会影响企业的业绩。

总的来说，客服已成为每个企业生存和发展的基础，企业对客服的重视也正在日益加强。

2. 客服的基础技能

（1）详细了解所服务企业的情况和负责产品的知识。虽然熟悉企业情况和产品知识是企业每个员工都应掌握的技能，但作为为客户解答疑惑、解决问题的客服，更需要对企业、产品以及业务情况有深入的了解，这样才能在工作过程中流畅、快速地为客户提供高效服务。

（2）熟练使用企业内部的业务系统。随着企业对客服工作的重视，所使用的客服系统也愈加专业，同时，企业也会有一些其他的工作系统，这就要求客服在工作时能熟练操作各种业务系统，借助系统流转信息，协作性地解决问题。

（3）学会借助工具实现人机合作。伴随人工智能技术的发展，智能客服如客服机器人将在客服工作中广泛应用并逐渐扮演重要角色。客服人员需要学习并使用这些工具来辅助自己处理日常工作，通过人机合作提供更加完善、标准和流畅的服务。

> **小贴士**
>
> 呼叫中心：又称客户服务中心，起源于20世纪30年代，最初的作用是把客户的来电呼叫转移到应答台或者专家，由他们应答和回复。随着通信技术的发展和呼叫应答需求的增多，企业开始建立交互式语音应答系统，由"自动话务员"机器来应答和处理客户常见问题，人工座席回复客户较为复杂的问询。形式已不再局限于电话来电，也包含网络呼叫等各种形式。

（4）掌握专业的沟通技能。客服需要尽可能地掌握专业的沟通技巧，用自己的共情力积极、有效地化解客户的不良情绪并解决问题。沟通的技能一方面表现在沟通技巧的合理运用上，另一方面表现在沟通局面的把控上。优秀的客服会安抚、赞美、认可客户，往往先解决客户情绪问题再处理实际问题，对客户始终保持友好谦逊的态度，能在恰当的时机以恰当的方式达成有效沟通。

> **小贴士**
>
> 话术：指客服与客户沟通时所使用的语言艺术。客服对话术的理解会直接影响企业的经营绩效，通常话术具有三层含义：话术即话书，认为将对客户满意度起到提升作用的语言记录成册，分享并要求大家一起使用就是话术，属于话术的基本层次。话术即话述，将统一的客服工作分解成若干模块，在每个模块里写进容易引起客户好感的语言和相应的应用技巧，方便客服人员在沟通中随时运用。这涉及说话的具体表述，属于话术的较高层次。话术即话术，强调话为什么要这么说，客服在使用话术时不仅需要对内容烂熟于心，还需要知道为什么，解决应该怎么说话、说什么话和为什么要这么说的问题，属于话术的高阶层次。

（5）拥有积极的心态和抗挫折能力。客服工作会面对来自客户的投诉，客户的不满、抱怨等负面情绪会给客服人员带来压力和焦虑。客服人员在工作中应调整自己的心情和情绪，学会排解负面能量，保持积极向上的心态，以积极、饱满的状态面对工作。

任务二　理解与探究客户行为数据和行为模型

一、客户行为数据

1. 客户行为数据的理解

从狭义上理解，在商业经营中会产生三类关键数据，分别是客户属性数据、客户行为数据和客户交易数据。

（1）客户属性数据。描述用户的特征，包括静态（身高、体重等）、动态（学历、健康状态等）和未来趋势（婚姻状况、有无子女等）方面的信息。

（2）客户行为数据。用户在商业互动过程中产生的动作数据，如用户在线上或线下的购买、浏览、评论等行为。

（3）客户交易数据。用户完成支付后产生的相关数据，如订单金额、订单数量、订单类型等。

这三类数据从广义上都可以视作客户行为数据。因为在以客户为中心的逻辑前提下，客户的所有数据都是行为数据的一部分，如客户的订单信息、交易频率、个人喜好等。即便是客户过去行为的沉淀数据，如年龄、婚姻状态等，企业借助分析模型也可以进行客户消费能力和偏好的信息推演。通过将这些数据进行有效的整合和分析，企业可以更好地了解客户的需求和行为，制定更加有效的策略，实现更高质量的客户服务。

2. 客户行为数据的要素

客户行为数据的基本要素是理解客户行为的维度，通常包含六个方面。

（1）谁。包含客户的认证信息和终端访问信息。

（2）何时。包含客户行为发生的时间、时长、频率和频次等信息。

（3）何地。包含客户行为在线上和线下发生时的位置信息。

（4）做什么。包含客户行为在具体产品、功能、内容方面的信息。

（5）怎么做。包含客户的产品互动、功能互动、内容互动等信息。

（6）做多少。行为数据和交易数据融合后产生的可测度信息。

二、客户行为数据的价值

1. 理解客户需求，指导业务升级

使用客户行为数据指导业务升级，分为描述客户、理解需求、设计业务、重建关系四个步骤。

（1）描述客户。综合分析客户的行为数据和交易数据，具象客户的生命周期和画像，以此了解客户的行为数据，选择合适的客户群体并总结他们的需求。

（2）理解需求。通过观察客户在页面浏览、预订、下单等行为，结合客户所处生命周期和画像，可以精准地判断不同类型客户对于产品的真实需求。

（3）设计业务。依据客户行为设计业务，可以使用类似客户旅程图的概念，在不同时间、空间下描述客户与产品之间的关系，厘清客户和产品之间的接触点和时间线，并以此让业务设计呈现客户视角，最终让产品有更好的客户体验。

> **小贴士**
>
> 客户旅程图：又称顾客旅程地图，是一种服务设计工具。它将客户与服务互动的接触点作为旅程架构，以客户体验的内容构建故事，突出客户需求，解读客户不同服务接触点的行为和情绪，帮助业务设计者明确目标客户的痛点和定义产品的机会。

（4）重建关系。传统企业关注"人—货—场"的关系，追求产品（货）在不同渠道（场）的动销能力，电子商务企业更关注客户与企业连接的建立，强调多种数据的融合和精准传递，已经提升到"人—数据—货—场"的关系。

2. 预测用户行为，引导业务创新

在数据处理的不同阶段，数据可以告诉企业自身的业务正在经历什么，从而预测未来和评估客户价值，这将让企业实现更加智能的决策而非依赖传统经验。

（1）预测未来。随着数据分析技术的进化，企业运用数据分析方法和工具已经能从过去的群体预测实现今天的个体预测，通过客户的既有行为预测客户行为或引导客户行为。

（2）精准营销。企业可以利用数据给客户打上不同的标签，从而实现将产品和服务精准地投放给目标受众，进一步提高企业营销的转化率。

（3）评估用户价值。传统企业通过客户的历史购买行为评估客户价值，现今企业可以采用CLV（Customer Lifetime Value，客户生命周期价值）来衡量一个客户在一段时期内对自身的价值，CLV方法可以让企业不仅看到客户当下产生的收益，还能看到客户未来将会产生的价值。将对客户的关注由单一的交易环节放大到其与平台交互的全过程，从相对完整的时间维度评估客户基于生命周期的总价值。

三、客户行为数据分析

几乎所有的企业都清楚地知道分析客户行为数据对于提供企业产品与服务的重要性。但往往会陷入一些误区，比如：过度强调数据分析工具的作用，但数据分析过程不成体系；对数据的采集和优化依靠自身的职业敏感度，缺少科学的数据分析方法，分析结果难以归因等。

分析客户行为数据时，我们可以使用"客户流转图—场景化—分析模型"的思路。

1. 客户流转图

客户流转图体现的是全局视角，利于快速发现局部问题。它作为一种工具，可以帮助企业相关人员了解业务全貌、洞察业务痛点、明确优化方向和规划迭代路径。因此，可以将客户流转图定义为"全面展示业务流程并快速发现业务断点的工具"。客户流转图可以分为三个层次，即"全域流转图""全局流转图""局部流转图"。

（1）全域流转图。用于诊断全局业务，帮助企业找到业务断点。

（2）全局流转图。从产品策略视角，审视产品的站外渠道、平台流转、裂变转化。关注企业产品的依托基础。

（3）局部流转图。从具体产品视角，评估线上各环节的转化效率，找到业务痛点，开辟新的业务增长点。

客户流转图的具体绘制步骤：首先，选定业务目标，以确定关键结果；其次，结合关键结果，逆推高价值行为；再次，量化页面数据，排布流转节点；最后，使用数据模型，补齐流转数据。

2. 场景化

场景化将数据分析落地到具体的场景中，有助于数据洞察。

无论是基于"客户流转图"的定位还是基于"数据分析模型"的分析，最终都需要落地到具体的业务场景中，任何脱离业务场景的数据分析都是没有意义的，业务场景越具体，数据的含义才会越清晰，分析的结果才会更具价值。

3. 分析模型

（1）事件分析。事件分析关注客户在特定时间内针对产品所执行的具体操作。具体说就是什么客户在什么时间面对什么对象做了什么操作。其要素包含：用户信息、时间信息、行为对象信息和具体的行为信息。通过事件分析企业可以了解特定产品的相关事件发生频率，从而对该产品的变化趋势等做出具体判断。例如，某个产品的推广页在某个特定时段的点击量。

（2）漏斗分析。漏斗分析将客户行为的各个节点作为分析模型的节点，分步骤地衡量每个节点的转化，从而找出客户流失原因并尝试提升转化。这里的步骤是指由筛选条件组成的不同阶段，漏斗分析只统计特定时间范围。

例如，购买某个产品时，用户需要进行信息注册，从开始注册到注册完成共分三步，每一步的转化率分别为60%、25%、98%。那么该产品购买注册时较低转化率的第二步，就需要引起重视并加以必要的改进。

面向客户行为分析的数据模型有很多，根据实际需要，选择相应的分析模型进行具体分析对于企业的业务诊断是必要的。

四、客户行为模型

在提供客户服务时，企业需要了解客户购买产品或采取特定行为的背后逻辑，洞察客户需求，以提供更有效的客户服务。

客户行为模型的作用是帮助企业理解客户在何时以及为何购买产品或服务。通过模型的应用，企业可以精准地预测销售情况。简单地说，客户行为模型就是一个用于解释客户购买决策动机和过程的理论框架。

1. 传统客户行为模型

（1）客户行为学习模型。该模型基于马斯洛需求理论，认为客户的购买行为是对不同种类需求的反应。当基本需求得到满足后，客户会考虑习得需求，并因此产生购买行为。如何让客户习得需求就成为企业引导客户的关键。

例如，当客户浏览完满足基本需求的食品类产品时，可以有意识地引导他们去配饰类产品的销售页面。

（2）客户行为心理分析模型。该模型指出客户的购买行为往往出于有意或无意的动机，这些动机需要企业"唤醒"。

例如，当客户购买墨镜时，企业可以在宣传页面上轮播知名演员的图片，形成引领潮流的暗示。

（3）社会学模型。该模型强调客户个体所属的群体对其购买决策的影响。也就是说，个体的购买行为往往被其所在的社会群体行为所影响，这样的影响在提供特定群体相关产品或服务时特别明显。

例如，某位跑步爱好者，在他购买跑步运动装备时，往往会参考身边其他跑步爱好者的选择。

（4）经济学模型。该模型基于经济学视角，强调客户在最小的投入下满足他们的需求。基于这一模型，企业可以通过目标客户的收入情况和相应产品的价格来预测销售额，但预测也并非局限于这两个主要因素，还包含需求的迫切程度、市场的稀缺程度等其他因素。

例如，一名手表购买者，他不仅会考虑自己的收入、手表的价格，也会因限量版、纪念版等其他因素，调整购买决策。

2. 现代客户行为模型

（1）恩格尔—科拉特—布莱克威尔模型。该模型概括了客户在购买产品或服务之前经历的五个阶段。①意识阶段，客户接触到企业产品或服务的相关信息，产生购买需求或兴趣；②信息处理阶段，客户开始思考接触到的产品或服务信息与之前的需求或已有产品的联系，判断是否能满足自身当前需求；③评估阶段，客户将该产品或服务与竞品对比，选出最佳；④购买决策阶段，客户做出购买决策；⑤结果分析阶段，客户购买后产生使用体验，该体验决定了客户是否回购或做出负面评价。

这一模型尤其适用于企业产品市场较为饱和及竞品较多的情形，它可以帮助企业在客户行为的各个阶段挖掘机会。

（2）刺激—反应模型。该模型又称黑盒子模型，将客户作为独立思考者，其购买决策取决于遇到的内外部刺激。之所以称之为黑盒子，是因为客户决策对企业而言就像"黑盒子"一样未知，但可以通过刺激来影响它。

这个模型强调客户在购买决策时往往考虑他们既有的生活经验，只有当经验表现为正向时，他们才会认为该产品或服务具有相应的价值。

（3）霍金斯—斯特恩冲动购买模型。该模型强调客户的购买决策并不总是理性的，冲动购买是可以被"鼓励"的。

霍金斯—斯特恩冲动购买模型将冲动购买分为四种类型：①吸引购买，纯粹因营销效果刺激而产生的购买冲动；②提醒购买，被营销活动"提醒"而产生的购买冲动；③建议购买，被导购或算法自动推荐而产生的购买冲动；④计划购买，虽然有购买计划，但受到价格等因素刺激后产生的冲动型的提前或加量购买。

（4）霍华德—谢斯模型。该模型将购买过程视为高度理性和系统化的决策流程。模型将客户在购买过程的每个阶段都定义为问题解决者的角色。

客户遇到广泛性问题，会广泛收集信息以确定合适的产品或服务；遇到有限性问题，会在竞品比较中进行评估和选择；遇到习惯性问题，面对熟悉的产品或服务，他们会直接按经验去选择。

（5）尼科西亚模型。该模型认为，企业的营销策略影响客户的购买决策，客户会根据企业提供的信息做竞品比较，进而产生实际购买，购买后也会根据实际体验决定是否复购，企业将客户体验即反馈视作制定策略的依据，企业的行为对客户的作用不可忽视。

尼科西亚模型将企业对客户的影响作用分为四个领域，即"企业营销特征和客户态度""调查和评价""购买决定""反馈"。

（6）韦伯斯特—温德模型。这是一个基于B2B间购买行为的模型，将影响企业做出购买决策的因素归纳为四个变量：①环境变量，包含可能对购买决策产生影响的各种外部因素，如技术发展、地域文化等；②组织变量，包含组织目标、组织评估标准等组织内部动机和因素，如组织远景、组织结构等；③购买中心变量，包含企业在购买决策中不同的角色和参与者，如最终决策采购的个人或团队、有权签署合同的企业人员等；④个人变量，包含企业与潜在客户相关的个体层面信息，如销售对象的人数、心理预期等。

韦伯斯特—温德模型专注于商业环境中的购买决策，主要是企业之间的交易活动评估。

无论是传统还是现代客户行为模型，都是为企业提供客户分析的视角，帮助企业更好地理解客户行为的复杂性，洞悉客户需求，预判行业发展。毋庸置疑，无论模型复杂与否，因为客户是企业决策的动力和终点，所以企业任何时候都应将客户放在核心位置，通过深入了解和实践这些模型，做出更优的决策，为客户创造更有价值、更满意的产品与服务。

任务三　理解电子商务物流服务的内容、模式与技术

一、物流的内容

1. 常用物流术语

（1）物流。我国国家标准《物流术语》（GB/T 18354—2021）对物流的定义是：物流是根据实际需要，将运输、储存、装卸、搬运、包装、流通加工、配送、信息处理等基本功能实施有机结合，使物品从供应地向接收地进行实体流动的过程。

这个定义中给出了三层含义：①物流的实质是发生时间和空间上的位移；②给出了物流的基本功能和物流的基本流程；③这些功能的有机结合，往往为效率和效益的体现。

物流将其基本功能有机结合，以满足客户需求，本质是一种服务。而物流管理就是指物流各个功能的实施与管理过程。

（2）物流作业。物流作业是指实现物流功能时所进行的具体操作活动。传统的物流作业主要是运输和存储，现代的物流作业更强调物流技术的应用，涉及大数据、智能分拣、机器人等先进技术。作为物流作业的核心功能，搬运始终是物流的主要内容，服务于搬运的设施设备的操作及智能化广受关注。

（3）物流模数。物流模数是指物流设施与设备的尺寸基准。作为物流领域的一个关键术语，物流模数旨在实现物流的合理化和标准化，代表着物流系统中各种因素尺寸的标准

尺度，具体表现为数值关系。例如，托盘标准尺寸规格需要与货架、叉车、货车、集装箱、物流周转箱、物品包装尺寸相匹配。与物流模数相匹配的产品包装，在物流系统作业中具有效率高、成本低、适用于机械化和自动化等优势。

（4）物流技术。物流技术是指物流活动中所采用的自然科学与社会科学方面的理论、方法，以及设施、设备、装置与工艺的总称。

物流技术概括为硬技术和软技术两个方面。物流硬技术是指组织物资实物流动所涉及的各种机械设备、运输工具、站场设施及服务于物流的电子计算机、通信网络设备等方面的技术。物流软技术是指组成高效率的物流系统而使用的系统工程技术、价值工程技术、配送技术等。

（5）物流成本。物流成本是指物流活动中所消耗的物化劳动和活劳动的货币表现。具体来说，它是产品在实物运动过程中所支出的人力、物力和财力的总和。

物流成本的目标是在既定的服务水平下追求系统成本最优。对物流成本的比较不能脱离物流服务水平的前提，只有在相同物流服务水平的基础上进行比较才有现实意义。

（6）物流管理。物流管理是指为了以最低的物流成本达到用户所满意的服务水平，对物流活动进行的计划、组织、协调与控制。其主要管理三个方面的内容：①物流活动要素管理，包括对运输、储存等环节的管理；②物流系统要素管理，即对物流系统中人、财、物、设备、方法和信息六大要素的管理；③物流活动中的职能管理，包括对物流计划、质量、技术等职能的管理等。

物流管理是从企业传统生产和销售活动中分离出来的管理科学分支，它揭示了物流活动各个环节的内在联系。

（7）物流信息。物流信息是反映物流各种活动内容的知识、资料、图像、数据、文件的总称。物流信息的分类有很多种方式，按物流信息产生和作用所涉及的不同功能领域分，物流信息包括仓储信息、运输信息、加工信息等；按物流作用的层次分，物流信息可以分为基础信息、作业信息、协调控制信息和决策支持信息。

1）基础信息。物流活动的基础和初始信息，如物品基本信息、货位基本信息等。

2）作业信息。物流作业过程中发生的信息，该类信息经常性动态波动，如库存信息、到货信息等。

3）协调控制信息。物流活动的调度和计划信息，如车辆调拨、出库计划等信息。

4）决策支持信息。对物流计划、决策战略产生影响的信息，如科技、产品、法律等方面的信息。

（8）物流单证。物流单证是指物流过程中使用的所有单据、票据、凭证的总称。

常见的物流单证有两类：一类是状态记录单证，另一类是在状态记录单证基础上进行分析的服务质量控制类单证。随着智慧物流技术的发展，物流单证已逐步演变成电子化单证，单证的电子化正是物流智能化的基础。

2. 物流的分类

（1）按照物流系统性质分类。按照物流系统性质的不同，可将物流分为社会物流、行业物流和企业物流三大类。

1）社会物流。社会物流是物流的主要研究对象，以全社会为范畴、涉及在商品的流通领域所发生的所有物流活动，带有宏观性和广泛性，也称为大物流或宏观物流。

社会物流研究的内容包括：对再生产过程中随之发生的物流活动的研究；对国民经济中物流活动的研究；对如何形成服务于社会、面向社会，又在社会环境中运行的物流的研究；对社会物流体系结构和运行的研究。

因为社会的物资流通网络是国民经济的命脉，因此，流通网络分布是否合理，流通的渠道是否畅通，如何进行科学管理和有效控制，采用先进的技术来保证物流的高效率、低成本运行等，都是社会物流研究的重点。

2）行业物流。在一个行业内部发生的物流活动被称为行业物流。在一般情况下，同一个行业的各个企业往往在经营上是竞争对手，但为了共同的利益，在物流领域中却又常常互相协作，共同促进行业物流系统的合理化。

在国内外，许多行业均有自己的行业协会或学会，对本行业的行业物流进行研究。在行业的物流活动中，有共同的运输系统和零部件仓库以实行统一配送；有共同的新旧设备及零部件的流通中心；有共同的技术服务中心对本行业的操作和维修人员进行培训；有统一的设备机械规格，采用统一的商品规格、统一的法规政策和统一的报表等。行业物流系统化的结果使行业内的各个企业都得到了相应的利益。

3）企业物流。在企业经营范围内，由生产或服务活动所形成的物流系统称为企业物流。企业作为一个经济实体，是为社会提供产品或某些服务的。生产企业的产品生产过程，从采购原材料开始，按照工艺流程经过若干工序的加工变成产品，然后再销售出去，有一个较为复杂的物流过程；商业企业物流的运作过程包括商品的进、销、调、存、退等各个环节；运输企业的物流活动包括按照客户的要求提货，将货物运送到客户指定的地点并完成交付。

（2）按照物流活动在企业中的地位或作用分类。按照物流活动在企业中的地位或作用的不同，可以将物流分为供应物流、生产物流、销售物流、回收物流、废弃物物流。

1）供应物流。为生产企业提供原材料、零部件或其他物品时，物品在提供者与需求者之间的实体流动。

2）生产物流。在生产过程中，原材料、在制品、半成品、产成品等在企业内部的实体流动。

3）销售物流。生产企业、流通企业出售商品时，物品在供需方之间的实体流动。

4）回收物流。不合格物品返修、退货和周转使用的包装容器从需方向供方返回形成的物品的实体流动。

5）废弃物物流。将经济活动中失去原有使用价值的物品，根据实际需要进行收集、分类、加工、包装、搬运、存储等，并分送到专门场所时形成的物品的实体流动。

（3）按照物流作业执行者分类。按照物流作业执行者的不同，可以将物流分为自营物流、第三方物流、第四方物流、第五方物流。

1）自营物流。企业自身提供物流服务的业务模式。需方物流即第一方物流，供方物流即第二方物流。

2）第三方物流。由供方和需方以外的物流企业提供物流服务的业务模式。物流渠道中的专业化物流中间人，以签订合同的方式，在一定期间内，为其他公司提供所有或某些方面的物流业务服务。

3）第四方物流。第四方物流是指一个供应链的集成商，它对公司内部和具有互补性的服务供应商所拥有的不同资源、能力和技术进行整合和管理，提供一整套供应链解决方案，并提供物流方面的咨询。第四方物流又称为"总承包商"或"领衔物流服务商"。

4）第五方物流。第五方物流是指从事物流业务培训的一方。随着现代综合物流的开展，人们对物流的认知需要有一个过程，在大量的有关建立新的物流体系的介绍中，人们往往会感到茫然和不知所措。因此，提供现代综合物流的新理念以及实际运作方式，成为物流业中的一项重要任务，即物流人才的培养。

（4）按照物流活动地域范围分类。按照物流活动地域范围的不同，我们可以将物流分为地区物流、国内物流、国际物流。

1）地区物流。地区物流是指特定地区范围内的物流，通常范围较小，多用于保障当地居民的生活需求。地区物流通常研究所在地区的特点，从本区的利益角度考虑并组织相应的物流活动，通常会与城市建设规划产生一定的矛盾。例如，某地区计划建设一个大型的物流中心，这将提高该地区的物流效率，但也会引发物流点集中后的交通问题。

2）国内物流。国内物流分为区域物流和城乡物流两类。区域物流包括行政区域物流和经济区域物流；城乡物流包括城镇物流和乡村物流。

3）国际物流。国际物流是指不同国家（地区）之间的物流。

（5）按照物流活动所属产业分类。按照物流活动所属产业的不同，我们可以将物流分为第一产业物流、第二产业物流、第三产业物流。

1）第一产业物流是指农业物流。

2）第二产业物流是指工业物流、建筑业物流。

3）第三产业物流是指商业物流、服务业物流、军事物流。

3. 物流系统的目标与要素

物流系统是指在供应链管理活动中，随着采购、生产、销售活动而发生，并使物的流通效率提高的系统。物流系统强调系统由物流各要素组成，受内部环境以及外部环境的要素影响，是物流各要素之间存在有机联系的综合体。

物流系统的核心目标是使物流系统整体优化以及合理化，并服从或改善社会大系统的环境。

（1）物流系统的目标。

1）服务目标。无缺货、无损伤和丢失现象，且费用便宜。

2）快捷目标。按用户指定的时间和地点迅速送达。

3）节约目标。即有效地利用面积和空间的目标，发展立体设施和有关的物流机械，以充分利用空间和面积。

4）规模优化目标。优化物流网点的布局，确定合理的物流设施规模，以及合理的自动化和机械化程度。

5）库存目标。制定正确的库存方式、库存数量、库存结构和库存分布。

（2）物流系统的要素。物流系统要素可以从多个维度进行分析。

1）物流系统的一般要素。人的要素，人是所有系统的核心要素，也是物流系统的第一要素；资金要素，资金是所有物流系统的动力；物的要素，包括物流系统的劳动对象，即各种实物；信息要素，包括物流系统所需要处理的信息，即物流信息。

2）物流系统的功能要素。物流系统的功能要素主要包括运输、储存保管、包装、装卸搬运、流通加工、配送、物流信息等。

3）物流系统的流动要素。流体，即"物"；载体，即承载"物"的设备和这些设备据以运作的设施，如汽车和道路；流向，即"物"转移的方向；流量，即物流的数量表现；流程，即物流路径的数量表现，也就是物流经过的里程；流速，即流体流动的速度；流效，即流体流动的效率和效益、成本与服务等。

4）物流系统的支撑要素。法律制度，体现国家对物流系统的控制、管理；行政命令，决定物流系统正常运转的重要支持要素；标准化，是保证物流环节协调运行，保证物流系统与其他系统在技术上实现联结的重要支撑条件；商业习惯，是指物流领域内的企业和客户反复实践而被广为知悉的经常性做法，通常是一种人们在物流活动中必须遵循的定式。

5）物流系统的物质基础要素。基础设施，是组织物流系统运行的物质基础，包括物流场站、物流中心、仓库、物流线路、公路、铁路、港口等；物流装备，是保证物流系统正常运作的条件，包括仓库货架、进出库设备、加工设备、运输设备、装卸机械等；物流工具，是物流系统运行的物质条件，包括包装工具、维修保养工具、办公设备等；信息技术及网络，是掌握和传递物流信息的手段，根据所需信息水平不同，包括通信设备及线路、传真设备、计算机及网络设备等；组织及管理，是物流系统的"软件"，起着连接、调运、运筹、协调、指挥其他各要素以保障物流系统目的实现的作用。

二、物流的模式

1. 物流业务模式概况

随着市场竞争的加剧，企业为了在国内、国际市场中赢得竞争优势，纷纷降低物流成本、提高物流服务水平。

我国企业主要有三种物流模式：企业自营物流、业务外包、协作物流。

（1）企业自营物流。企业利用自己拥有的物流资源，通过采用先进的物流管理系统和物流技术，不断优化物流运作过程，为生产经营过程提供高效、优质服务。

（2）业务外包。企业为集中精力增强自身的核心竞争能力，将经营活动所需的物流服务外包给专业的第三方物流企业完成。

（3）协作物流。企业自身已有的物流资源难以满足生产经营活动的需要时，与供应商、社会物流企业以及消费者联合，并通过资源互补、合理运作，实现企业物流经营过程的顺利进行。

2. 企业物流模式发展趋势

随着先进的物流理念越来越得到企业管理者的重视，众多企业都将根据自身情况选择适合企业发展的物流模式。企业物流着重向三种模式发展：物流业务外包、供应链管理和第三方物流。

（1）物流业务外包。企业将自己的物流业务外包出去，弥补自己企业在物流活动中的不足。物流业务外包是我国企业在物流业务需求方面的主流趋势。选择业务外包存在许多优势，如可以降低企业物流成本、缩短企业产品到达客户的时间、提高产品的附加值、提高客户的满意度和忠诚度、树立企业的品牌形象等。企业选择这一物流模式，不仅可以给客户提供高质量的物流服务，还可以借助第三方物流商的网络优势拓展产品市场。

（2）供应链管理。供应链管理（Supply Chain Management，SCM）即从供应链整体目标出发，对供应链中采购、生产、销售各环节的商流、物流、信息流及资金流进行统一计划、组织、协调、控制的活动和过程。企业凭借先进的物流设备和科学的物流管理方法整合供应商和销售商的物流业务，最大限度地利用参与各方的物流资源，建立长期的合作机制。这一模式中，大型企业凭借自身规模和实力上的优势，购买先进的物流设备，招聘并培养高素质的物流人才，一方面可以为自己提供高质量的物流服务，另一方面也有能力为有其他要求的客户提供良好的服务。

（3）第三方物流。第三方物流（Third Party Logistics，TPL）是由独立于物流服务供需双方之外且以物流服务为主营业务的组织提供物流服务的模式。这一模式中物流公司将物流服务作为自己的产品销售出去，作为企业利润的来源。非物流企业筹建第三方物流公司，可以作为该企业实施多元化战略的突破口，并将其发展成企业新的利润增长点。

3. 影响企业物流模式选择的因素

企业在进行物流决策时，应根据自己的需要和资源条件综合考虑、慎重选择，以提高企业的市场竞争力。

（1）物流对企业成功的影响和企业对物流的管理能力。如果物流对企业成功至关重要且企业处理物流能力也较强，那么企业采用自营物流比较适合，反之则采用业务外包更加合理。

（2）企业对物流控制力的要求。企业如果处于市场竞争较为激烈的行业，对于供应和分销渠道的控制要求就会比较高。一般来说，最终产品制造商对渠道或供应链过程的控制力都相对较强，通常采用自营物流的模式。

（3）企业产品自身的物流特点。对于大宗工业原料的回运或鲜活产品的分销，通常采用相对固定的专业物流服务供应商和短渠道物流；对全球市场的分销，宜采用地区性的专业第三方物流企业提供支援；产品线单一的企业应在龙头企业统一指导下实施自营物流；对于技术性较强的物流服务，如口岸物流服务，企业应采用委托代理的方式；对非标准设备的制造商来说，企业自营虽有利可图，但还是应该交给专业的第三方物流企业去做。

（4）企业的规模和实力。一般来说，大中型企业由于实力较雄厚，通常有能力建立自己的物流系统，制订合适的物流需求计划，保证物流服务的质量。另外，还可以利用过剩的物流网络资源拓展外部业务。中小企业受人员、资金和管理资源的限制，只能将资源用于主要的核心业务，而将物流管理交给第三方专业物流代理公司。

（5）物流系统总成本。在选择是自营物流还是业务外包时，必须弄清两种模式下物流系统总成本的情况。因为成本之间存在着二律背反现象，例如：减少仓库数量时，可降低仓储费用，但会带来运输距离和次数的增加而导致运输费用增加；另外，如果运输费用的增加部分超过了仓储费用的减少部分，总的物流成本反而增大。所以，在选择和设计物流系统时，要对物流系统的总成本加以论证，最后选择成本最小的物流系统。

> **小贴士**
> 二律背反：是指两种相互联系的力量或规律之间存在矛盾或相互排斥的现象。

（6）外包服务商的服务能力。在选择物流模式时，物流成本是一个重要的考虑因素，但业务外包的选择也需要被充分考量，尤其是其能否为本企业及企业的客户提供更优质的服务。一旦企业决定采用自营物流模式，还需要判断是选择供应链自营物流还是第三方自营物流，这一决策应基于企业是否将物流业务作为企业潜在的利润增长点，以及是否符合企业的总体战略。

三、现代物流工具与技术

物流技术是指物流活动中所采用的自然科学与社会科学方面的理论、方法以及设施、设备、装置与工艺的总称。

物流技术概括为硬技术和软技术两个方面。物流硬技术是指组织物资实物流动所涉及的各种机械设备、运输工具、站场设施及服务于物流的电子计算机、通信网络设备等方面的技术。物流软技术是指组成高效率的物流系统而使用的系统工程技术、价值工程技术和配送技术等。

1. 常见物流设备

（1）手动液压搬运车。手动液压搬运车主要用于搬运各类机械、机器或者其他重物，可以配合千斤顶和手摇挎顶等一起使用，以减轻劳动强度，提高工作效率。该设备主要具有三大功能：提升、搬运和放下。手动液压搬运车如图6-1所示。

（2）手动液压堆高车。手动液压堆高车适用于工厂、车间、仓库、车站和码头等处的货物搬运和堆垛。对有防火、防爆要求的场地也非常适用，可以配合托盘装箱和集装箱实现单元化运输，有效减少零部件的碰撞、划伤，节约堆放面积，减少搬运量，提高搬运效率。手动液压堆高车如图6-2所示。

> **小贴士**
> 手摇挎顶：又称机械千斤顶，是手摇式起重工具，能在多种工程中发挥顶和挎的起重升降作用，有助于提高工作效率，减轻劳动强度。

图6-1 手动液压搬运车

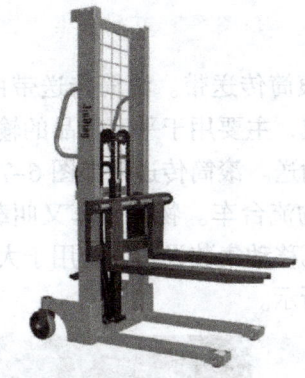

图6-2 手动液压堆高车

（3）半自动打包机。半自动打包机适用于纸箱打包和纸张打包等各种大小货物的自动打包捆扎。半自动打包机的原理是使用捆扎带缠绕产品或包装件，然后收紧并将两端通过热效应熔融或使用打包扣等材料连接。半自动打包机如图6-3所示。

> **小贴士**
> 打包扣：打包扣是在使用打包带的时候，为了固定接头处，使打包带更加牢固而制造出来的用品。打包扣按照材料不同可分为塑料打包扣、塑钢打包扣和铁皮打包扣。

（4）条码打印机。条码打印机是一种专用打印机，可以在无人看管的情况下实现连续高速打印，通常所打印的内容为企业的品牌标识、序列号标识、包装标识和条码标识等。条码打印机如图6-4所示。

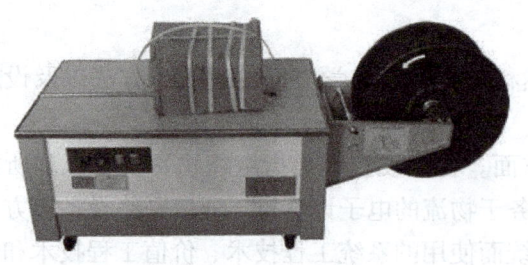
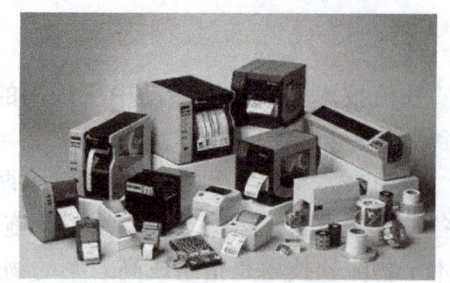

图 6-3　半自动打包机　　　　　　　图 6-4　条码打印机

（5）电动叉车。电动叉车是指以电力驱动来进行作业的叉车，这类叉车的电力由蓄电池提供。电动叉车如图 6-5 所示。

（6）中型货架。中型货架是仓储货架的一种，属于搁板货架类型。货架是以货架的承载量来命名的，按照这一划分原则，中型货架介于轻型货架和重型货架之间，通常承载重量为 150～600kg/ 层（货架载荷大多以层为单位的承载量计算）。中型货架如图 6-6 所示。

图 6-5　电动叉车　　　　　　　　　图 6-6　中型货架

（7）滚筒传送带。滚筒传送带由驱动装置、传动装置、控制系统、滚筒、机架和支腿等部件组成，主要用于平底物品的输送，具有输送量大、运转轻快等特点，可以实现多品种共线分流输送。滚筒传送带如图 6-7 所示。

（8）物流台车。物流台车又叫载货台车或笼车，是一种安装有四只脚轮的运送与储存物料的单元移动集装设备。常用于大型超市的物流配送或工厂工序间的物流周转。物流台车如图 6-8 所示。

图 6-7　滚筒传送带　　　　　　　　图 6-8　物流台车

2. 物流软技术

（1）零库存技术。零库存技术（Zero-inventory Technology）是指在生产和流通领域按照准时生产方式（Just In Time，JIT）组织物资供应，使整个过程库存最小化的技术的总称。

（2）条码自动识别技术。条码（Bar code）是利用光电扫描阅读设备来实现数据输入计算机的一种代码。条码自动识别技术是以计算机技术、光电技术和通信技术的发展为基础的一项综合性科学技术，是信息数据自动识别、输入的重要方法和手段。它的成本低，适用于大量需求且数据不必更改的场所。

（3）射频识别技术。射频识别技术（Radio Frequency Identification，RFID）是20世纪80年代起走向成熟的一项自动识别技术。它利用射频方式进行非接触双向通信，以达到识别目的并交换数据。其主要设备包括射频卡和读写器。

（4）集装单元化技术。集装单元化技术就是物流管理硬技术与软技术的有机结合。

（5）电子数据交换。电子数据交换（Electronic Data Interchange，EDI）是指按照统一规定的一套通用标准格式，将标准的经济信息，通过通信网络传输，在贸易伙伴的电子计算机系统之间进行数据交换和自动处理。由于使用EDI能有效地减少直到最终消除贸易过程中的纸质单证，因而EDI也被称为"无纸交易"。

（6）全球卫星定位系统。全球卫星定位系统（Global Positioning System，GPS）是一种以空中卫星为基础的高精度无线电导航定位系统，它主要用于船舶和飞机的导航、对地面目标的精确定时和精密定位、地面及空中交通管制、空间与地面灾害监测等。GPS以其全球性、实时性、全天候、连续、快速、高精度的特点，在物流领域得到广泛的应用。GPS在物流供应链管理中主要用于：汽车自定位、跟踪调度、陆地救援；内河、远洋船队的最佳航程、安全航线的测定，航向的实时调度、监测及水上救援等。

（7）地理信息系统。地理信息系统（Geographical Information System，GIS）是20世纪60年代开始迅速发展起来的地理学研究成果，是多种学科交叉的产物。它以地理空间数据为基础，采用地理模型分析方法，适时地提供多种空间的、动态的地理信息的计算机技术系统。GIS的基本功能是将表格型数据转化为地理图形显示，然后对显示结果进行浏览、操作和分析。GIS在物流领域主要是利用它强大的地理数据功能来完善物流分析技术。完整的GIS分析软件集成了车辆路线模型、最短路径模型、网络物流模型、分配集合模型和设施定位模型等。

四、物流运输行业的痛点及对策

随着经济的发展和全球化的趋势，物流运输行业已然成为我国国民经济中不可或缺的一部分。然而，行业在飞速发展的同时，也面临许多痛点和挑战。

1. 物流运输行业的痛点

（1）激烈的行业竞争。物流运输行业市场上一直存在大量的同行竞争者，行业企业为了争夺市场往往采取低价策略，导致整个行业的利润率偏低。价格战是业内常见的竞争方式，企业需要寻找有别于价格竞争的差异化竞争策略来提升自身的行业竞争力。

（2）较高的人力成本。任何一个行业都需要高素质技术技能型人才来实现高效运转，当前行业招聘面临两极压力：一方面，高级人才短缺，导致人力成本高；另一方面，一线人才流失率高，导致管理成本居高不下。

（3）自有工具管理成本高和隐性风险大。物流运输企业自有运输工具的数量和价值，是衡量其实力的标志。然而，企业购置、维护和管理自己的车辆以保障货物的安全和及时送达，不仅管理成本高昂，还面临许多隐性的风险，如车辆保养、交通事故等。

（4）信息化管理水平较低。目前，物流运输行业的信息化水平较低，还停留在订单的处理和流转阶段，没有实现全面的信息化管理和服务。这导致企业对客户需求和市场的变化，无法做出及时、有效的反应。

2. 物流运输行业的发展对策

（1）面对激烈的行业竞争。

1）提高服务质量。物流企业可以通过提高服务质量来吸引更多的客户。例如，提供更快速、准确的配送服务，提供更加安全的货物运输等。

2）优化物流网络。通过优化物流网络，可以降低成本，提高效率。例如，建立智能化仓储系统、优化运输路线等。

3）加强信息技术应用。利用信息技术来提高物流企业的管理和运营效率。例如，建立电子商务平台、实现智能化配送等。

4）建立品牌形象。通过建立品牌形象来增强企业竞争力。例如，打造专业的物流品牌形象、提供个性化服务等。

5）合理制定定价策略。制定合理的定价策略，避免同行相互压价。例如，根据不同客户需求制定不同价格策略、采用差异化定价等。

6）加强人才培养。加强人才培养和管理，提高员工素质和专业水平。例如，建立完善的培训体系、激励员工积极性等。

7）开拓新市场。开拓新市场是增加收入和扩大规模的有效途径。例如，拓展国际市场、开发新的物流服务等。

（2）面对较高的人力成本。

1）建立完善的人才培养体系。构建完善的人才培养体系，包括内部培训、外部培训、职业规划等，以提高员工的专业技能和综合素质。

2）引进优秀人才。通过多种途径引进优秀人才，如招聘网站、校园招聘等。同时，提供具有吸引力的薪酬福利和良好的工作环境，吸引更多高素质人才加入。

3）建立激励机制。通过薪酬激励、提供晋升机会等方式激发员工的工作热情和创造力。

4）加强内部管理。建立科学合理的组织架构和管理制度，提高管理效率和执行力。同时，注重员工关怀和沟通交流，增强员工的归属感和忠诚度。

（3）面对自有工具的成本和风险。

1）车辆共享。将自有车辆进行共享，减少车辆闲置时间并提高其利用率，降低管理成本。同时，也可以通过共享平台来实现车辆的监控和管理。

2）外包物流服务。将物流服务外包给专业的第三方物流公司，减少自有车辆的数量和管理成本。

3）采用智能化技术。通过安装 GPS 定位系统、传感器等智能化设备来实现对车辆的实时监控和管理，便于及时发现问题并采取相应措施。

4）建立完善的管理制度。建立完善的车辆使用、维护、保养等管理制度，并加强对员工培训和监督，规范车辆使用行为。

5）优化路线规划。通过优化路线规划来减少行驶里程和时间，降低车辆使用成本。

（4）面对较低的信息化管理程度。

1）提高信息化程度。建立物流信息平台，实现物流信息的全程跟踪和实时监控，提高物流过程的透明度和可视化程度。同时，采用物联网、云计算、大数据等技术手段，实现对物流过程的智能化管理和优化。

2）加强可控性。建立完善的物流管理体系，包括人员、车辆、货物等各方面的管理。通过 GPS 定位、视频监控等技术手段，实现对运输过程的全程监管和风险预警。同时，加强对供应链各环节的协调和沟通，提高整个供应链的可控性。

3）提升服务水平。建立客户服务中心，为客户提供全天候在线咨询和投诉处理服务。通过客户反馈和满意度调查等方式，不断改进服务质量，并加强与客户之间的沟通和合作。

由此可见，物流运输行业面临着许多痛点和挑战。为了保持竞争力并实现可持续发展，企业需要采取差异化竞争策略、内培外引优秀人才、优化车辆管理、提高信息化水平等措施，才能有长足的发展。

图文解说

图文解说一　客户抱怨和影响

客户抱怨涉及产品、服务、沟通等多方面，反映选购、使用过程中的不满。产品问题包括质量不达标、规格不符，可能与生产、原材料、运输有关。服务问题涉及态度不佳、效率低下、售后问题，可能与员工素质、培训、业务流程有关。沟通问题包括沟通不畅和渠道故障，涉及信息、表达、情绪和技术。其他问题如不受重视和不信任感也常见。常见的客户抱怨如图 6–9 所示。

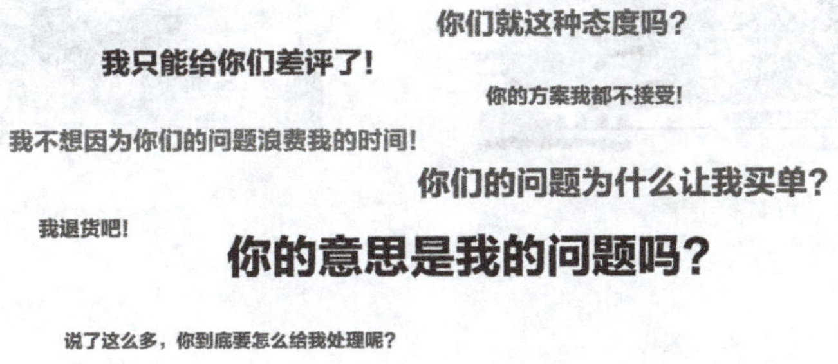

你们就这种态度吗？
我只能给你们差评了！
你的方案我都不接受！
我不想因为你们的问题浪费我的时间！
你们的问题为什么让我买单？
我退货吧！
你的意思是我的问题吗？
说了这么多，你到底要怎么给我处理呢？

图 6–9　常见的客户抱怨

客户抱怨后，企业将面临多重挑战：客户体验下降，影响满意度与忠诚度；品质退款率上升，差评投诉频发，损害企业声誉与品牌形象；员工工作乐趣减少，团队士气与效率受挫；用户流失风险加剧，业务受损；品牌合作受影响，售后沟通成本上升。企业应重视抱怨，迅速响应解决，以维护客户与品牌。客户抱怨后的影响如图 6–10 所示。

降低工作乐趣
用户流失
客户体验下降
品质退款率 / 差评 / 投诉
品牌合作性差
增加售后沟通成本

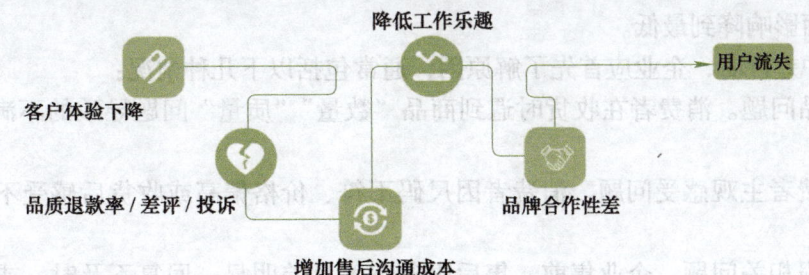

图 6–10　客户抱怨后的影响

语言是售后服务过程中最直接、最有效的沟通方式。在电子商务活动中,如何让语言更好地表达服务情感并实现良好的服务效果,是非常考验客服的"说话"能力的。一旦处理不慎,就会引发客户不满、投诉乃至流失等一系列的不良反应。因此,无论是采用在线文字还是即时语音的沟通方式,客服都需要细致地了解客户服务流程,不断提升自己的语言表达能力。

图文解说二　物流的进化图谱

在古代,物流体系得以运转,很大程度上依赖于较为完善的驿站制度。驿站作为人员、马匹、货物的中转机构,不仅承担了仓储、分拣的初步功能,还与步递、马递、漕运等多种运输方式紧密结合,构成了古代丰富的"物流"体系。随着西汉张骞出使西域,联通亚欧非的"丝绸之路",古代的"跨境物流"也随之应运而生。

古代驿使图如图 6-11 所示。

随着社会的发展,我国物流迅猛发展。各行各业利用不断提速的现代交通工具,将距离和时间不短压缩,货物的送达速度不断刷新。同时,伴随 AI 等智能技术的发展,物流的"智慧"程度不断提升。从古至今,人们对"快"的追求一直未曾改变,而实现"快"的方式也在不断突破。现代物流图如图 6-12 所示。

图 6-11　古代驿使图

图 6-12　现代物流图

场景实践

场景实践一　如何处理中差评并将差评导致的影响降到最低

在电子商务企业的日常经营中,对网店或商品的评价是一项重要内容,评价的好坏将直接影响企业的商品销售。消费者在购买商品时,通常会查看其他消费者对网店或产品的评价,并以此决定自己是否购买。因此,当企业遭遇中差评时,应学会妥善处理,以将中差评对企业的负面影响降到最低。

在出现中差评时,企业应首先了解原因,通常包括以下几种情况:

(1)商品问题。消费者在收货时遇到商品"数量""质量"问题导致的不满,进而产生差评。

(2)消费者主观感受问题。消费者因尺码不符、价格偏高或收货后感受不好而给出中差评。

(3)客服相关问题。企业售前、售后服务态度反差明显,回复不及时,或退换货不能达成共识产生纠纷,导致中差评。

（4）恶意中差评。与交易无关的同行或者怀有不当目的的消费者出于竞争或其他目的，恶意给出的中差评。

一、中差评的解决方法

当企业店铺出现中差评时，应第一时间根据评价内容判断产生原因，给出相应的解决方案。由于各平台对"评价能否修改""可修改次数"的规则不同，因此处理时需格外注意。

1. 商品问题导致的中差评

客服联系消费者核实商品问题，根据商品问题的轻重程度和消费者的意向，提供退换货或者部分退款补偿。问题解决后，引导消费者修改中差评。通过主动沟通和积极解决，提升消费者对店铺服务的好感，以促成消费者修改中差评。

2. 消费者主观感受导致的中差评

当消费者收到的商品没有达到预期，认为不符合购买价值时，客服可以联系消费者，提议以补偿店铺优惠券或者店铺红包的方式来弥补消费者的心理落差，引导消费者修改中差评。

3. 客服导致的中差评

及时判断消费者对客服不满的原因是自身客服还是物流服务。如果是自身客服的原因，要及时针对问题做出相应改进；如果是物流原因，应对消费者表示歉意并及时与合作物流对接处理。无论是哪一种情形，都要预防后续类似问题的发生，给予消费者适当补偿，可以是直接抵现的优惠券或者是现金补偿，以平息不满并引导消费者修改中差评。

4. 恶意中差评

面对恶意的中差评，在处理的时候注意收集有力的证据。

当然，无论是什么原因，企业都会面对一些无法解决的中差评，因此也应该理性面对。

二、中差评处理中的注意事项

（1）处理中差评前，要细心分析消费者的评价内容或者消费者和之前客服的聊天记录，了解消费者的心理，以此采用消费者最能接受的态度和方式进行沟通，选择合适的解决方式进行解决。

（2）一旦消费者答应修改中差评，要保证时效，及时跟进。

（3）避免和反应过激的消费者产生言语冲突，待其平静后再选择合适的时机进行沟通。

（4）如果不能修改中差评，那么在评价解释中也要保持平和的心态，不能攻击或者骚扰消费者。

评价实际是给后续消费者看的，所以对于负面的评价，企业要及时做出合理、令人信服的解释。

> **小贴士**
>
> 不合理评价：有一些特殊的评价，不属于中差评的处理范畴，但是它的存在同样严重影响企业店铺的正常运营，这类评价都是不合理评价。不合理评价包括利用中差评谋取额外钱财或不正当利益的负面评价、同行竞争负面评价、消费者在交易中被第三方诈骗产生的负面评价以及泄露信息评价。

场景实践二　如何处理物流快递丢件、破损等常见售后问题

在电子商务活动中，作为最后一公里的物流快递，在实际业务开展中会出现一些具体问题，如丢件、漏件、货损、滞留件、错发等。

1. 丢件的解决

丢件的判定：物流显示客户签收，但客户实际未收到该件。

在快递信息显示客户已签收，但是客户本人表示没收到的情况下，应将客户的快递单号发送至物流快递合作商，并请其联系客户进行核实。如果快递合作商回复称客户已签收，应请其提供签收底单或者其他有效的签收凭证。

如果反馈给快递合作商 72 小时后仍未收到有效的签收凭证，优先给客户进行补发或退款，并将此单物流信息发给快递合作商，告知其做找到退回或找不到理赔处理，最后将此订单信息登记为物流快递丢件。

2. 漏件的解决

漏件的判定：客户反馈收到的商品不对，漏发了部分商品。

（1）请消费者提供附面单的快递包裹照片。
（2）核实商品外包装有无破损情形。
（3）查看面单打印出来的商品信息是否齐全。
（4）将快递单号发送给快递合作商，请其提供揽收重量，将揽收重量与实际发货重量进行核对，判断仓库是否漏发。

如果核实上述所有情况后均无异常，优先考虑产品价值。如果价值不高，可给消费者进行补发；如果价值较高且快递揽收重量无异常，可请快递合作商提供重量凭证（带印章），告知客户没有少发，请客户核实是否存在亲友代领情况，如果客户需要投诉，可上传快递提供的重量凭证作为处理依据。

3. 货损的解决

货损的判定：商品存在破损的情形。

（1）外包装无明显破损，但内件破损的情况。如果消费者收到商品后表示内件破损，第一时间让消费者查看破损商品并判断破损的严重程度。

1) 普通破损。若商品破损程度不影响使用，可与消费者协商进行小额补偿。
2) 一般破损。若商品破损程度导致退回后无法二次销售，应根据实际情况协商赔偿的金额，尽量与消费者协商不退回、不退款。
3) 严重货损。若商品收到时呈严重破损状态，无法正常使用，应致歉并安抚消费者，给消费者补发商品，尽量不退款。

（2）外包装严重破损导致内件破损的情况。外包装破损严重，且判断为快递暴力运输所致，应请消费者提供带有面单的外包装照片，将物流单号及破损照片反馈至快递合作商，申请理赔并进行物流快递破损理赔登记。

4. 滞留件的解决

滞留件的判定：因为某种原因导致快递员没有将商品按时派送到收件人手里的物流件。

（1）滞留48小时以内。请消费者联系客服，催促快递进行投递。物流信息更新时效在48小时之内的，将快递单号发送至快递合作商并按正常流程进行催件处理即可。

（2）滞留超过72小时。滞留超过72小时视为非正常件（新疆、西藏等偏远地区除外）。将快递单号发送给快递合作商进行催促，并且告知客户，若24小时之内产品物流还未更新，可以给客户进行补发。如果进行催促后，物流依旧没有正常更新，可以给消费者进行补发或退款，尽量不要让消费者等太久，以免产生中差评。同样，任何异常都应该及时登记，方便后续改进。

5. 错发的解决

错发的判定：派送的商品与消费者购买商品不符。

（1）错发商品价值与消费者购买商品相同。与消费者协商，补偿一定金额的费用以安抚消费者，尽量让消费者不退不换。

（2）错发商品价值高于消费者购买的商品。向消费者解释因大意发错商品，告知其收到的商品价值高于所购买商品的价值。询问消费者是否愿意接受商品而无须补差价。如果不愿意，可以酌情退款；若消费者仍不接受，请消费者将商品寄回以便重发，此时需要考虑商品的寄回价值，如运费、商品本身价值的问题。

素养园地　电子客服应更有温度

一、案例导入

近年来，随着互联网和人工智能技术的发展，越来越多的企业开始使用电子客服取代人工客服。电子客服只会按照设定程序进行机械性回答，而使用了电子客服的企业往往大幅削减甚至取消人工客服，导致解决问题的效率低下，影响客户体验。

客服的水平下降，背后体现的是服务意识的淡化。其实，电子客服无论是电话客服还是在线客服都不是万能的，现有的智能技术可以满足部分但还不是全部多元化、个性化的服务需求。实际上，维护高质量的客服水平与企业发展并不矛盾，两者相辅相成，可以说客户服务是企业产品和服务的延伸，提供高水平的客服能够让客户的反馈帮助企业进一步改善产品和服务。

二、案例讨论

1. 电子客服和人工客服应该分别重点解决什么问题？
2. 如何设计和管理好电子客服？

三、分析与建议

电子客服的初衷是为了提升服务质量，从客户需求的角度不断优化设计，采用更先进的人工智能技术提升服务的应变能力，同时以人工客服作为补充。无论是哪一种客服，作为对人的服务，都应该考虑不同人群的需求。服务是一门艺术，客服一端连着消费者，一端连着企业，要通过努力让客服更有温度，在更好地服务广大客户的同时让企业发展受益。

我的学习评价

提示:在本项目学习结束时,请填写此学习评价表(配套资源包已备电子版),可另增附页,并上交指导教师。

项目六 探究电子商务中的客户服务(学习评价表)					
姓名		班级		学号	
本项目练习记录						
本人在学习中的发现与创新尝试						
本项目评定格次						
基本概念掌握	学习思路与语言表达		思考的正确性		综合得分

项目七
探究电子商务中的管理实务

课前思考

电商平台常见的管理风险

从货架电商的出现到兴趣电商的兴起,再到社交电商与直播电商的蓬勃发展,电商(网络交易)作为一种生产关系不断地在自我迭代、突破创新。电商平台在技术的支持下,不仅联结了企业、消费者和监管者,还以集中控制信息资源的方式取代了传统的市场交易模式。这一变革所催生的平台经济模式,对现有市场经济规则产生冲击,促进了资源的优化配置与市场的快速响应,同时也带来了很多具体的法律风险,如"平台审查义务""知识产权侵权""违反个人信息保护规制"等。

以"平台审查义务"为例,常见的管理风险有:

1. 电子商务主体规模扩大

随着电子商务的快速发展,《中华人民共和国电子商务法》(以下简称《电子商务法》)中原本定义的电子商务平台经营者的范畴已显著扩展。诸如可绿岛互联网直播平台、音乐平台等以内容生产为主要业务的平台,也逐渐被纳入电商主体的范畴。

典型案例:A公司通过授权获得某商标的独占许可使用权。B公司未经授权,通过其在C直播平台的账号进行直播并销售带有该商标的商品。A公司认为B公司的行为侵害了其商标权,D公司作为C直播平台运营商,未尽合理注意义务,应共同承担法律责任。法院判决B、D公司做出相应赔偿。

在上述案例中,直播平台作为网络服务提供者,兼具内容创作和商品推广功能于一身,可能被界定为电子商务平台的经营主体,需要建立准入条件,规范管理。

2. 经营资质核验复杂

作为经营者的管理机构,电商平台在吸纳经营者进驻时,不仅承担监督责任,还需承担管理义务,有权要求经营者提供真实信息。就经营者所提供的信息,电商平台需要行使核查义务,以保障信息的真实性与合法性,对于经营者信息变更,也有义务确保信息及时更新。

典型案例:A公司是某商标的合法权利人,其通过公证取证的方式,对B公司运营的食品招商网上则白酒广告进行公证。根据公证网页上的信息,A公司指认C酒厂为白酒广告的发布者,主张C酒厂未经授权擅自在白酒上使用与其注册商标相同或近似的商标,构成商标侵权。同时,A公司强调,B公司未尽合理审查义务,应对商标侵权承担连带赔偿责任。法院认定B公司未履行经营资质核验等与知识产权保护存在关联的法定义务,依法判决其应承担连带责任。

在上述案例中,C酒厂在B公司平台发布的广告存在侵犯A公司商标专有权的行为,相关信息发布者应当承担侵权责任。B公司作为电商平台企业应加强管理,审慎核查所收集的经营者信息,以免陷入赔偿纠纷。

3. 平台内经营者合规性监督面临挑战

电商平台作为管理机构,对平台内的商家活动有监管义务。为维护网络安全、稳定环境、预防违法,电商平台经营者应采用必要的技术和方法对平台内经营者的业务进行合规性管理。

典型案例:A公司为某平台经营者,B为平台用户,双方签订的《用户服务协议》中约定了由该平台提供安全便捷的平台交易环境。B用户在该平台下单购买游戏账号时遇到了误导性交易:该商品类别显示为"道具"而非"游戏账号",且交易模式为"担保",即无须平台客服介入监管,可直接由卖家操作发货,这与游戏账号对应的需要平台客服介入的寄售模式大相径庭。在未取得游戏账号之前,该卖家使用平台客服的话术诱导王某进行了"确认收货"操作,之后并未向王某交付游戏账号。经查,A公司向王某发送的"确认收货操作"的手机短信先于"卖家发货完成"的短信到达。法院认为,A公司未能严格甄别交易信息,未根据商品实际的类型严格设定交易流程,在交易源头未尽到安全保障义务。同时,短信通知的先后顺序不符合先发货再收货的交易惯例,存在一定误导作用,对提供的平台交易未尽到严谨的交易安全提示义务。而B用户因为并非首次在该平台购物,未尽到必要的谨慎义务,也应承担相应责任。

> **小贴士**
>
> 电子商务平台经营者:指在电子商务中为交易双方或者多方提供网络经营场所、交易撮合、信息发布等服务,供交易双方或者多方独立开展交易活动的法人或者非法人组织。

在上述案例中,A公司作为电子商务平台的提供者和经营者,负有保障交易安全的义务,应在交易的源头和交易过程中尽到安全保障义务,同样卖家也应尽到谨慎的注意义务。

学习目标

【知识目标】
- ➢ 了解电商领域的常用法律法规。
- ➢ 了解电商领域的常用管理制度。
- ➢ 了解电商领域的合规管理要求。

【能力目标】
- ➢ 能够运用电子商务法律法规或行业规范来解决常见问题或纠纷。

【素养目标】
- ➢ 树立法律意识,增强自我保护、自我防范能力。

任务一 熟悉电子商务领域常用法律法规

一、国内外电子商务法律法规立法概况

电子商务的快速发展及其发展中显现的各种问题加速了各国在电子商务领域的立法推进工作。相关法律法规和规范性文件的出台，旨在保障电子商务各方主体的合法权益。

我国《电子商务法》总则第一条明确阐述了这一立法宗旨："为了保障电子商务各方主体的合法权益，规范电子商务行为，维护市场秩序，促进电子商务持续健康发展。"

1. 我国电商立法概况

我国电子商务法律法规体系以《电子商务法》为主体，辅以其他相关法律法规。目前，我国与电子商务相关的法律法规主要有四类。

（1）法律。与电子商务相关的法律主要有《电子商务法》《中华人民共和国电子签名法》（以下简称《电子签名法》）《中华人民共和国网络安全法》（以下简称《网络安全法》）等。此外，在《中华人民共和国刑法》和《中华人民共和国民法典》中也有对计算机信息系统和合同等电子商务相关内容的规定。

（2）行政法规。与电子商务相关的行政法规主要有《计算机软件保护条例》《中华人民共和国计算机信息系统安全保护条例》《互联网信息服务管理办法》《信息网络传播权保护条例》等。

（3）主管部门相关规定。与电子商务相关的主管部门规定主要有《网络交易监督管理办法》《互联网广告管理办法》《进出口商品检验法实施条例》等。与电商有关的各级行政、业务主管部门为保障市场良性发展，通常都会出台相应的监管规定。

（4）行业组织规范。与电子商务相关的行业组织规范主要有《信息安全技术网络支付服务数据安全要求》《电子商务物流服务规范》等，表现为电子商务领域相关行业组织为实现特定环节的业务开展制定的规范与要求。

2. 国外电商立法概况

从国际层面看，因各国电子商务发展水平不同，各国法律法规的立法现状也存在一定差异。

联合国为各国电子商务在本国立法发布了一个参考框架《电子商务示范法》，主要涵盖了电子商务合同的合法性、电子签名和电子认证的有效性、数据电文的证据力等法律问题。

世界贸易组织通过制定多边贸易规则，明确电子商务在国际贸易中的地位和作用，如《服务贸易总协定》中涉及的电子商务相关规定，推动电子商务的全球化和便利化。

欧盟通过《电子商务指令》等法律文件，规范欧盟范围内各国电子商务领域的交易行为，建立并保护一个相对统一的电子商务市场。

世界各国也都纷纷出台各自的法律法规，保障本国电子商务的发展：

（1）美国。《电子签名法》《互联网税收自由法》《联邦贸易委员法》等，分别从签名的合法性、税收的限制、消费者权益保护等方面，保障本国电子商务的发展。

（2）日本。《关于电子商务交易等的法律》《个人信息保护法》等，主要约束电子商务交易参与者的信息披露、合同履行、消费者权益保护等具体内容。

（3）印度。《信息技术法》《消费者保护法》等，保护电子商务领域的各类数据，同时通过规范企业经营行为保护消费者权益。

各个国家和地区在电子商务领域的法律法规，会因各自社会经济状况和法律体系的不同而不同。随着电子商务的发展，各国对消费者权益保护、数据安全防护、知识产权保护和税收监管等方面的保障日益增强。

二、我国电子商务领域常见法律问题

1. 问题一：虚假宣传与欺诈行为

案例：某电商平台上的卖家宣传其销售的保健品具有治疗多种疾病的功效，但实际上并无相关医疗证明。消费者购买后发现并无宣传中的效果，感觉受骗。

相关法律法规：《电子商务法》第十七条规定，电子商务经营者应当全面、真实、准确、及时地披露商品或者服务信息，保障消费者的知情权和选择权。同时，《中华人民共和国消费者权益保护法》（以下简称《消费者权益保护法》）第二十条规定，经营者向消费者提供有关商品或者服务的质量、性能、用途、有效期限等信息，应当真实、全面，不得作虚假或者引人误解的宣传。

问题分析：案例中卖家的行为属于虚假宣传，违反了《电子商务法》和《消费者权益保护法》的规定。消费者有权要求退货退款，并可以向电商平台或相关监管部门投诉，要求卖家承担相应的法律责任。

2. 问题二：侵犯知识产权

案例：某电商平台上销售的一款服装涉嫌侵犯某知名品牌的商标权，该品牌发现后向电商平台提出投诉。

相关法律法规：《电子商务法》第四十五条规定，电子商务平台经营者知道或者应当知道平台内经营者侵犯知识产权的，应当采取删除、屏蔽、断开链接、终止交易和服务等必要措施；未采取必要措施的，与侵权人承担连带责任。

问题分析：案例中电商平台在接到投诉后应立即采取相应措施，如删除侵权商品链接等，否则将与侵权卖家承担连带责任。同时，电商平台还应加强对卖家的知识产权教育和管理，防止类似侵权行为的发生。

3. 问题三：网络交易安全

案例：某消费者的电商平台账户被盗用，导致账户内资金被非法转移。

相关法律法规：《电子商务法》第三十条规定，电子商务平台经营者应当采取技术措施和其他必要措施保证其网络安全、稳定运行，防范网络违法犯罪活动，有效应对网络安全事件，保障电子商务交易安全。

问题分析：案例中电商平台未能充分保障消费者的账户安全，导致消费者资金损失。电商平台应加强账户安全管理，采取多种技术手段保障消费者的交易安全。同时，消费者也应提高账户安全意识，定期更换密码等。

4. 问题四：售后服务不到位

案例：某消费者在电商平台购买了一台洗衣机，收到货后发现存在质量问题，联系卖家要求退货退款，但卖家一直拖延处理。

相关法律法规：《消费者权益保护法》第二十四条规定，经营者提供的商品或者服务不符合质量要求的，消费者可以依照国家规定、当事人约定退货，或者要求经营者履行更换、修理等义务。

问题分析：案例中卖家的行为违反了《消费者权益保护法》的规定，消费者有权要求退货退款或要求卖家履行更换、修理等义务。电商平台应加强对卖家的监管，确保卖家按照法律规定提供售后服务。

5. 问题五：不正当竞争行为

案例：某电商平台上的卖家通过恶意刷单、虚假评价等手段提高店铺信誉和销量，排挤竞争对手。

相关法律法规：《中华人民共和国反不正当竞争法》（以下简称《反不正当竞争法》）第八条规定，经营者不得对其商品的性能、功能、质量、销售状况、用户评价、曾获荣誉等作虚假或者引人误解的商业宣传，欺骗、误导消费者。同时，该法也规定了其他多种不正当竞争行为。

问题分析：案例中卖家的行为属于不正当竞争行为，违反了《反不正当竞争法》的规定。电商平台应加强对卖家的监管，防止类似不正当竞争行为的发生。同时，消费者也应提高警惕，不要轻信虚假评价和销量数据。

6. 问题六：个人信息泄露与隐私保护

案例：某电商平台的用户数据库被黑客攻击，导致大量用户的个人信息泄露，包括姓名、地址、电话号码等敏感信息。

相关法律法规：《网络安全法》第四十条规定，网络运营者应当对其收集的用户信息严格保密，并建立健全用户信息保护制度。同时，《中华人民共和国个人信息保护法》（以下简称《个人信息保护法》）也对个人信息的收集、使用、处理、保护等方面做出了详细规定。

问题分析：案例中电商平台未能充分保护用户的个人信息，导致信息泄露，违反了《网络安全法》和《个人信息保护法》的规定。电商平台应加强网络安全防护，采取加密、备份等技术手段保护用户数据的安全。

7. 问题七：跨境电商的法律风险

案例：某消费者在跨境电商平台上购买了一款进口商品，但收到货后发现商品存在质量问题，且无法获得有效的售后服务。

相关法律法规：《电子商务法》第六十三条规定，跨境电子商务经营者应当遵守进出口监督管理的法律、行政法规和国家有关规定。同时，涉及跨境电商的还有海关、税收等相关法律法规。

问题分析：跨境电商涉及不同国家和地区的法律法规，存在较大的法律风险。电商平台和经营者应加强对跨境电商的合规管理，确保商品的质量、安全、税收等方面的合法性。消费者在购买跨境电商商品时也应了解相关风险，谨慎选择。

8. 问题八：电子合同的法律效力

案例：某消费者与电商平台上的卖家通过电子方式签订了一份购买合同，但后续发生纠纷时，双方对合同的有效性产生争议。

相关法律法规：《电子签名法》第三条规定，民事活动中的合同或者其他文件、单证等文书，当事人可以约定使用或者不使用电子签名、数据电文。当事人约定使用电子签名、数据电文的文书，不得仅因为其采用电子签名、数据电文的形式而否定其法律效力。

问题分析：电子合同在电子商务中广泛应用，但其法律效力问题也是常见的争议点。根据《电子签名法》的规定，电子合同具有与纸质合同同等的法律效力。但在实际操作中，仍需注意电子合同的签订、存储、认证等环节，确保其合法性和有效性。

9. 问题九：价格欺诈与不正当竞争

案例：某电商平台上的卖家在促销活动中虚标原价，以打折的方式吸引消费者购买，实际上并未真正降价。

相关法律法规：《中华人民共和国价格法》（以下简称《价格法》）第十四条规定，经营者不得有下列不正当价格行为：（四）利用虚假的或者使人误解的价格手段，诱骗消费者或者其他经营者与其进行交易。同时，《反不正当竞争法》也对价格欺诈等不正当竞争行为做出了规定。

问题分析：价格欺诈是电子商务中常见的不正当竞争行为之一。卖家通过虚标原价、虚假打折等手段欺骗消费者，违反了《价格法》和《反不正当竞争法》的规定。电商平台应加强对卖家的监管，防止价格欺诈等不正当竞争行为的发生。

10. 问题十：电子支付的安全与风险

案例：某消费者的电子支付账户被盗用，导致资金损失。经查，是因为该消费者在使用公共网络进行支付时未采取安全防护措施。

相关法律法规：《电子商务法》第五十三条规定，电子支付服务提供者应当确保电子支付指令的完整性、一致性、可跟踪稽核和不可篡改。同时，《网络安全法》等法律法规也对电子支付的安全做出了相关规定。

问题分析：电子支付在电子商务中占据重要地位，但也存在一定的安全风险。消费者在使用电子支付时应提高安全意识，采取必要的安全防护措施。电子支付服务提供者也应加强技术和管理手段，确保电子支付的安全性和可靠性。

> **小贴士**
>
> 《中华人民共和国电子商务法》：由中华人民共和国第十三届全国人民代表大会常务委员会第五次会议于2018年8月31日通过，中华人民共和国主席令（第七号）公布，共七章节八十九条，自2019年1月1日起施行。该法是我国第一部电商领域的综合法律，对于解决电子商务存在的突出问题，规范并促进电商发展具有重要意义。

随着电子商务的迅猛发展，其法律问题日益凸显，涵盖了虚假宣传、知识产权侵权、交易安全、售后服务、不正当竞争、个人信息泄露、跨境电商风险、电子合同效力以及电子支付安全等多个方面。这些问题的存在不仅损害了消费者的合法权益，也影响了电子商务行业的健康发展。

首先，虚假宣传、欺诈行为以及不正当竞争手段，如刷单、虚假评价等，严重破坏了市场秩序，损害了消费者权益。针对这些问题，应加强对电商平台的监管，促使其建立严格的信息披露和审核制度，确保商品信息的真实性和准确性。同时，加大对违法行为的处罚力度，提高违法成本，形成有效的威慑机制。其次，知识产权侵权问题是电子商务领域的另一大顽疾。电商平台应建立完善的知识产权保护机制，加强与权利人的合作，及时删除侵权商品链接，并对侵权卖家进行处罚。此外，还应推动知识产权法律法规的完善，提高侵权行为的法律成本，为创新创造提供良好的法治环境。同样，在交易安全和售后服务方面，电商平台应采取先进的技术手段和管理措施，确保消费者的账户安全和交易安全。同时，建立完善的售后服务体系，明确退换货政策、质量保证等条款，及时解决消费者的投诉和纠纷，提升消费者满意度。再者，个人信息泄露和隐私保护、跨境电商、电子合同等，都需要各个相关主体遵守相关法律法规，合规操作，降低风险，确保交易各环节活动的合法性和有效性。最后，在电子支付安全方面，应加强对电子支付服务提供者的监管，确保其采取必要的安全防护措施，提高支付系统的安全性和可靠性。

综上所述，解决电子商务领域的法律问题需要多方面的努力。政府应加强对电商平台的监管力度，完善相关法律法规；电商平台应自觉遵守法律法规和行业规范，加强自身建设和管理；消费者应增强法律意识和风险防范能力。只有各方共同努力才能推动电子商务行业的健康、有序、可持续发展。

任务二　熟悉电子商务领域常用管理制度

一、法律法规与管理制度的差异

电子商务领域的管理制度涉及多个方面，旨在确保电子商务活动的合法性、公平性和安全性。管理制度和法律法规在规范社会行为和维护秩序方面都发挥着重要作用，但它们在性质、制定程序、执行方式和法律效力等方面存在明显的区别。

1. 性质

管理制度通常是由组织、企业或机构自行制定的，用于规范内部行为和管理流程的规则和准则。它们是组织内部管理的重要组成部分，旨在确保组织内部活动有序、高效和安全地进行。管理制度的制定和修改通常具有较强的灵活性和自主性，可以根据组织的实际需要进行调整。

法律法规则是由国家立法机关制定的，具有普遍约束力的规范性文件。它们旨在规范社会成员的行为，维护社会秩序和公共利益。法律法规的制定和修改必须遵循严格的法定程序，确保其内容的合法性和权威性。

2. 制定程序

管理制度的制定程序相对简单，通常由组织内部的管理层或专门机构负责制定和修改。在制定过程中，可能会征求组织成员的意见和建议，但最终决策权掌握在管理层手中。

法律法规的制定程序则更加严格和复杂。通常包括立法提议、草案起草、公开征求意见、审议修改、表决通过等多个环节。在制定过程中，需要广泛听取社会各界的意见和建议，确保法律法规的公正性和合理性。

3. 执行方式

管理制度的执行通常依赖于组织内部的监督和管理机制。对于违反管理制度的行为，组织可以采取内部纪律处分、警告、罚款等措施进行处罚。这些处罚措施在组织内部具有强制力。

法律法规的执行则依靠国家强制力保障。对于违反法律法规的行为，国家机关可以依法采取行政处罚、刑事处罚等措施进行制裁。这些制裁措施具有强制性和权威性，对违反者产生法律约束力。

4. 法律效力

管理制度在组织内部具有约束力，同时对外部也具有一定的法律效力，特别是在符合法律法规的框架内。它们主要用来规范组织内部的行为和管理流程，确保组织的正常运转，并保障组织的合法权益。

法律法规则具有普遍的法律效力，对社会成员产生约束和指导作用。无论是个人还是组织，都必须遵守法律法规的规定，否则将承担相应的法律责任。

二、电子商务领域常用管理制度

1. 电子商务平台入驻审核制度

制度内容概要：规定了商家入驻电子商务平台需满足的条件、审核流程以及违规行为处理办法。

制度适用范围：适用于所有在电子商务平台开展经营活动的商家。

制度应用示例：某电商平台对申请入驻的商家进行资质、信用等多维度审核，确保商家质量。

制度作用：通过严格审核，平台可以筛选出优质商家，提高平台整体的信誉和服务水平。

2. 电子商务交易合同管理制度

制度内容概要：明确电子商务交易合同的签订、履行、变更和解除等流程，规范交易双方的权利和义务。

制度适用范围：适用于所有在电子商务平台进行的交易活动。

制度应用示例：买家在电商平台上购买商品，双方签订电子合同，明确商品信息、价格、交货方式等。

制度作用：合同管理制度有助于减少交易纠纷，保障交易双方的合法权益。

3. 电子商务支付结算管理制度

制度内容概要：规定电子商务支付的方式、流程、安全保障措施等，确保支付过程的安全、便捷。

制度适用范围：适用于所有电子商务支付活动。

制度应用示例：电商平台提供多种支付方式，如支付宝、微信支付等，并采用加密技术保障支付安全。

制度作用：该制度有助于提升支付效率，降低支付风险，增强消费者信心。

4. 电子商务信息安全管理制度

制度内容概要：涉及用户信息、交易数据的收集、存储、使用和保护等方面，确保信息安全。

制度适用范围：适用于电子商务平台及所有使用其服务的用户。

制度应用示例：电商平台采用加密技术保护用户信息，并定期进行信息安全培训。

制度作用：信息安全是电子商务的基础，该制度有助于维护用户信任，保障交易安全。

5. 电子商务消费者权益保护制度

制度内容概要：明确消费者权益保护的范围、措施及纠纷解决机制。

制度适用范围：适用于所有电子商务活动中的消费者。

制度应用示例：电商平台设立消费者维权渠道，对消费者投诉进行及时处理，维护消费者权益。

制度作用：该制度有助于提升消费者满意度，促进电子商务市场的健康发展。

6. 电子商务售后服务管理制度

制度内容概要：规定商家提供售后服务的标准、流程和要求，保障消费者合法权益。

制度适用范围：适用于所有电子商务平台上的商家。

制度应用示例：商家提供七天无理由退货服务，确保消费者在购买商品后有足够的保障。

制度作用：完善的售后服务管理制度有助于提高消费者满意度和忠诚度，促进电商平台的可持续发展。

7. 电子商务物流配送管理制度

制度内容概要：明确物流配送的流程、标准、责任划分等，确保商品及时、安全送达。

制度适用范围：适用于所有电子商务物流配送活动。

制度应用示例：电商平台与物流公司合作，实现订单跟踪、签收提醒等功能，提升配送效率。

制度作用：该制度有助于优化物流配送流程，提高消费者购物体验。

8. 电子商务税务管理制度

制度内容概要：规定电子商务活动中的税务登记、申报、缴纳等流程和要求。

制度适用范围：适用于所有电子商务经营者和平台。

制度应用示例：电商平台协助商家完成税务登记和申报工作，确保税收合规性。

制度作用：税务管理制度有助于维护税收秩序，促进电子商务市场的公平竞争。

9. 电子商务信用评价制度

制度内容概要：对商家和消费者的信用进行评价和管理，促进诚信经营和消费。

制度适用范围：适用于所有电子商务平台上的商家和消费者。

制度应用示例：电商平台根据商家的信用评分进行排名，为消费者提供更多选择。

制度作用：信用评价制度有助于提升电子商务市场的透明度和可信度，促进市场健康发展。

10. 电子商务纠纷解决机制

制度内容概要：建立纠纷调解、仲裁、诉讼等多元化纠纷解决方式，维护各方权益。

制度适用范围：适用于所有电子商务活动中的纠纷解决。

制度应用示例：当消费者与企业在电商平台上因商品质量问题产生纠纷，双方各执一词，难以达成共识，此时平台介入处理，促成双方和解。

制度作用：面对多样、复杂的各式纠纷，电商平台以第三方角色进行专业、中立和公正的调解与仲裁。

电子商务领域的管理制度与法律法规在维护市场秩序、促进交易公平、保障消费者权益等方面都发挥着不可或缺的作用。相较法律法规的强制性和普适性，管理制度多由行业或企业内部制定和执行，更具灵活性和针对性，因此作为法律法规的有益补充，建立和遵循更细致、更规范的管理制度尤为必要。

任务三　理解电子商务领域的合规管理

数字经济时代，电子商务平台已经集聚了一定数量级的交易参与方，并为他们提供技术工具、制度规则等基础设施，显现出现代市场的核心特征。

电子商务市场指的是自然人、法人、其他组织等具备购买能力和商品或服务需求的市场参与者，通过信息网络虚拟平台进行交易活动，形成的各类交易关系。

电子商务市场法律关系的实质体现为交易活动产生的多种权利义务关系。

目前，我国已建立了以《电子商务法》《最高人民法院关于审理网络消费纠纷案件适用法律若干问题的规定》等法律文件为核心的电子商务合规机制。

一、电商平台主动审核合规

电商平台经营者对平台内经营者资质资格的审核，是有效管理平台、防范侵害消费者权益行为的重要措施。平台内经营者开展交易的前提是其资质符合法定要求，因此，在电商平台与平台内经营者签订网络服务合同之前，应对其资质是否合法进行审查。电商平台经营者应切实履行资质审核责任，以有效管理平台内经营者。资质审核作为一种危险防范义务，可以在一定程度上预防潜在的侵权行为。

1. 相关条款内容与解读

《电子商务法》第二十七条规定了电商平台对申请进入平台的商户以及非经营用户的身份信息审查义务，以及定期核验更新审查内容的义务。审查内容包括"身份、地址、联系方式、行政许可等真实信息"。与电商平台信息审查义务相对应的法律责任主要体现在该法第五十八条第三款关于电商平台法定先行赔偿责任的规定，即在消费者向商户维权时，有权要求电商平台提供商户的真实名称、地址和其他有效联系方式。当电商平台无法提供时，应当对消费者承担先行赔偿责任。

依据《电子商务法》第二十七条，电商平台对核验信息应尽到"实质审查"的义务，即电商平台应确保经营者在平台登记的信息为"真实信息"，如未尽到该法定义务导致消费者无法维权的，则电商平台需承担先行赔偿责任。

电商平台违反信息核验义务在法律上须承担的责任有民事责任和行政责任。民事责任主要体现为先行赔偿责任，该先行赔偿责任不属于真正的连带责任，即电商平台并非最终的责任承担主体，其在承担责任后，有权向经营者进行追偿。

行政责任主要体现在《网络安全法》第六十一条的规定。根据该规定，电商平台未要求用户提供真实身份信息，或者对不提供真实身份信息的用户提供相关服务的，由有关部门责令改正，拒不改正或情节严重的，处5万元以上50万元以下罚款，并可以由有关部门责令暂停相关业务、停业整顿、关闭网站、吊销相关业务许可证或吊销营业执照，对直接负责的主管人员和其他责任人员处1万元以上10万元以下罚款。

2. 合规指引

（1）了解并及时更新行业监管规范，履行相关审核义务。电子商务平台在发展过程中应积极了解并不断更新拟入驻商户所属行业的监管法律法规。特别是针对涉及特殊经营资质的商品和服务，平台应对其发布、抽查和信息监测等进行有效的管理，同时，对行业监管法规保持敏感，并切实履行监管职责。

以网络餐饮服务第三方电商平台为例，应依据《网络餐饮服务食品安全监督管理办法》第十六条规定，对入网餐饮服务提供者的经营行为进行抽查和监测，发现违法行为时应制止并报告相关部门。

（2）建立卖家资质的多重审核机制。电商平台可以实施卖家资质的多重审核机制，包括对平台商户资质和商品本身资质的审查。在商户资质审查方面，要求商户在申请发布特定类目商品时先上传相关行政许可资质，经审核合格后方可发布商品；在商品资质审查方面，通过商品上架系统要求商户在上架相关类目商品前提供相应的批准文件。除了查验商户提交的信息资料外，电商平台还可以通过公开查询途径，如国家企业信用信息公示系统、企查查等，对商户信息进行核实。

以食品为例，平台应审查平台商户是否持有合法的《食品经营许可证》和《食品生产许可证》，还要核查食品本身是否拥有合法的生产许可证编号，对于特殊食品如婴幼儿配方奶粉，还需商户提供相应的注册号。

（3）引入经营者信用等级评定机制。在电子商务交易环境中，因为信息不对称，消费者往往难以获取商户信息。电商平台可以引入经营者信用等级评定机制，借助第三方评估机构定期对经营者进行市场信用等级评定，公示违法违规操作的经营者信息。

同时，建立经营者失信名单，采用失信惩戒机制，阻止违规企业再次进入平台经营。

二、知识产权保护合规

1. 相关条款内容与解读

《电子商务法》第四十一条至第四十五条规定了电商平台在知识产权保护方面的义务。其中，第四十一条为倡导性条款，未详细规定电商平台的具体义务。第四十二至第四十五条构建了电商领域的"通知—删除"规则。

当知识产权权利人认为其权利受到侵害，有权通知电商平台采取删除、屏蔽、断开连接、终止交易和服务等必要措施，并附上构成侵权的初步证据。电商平台收到权利人通知后，应采取相应措施，如通知商户举证自证、告知权利人商户声明等。

电商平台如未尽到法定义务，则需要对未采取必要措施所导致的损害扩大部分承担连带清偿责任。

2. 合规指引

（1）依法尽到审查义务。电商企业应对企业所涉及的知识产权承担一般性的审查义务，包括对平台卖家销售商品（服务）的知识产权进行审查，审核卖家是否拥有所销售商品（服务）的合法知识产权。

若电商平台实际参与交易，需要承担特别审查义务。在这种情况下，若出现知识产权侵权行为，平台与卖家共同承担侵权责任。电商平台可在审核卖家入驻时向卖家声明，若卖家销售侵权商品（服务），平台承担责任后有权向卖家追偿。

（2）建立联合审查机制。电商企业可以和知识产权专业机构合作，建立联合审查机制。电商企业在实际运营中，因商品（服务）品类繁多和恶意投诉等问题，往往自顾不暇，可以引入专业机构进行分级专业审查。

电商平台与专业机构建立联合审查机制，平台对侵权行为进行初步核查，疑难情况交给专业机构判断，提高侵权判断的准确性，降低法律风险。同时，电商平台可在商户入驻时的平台服务协议和交易规则中明确规定平台在收到投诉后会采取的措施，减轻平台的责任。

三、个人信息保护合规

1. 相关条款内容与解读

《电子商务法》第二十三条规定了电商经营者在个人信息合规方面的原则性规定，即电子商务经营者在收集、使用用户个人信息时，应遵守相关法律法规对个人信息保护的规定。《电子商务法》第三十二条要求电子商务平台经营者制定公开、公平、公正的平台服务协议和交易规则，明确个人信息保护等方面的权利和义务。《电子商务法》第七十九条规定电子商务经营者若违反与个人信息保护相关的法律法规，将根据《网络安全法》等法律法规的规定受到处罚。

有些电商企业从商业利用角度收集消费者个人信息，《网络安全法》第四十一条规定，网络运营者在收集、使用个人信息时，应遵循合法、正当、必要的原则，不得收集与提供服务无关的个人信息。

《移动互联网应用程序个人信息保护管理暂行规定》（征求意见稿）明确了App在个人信息收集环节需要遵循的知情同意要求。在收集敏感个人信息前，应在页面上告知用户信息收集的目的，用户提交敏感信息时即表示同意信息收集。

> **小贴士**
>
> 敏感个人信息：根据《中华人民共和国个人信息保护法》（以下简称《个人信息保护法》）第二十八条，"敏感个人信息"，是指一旦泄露或者非法使用，容易导致自然人的人格尊严受到侵害或者人身、财产安全受到危害的个人信息，包括生物识别、宗教信仰、特定身份、医疗健康、金融账户、行踪轨迹等信息，以及不满十四周岁未成年人的个人信息。

2. 合规指引

（1）遵循最小必要原则。电商企业在处理个人信息时，应遵循最小必要原则。按照法律规定，电商企业不得处理与服务场景无关的个人信息，对于非服务所必需或无合理场景的情况，不得自行启动或关联启动其他App。在处理个人信息的过程中，必须确保信息的数量、频次和精度与所提供的服务相一致，而非过度收集。此外，用户若拒绝提供与服务无关的个人信息或权限，企业不能因此拒绝用户使用服务，或频繁地要求用户开启权限以干扰其正常使用体验。企业也不得以提升服务质量或风险防控为条件，要求用户同意超范围处理个人信息。针对不同类型的服务，电商企业应在具体使用场景中明确所需的个人信息范围、精度，以及获取个人信息所需调用权限的前台调用频次、后台运行或静默状态调用频次等。

（2）防范员工侵犯个人信息。电商企业的业务覆盖范围广泛，从业人员众多，若出现员工侵犯个人信息的行为，除员工个人承担责任外，还可能对企业造成不同程度的负面影响。因此，企业应建立健全内控制度，对可能接触到用户信息的岗位进行严格的管理，如采取分级审批、签署保密协议、进行安全培训等，让员工们养成良好的工作习惯，牢固数据保护意识。

（3）保护消费者的信息控制权。电商企业从用户处收集的个人信息，必须经过用户授权才能合理使用，用户有权要求企业修改或删除其个人信息。信息收集方面，企业应注重对用户个人隐私的保护，承担应尽的责任，参考和学习国内外信息安全标准，建立适应自身业务发展的信息安全体系，根据信息敏感度的不同采取对应的控制措施，确保消费者能够行使删除权和信息可携带权等信息控制权。

四、线上价格促销合规

1. 相关条款内容与解读

价格促销常常出现"不明码标价""价格欺诈"等问题，易发生不正当价格行为。这类问题表现为使用具有欺骗性的语言、文字等来进行标价，以引导他人与其进行交易的行为。例如，某些价格促销活动通过秒杀、直降等方式进行，涉及虚构原始价格、虚假宣称降价；利用价格比较方式促销，但未准确标示划线价格内涵等情形，这些情形在电商市场交易中出现较为频繁。

我国《价格法》第十三、十四条，《明码标价和禁止价格欺诈规定》第八、十七条均对此类情形做出了相应规定。

> **小贴士**
>
> 划线价格：划线价格在不同的场景中有着不同的含义。在电商领域，划线价格通常指的是商品的专柜价、吊牌价、正品零售价、厂商指导价或该商品曾经展示过的销售价等。这个价格通常被用来与当前的销售价格进行对比，以突出显示商品的折扣幅度或优惠情况。然而，值得注意的是，划线价格并非一定是商品的原价，也可能不是商品实际交易过的价格，因此仅供参考。

2. 合规指引

（1）明确现价与划线价格。电商企业在开展价格促销活动时，有义务明确展示现价与划线价格的关系。划线价格作为价格促销活动前的参考价格，应与促销优惠价格相对照。在发布价格信息前，电商经营者必须仔细核查页面内容，根据我国法律法规及电商平台商品录入规定，清晰地标示商品的现价、划线价格等价格信息。一旦促销活动结束，经营者应及时更新价格信息。若计划进行促销活动，应提前至少七天固定"原价"并保留相应交易记录，以便在必要时提供证明。

（2）明晰划线价格的含义。电商企业应明晰划线价格的含义。在价格促销过程中，经营者可能将"划线价格"解释为"原价""门店价""厂家建议零售价"等。经营者应当明确标示或采用其他便于消费者理解的方式表明被比较价格的含义。对于自行阐述划线价格含义的情况，经营者需以方便消费者理解的方式，明确划线价格的具体含义或计算方法。对于未明确划线价格含义的情况，应确保划线价格至少与电商平台统一制作的划线价格说明之一相符。对于电商平台经营者而言，可以在商品详情页面底部提供统一的价格说明。

（3）避免价格欺诈行为。电商行业常见的价格欺诈行为有"先涨价后减价""反向抹零"。根据《明码标价和禁止价格欺诈规定》第十七条第一款的规定，"经营者没有合理理由，不得在折价、减价前临时显著提高标示价格并作为折价、减价计算基准"。同样，我国价格相关法律也明令禁止"在标价之外加价出售商品或者提供服务""收取任何未予标明的费用"。

> **小贴士**
> 反向抹零：即在促销价或划线价格基础上，通过"四舍五入"等手段，向消费者索取额外零钱。

（4）明确促销活动的附加条件。我国《规范促销行为暂行规定》规定"经营者开展价格促销活动有附加条件的，应当显著标明条件""经营者开展限时减价、折价等价格促销活动的，应当显著标明期限"。对价格的形成或者确定具有重要影响的促销期限、原因、数量等附加性要求，电商企业都应当明示且真实标示，如通过线上直播进行的价格促销活动，需要在直播界面中真实、完整、显著地标明促销活动的附加条件。

五、线上广告宣传合规

1. 相关条款内容与解读

虚假广告是广告违法领域的常见问题，在电商领域尤为突出。我国《广告法》第四条规定"广告不得含有虚假或者引人误解的内容，不得欺骗、误导消费者。广告主应当对广告内容的真实性负责"，第二十八条规定"广告以虚假或者引人误解的内容欺骗、误导消费者的，构成虚假广告"，《反不正当竞争法》也通过第八条第一款"经营者不得对其商品的性能、功能、质量、销售状况、用户评价、曾获荣誉等作虚假或者引人误解的商业宣传，欺骗、误导消费者"，明确规定了虚假宣传的情形。

相较虚假宣传，虚假广告的范围更广，市场监督部门常根据企业是否能够提供证据证明其产品功能与宣传内容一致，以及宣传或者广告是否对一般用户具有误导性，来判断是否构成虚假广告或虚假宣传。

随着互联网广告在广告形式和投放方式等方面的不断创新和演变，国家市场监督管理局发布了《互联网广告管理办法》（以下简称《管理办法》），该办法针对新型业态下的互联网广告行业建立了更适用的监管思路和方式，保障了互联网行业的健康发展。

2. 合规指引

（1）弹出广告的合规管理。严格遵守《管理办法》中对弹出广告的管理要求。《管理办法》第十条规定，以弹出等形式发布互联网广告，广告主、广告发布者应当显著标明关闭标志，确保一键关闭。针对智能家电、导航设备、智能交通工具等弹出广告的合规问题，《管理办法》第十七条第二款规定，未经用户同意、请求或者用户明确表示拒绝的，不得向其交通工具、导航设备、乡智能家电等发送互联网广告，不得在用户发送的互联网即时通讯信息中附加广告或者广告链接。

（2）直播中发布广告的合规管理。针对利用网络直播发布互联网广告的情形，《管理办法》第十九条规定，商品销售者或者服务提供者通过互联网直播方式推销商品或者服务，构成商业广告的，应当依法承担广告主的责任和义务。直播间运营者接受委托提供广告设计、制作、代理、发布服务的，应当依法承担广告经营者、广告发布者的责任和义务。直播营销人员接受委托提供广告设计、制作、代理、发布服务的，应当依法承担广告经营者、广告发布者的责任和义务。直播营销人员以自己的名义或者形象对商品、服务作推荐、证明，构成广告代言的，应当依法承担广告代言人的责任和义务。

（3）互联网广告精准投放的合规管理。针对互联网广告精准投放的合规问题，《管理办法》第十四条规定，广告经营者、广告发布者应当建立、健全和实施互联网广告业务的承接登记、审核、档案管理制度。《管理办法》第十五条规定，如果是利用算法推荐等方式发布互联网广告的，除了《管理办法》第十四条列明的内容，算法推荐服务相关规则、广告投放记录也应当记入广告档案。

在电商市场中，有很多类似"千人千面"的合规问题，需要查验并登记广告主的真实信息，建立广告档案，配备熟悉广告审核的人员对广告内容进行查验。

> **小贴士**
> 千人千面：每个用户在网络购物时，看到的商品推荐页面都是不同的，这是因为电商企业会根据每个用户的浏览历史、购买记录、搜索行为等信息，对用户进行个性化推荐。

（4）特殊商品广告发布和变相发布广告的合规管理。《广告法》第十九条规定，广播电台、电视台、报刊音像出版单位、互联网信息服务提供者不得以介绍健康、养生知识等形式变相发布医疗、药品、医疗器械、保健食品广告。同时，我国《管理办法》第八条规定，介绍健康、养生知识的，不得在同一页面或者同时出现相关医疗、药品、医疗器械、保健食品、特殊医学用途配方食品的商品经营者或者服务提供者地址联系方式、购物链接等内容。

（5）遵循我国广告法的合规要求。针对互联网广告通过欺骗、误导用户点击、浏览广告的合规问题，《广告法》第十一条规定，不得以虚假方式欺骗、误导用户点击、浏览广告。《管理办法》第十三条规定电商企业自行发布互联网广告的，广告发布行为应当符合法律法规的要求，需要建立、健全互联网广告归档及存档制度。

电商企业经营者在提供互联网信息服务过程中应当采取措施防范、制止违法广告。例如，遵守《管理办法》第十六条规定，建立有效的投诉、举报受理和处置机制等。电商企业应如实合法宣传，其宣传内容应避免使用违反《广告法》规定的内容。

综上所述，电子商务领域的合规管理涉及多个方面，它是企业稳健发展的基石，要求企业严格遵守国家法律法规，如《电子商务法》《消费者权益保护法》等，确保平台交易的合法性。同时，企业也需要制定并执行完善的内部管理制度，规范商品信息发布、交易流程、物流配送等各环节，防止虚假宣传、价格欺诈等不当行为。企业只有构建诚信、透明的电子商务环境，赢得消费者信任，才能实现可持续发展。

图文解说

图文解说一　电子商务法律法规

《电子商务法》出台之前，我国已有一系列法律法规对电子商务的相关环节、事宜进行规范。该法出台后，为我国电子商务活动提供了全面的法律规范和保障，有力助推了我国电子商务的健康和持续发展。

《电子商务法》出台前我国电子商务交易领域主要法律法规如图 7-1 所示。

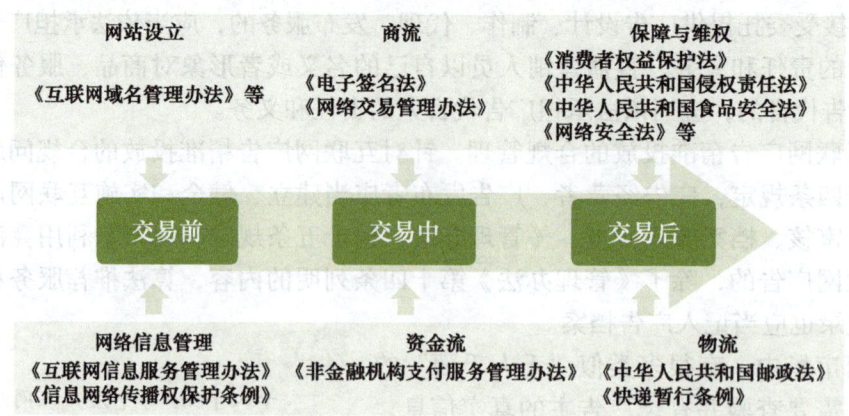

图 7-1 《电子商务法》出台前我国电子商务交易领域主要法律法规

图文解说二 电子商务系统架构

电子商务系统通常保包含"供应商""电商平台""消费者"三个角色，所有的业务展开，都围绕着信息流、物流和资金流展开。电子商务系统架构如图 7-2 所示。

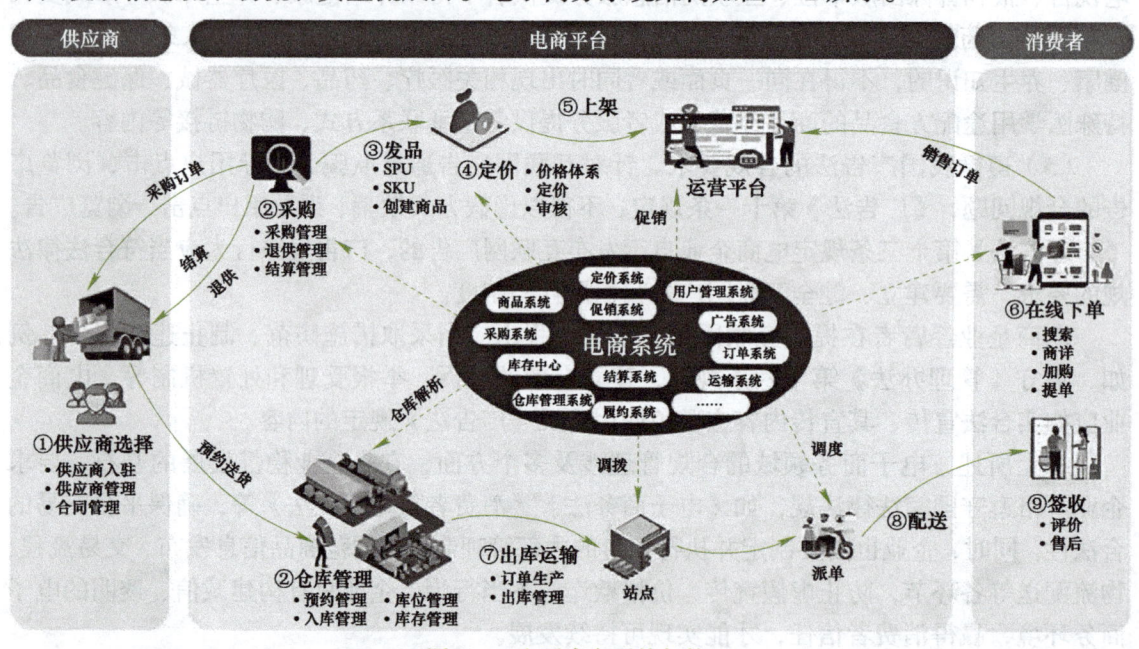

图 7-2 电子商务系统架构

场景实践

场景实践一 如何及时进行所需领域法律法规的知识更新

在各个领域及时进行法律法规知识更新都是非常必要的。在进行法律法规知识更新时，具体的建议和方法如下。

1. 设定相关领域法律法规的知识更新目标

（1）根据自身工作或业务需求，明确需要更新的法律法规领域。

（2）明确详细的更新目标，包括更新的具体范围和频率等。

2. 利用官方渠道获取信息

（1）定期访问政府官方网站、法律数据库或相关部门的公告系统，获取新的法律法规文本和解释。

（2）订阅官方发布的法律更新电子邮件或RSS源，确保第一时间接收到新法规的通知。

> **小贴士**
>
> RSS源：一种随时了解你所关注网站（含博客或论坛）内容更新的简单方法。如果网站提供RSS源，用户一旦订阅，则每当帖子上线时，用户都会收到通知，然后用户可以阅读摘要或整个帖子。

3. 参加专业培训与研讨会

（1）报名参加由法律专家或行业组织举办的法律培训课程，获取系统的法律知识更新。

（2）参与研讨会和学术会议，与同行交流新的法律见解和实践经验。

4. 阅读专业法律出版物

（1）订阅法律期刊、杂志和新闻简报，了解新的法律动态和案例分析。

（2）定期浏览专业法律网站和博客，获取专家对法律法规的解读和评论。

5. 利用在线学习资源

（1）利用在线法律课程和教育平台，进行自主学习和知识更新。

（2）参与网络论坛和社群，与全球法律从业者分享经验和知识。

6. 案例分析

研究和分析新的法律案例，了解法院对法律法规的解释和应用。通过采用上述建议和方法，可以有效地进行法律法规知识的更新，确保自己始终跟上法律发展的步伐，为工作和职业发展提供坚实的法律支撑。

电子商务领域主要的法律法规信息服务获取渠道如下。

（1）电子商务法律网。我国第一家专业的电子商务法律网站，提供电子商务领域政策法律立法、研究和实务的相关背景知识及资源。

（2）电子商务法规库。一些政府官方网站或法律数据库中可能设有专门的电子商务法规库，如中国政府网、国家市场监督管理总局官网等。这些网站提供最新的电子商务法律法规文本和官方解释。

（3）行业组织网站。电子商务相关的行业协会或组织，如中国互联网协会等，通常会在其官方网站上发布新的行业法规、政策动态和标准规范。

（4）专业法律服务机构网站。一些律师事务所、法律咨询机构或法律服务公司可能提供电子商务法律的专业服务，并在其网站上发布相关的法律法规、案例分析和解读文章。

（5）学术研究机构网站。电子商务法律研究中心或学术研究机构，如高校法学院、科研机构等，经常在其网站上发布最新的研究成果、学术论文和法律法规评论，为电子商务法律领域的从业者和学者提供有价值的信息和资源。

场景实践二　如何获取电子商务领域的各类分析报告

一、行业分析报告的现实意义

无论是对企业、投资者、政策制定者还是行业内的其他利益相关者来说，行业分析报告都具有重要的参考价值。

1. 市场趋势洞察

行业分析报告通常包含对市场趋势的深入洞察，包括行业发展阶段、市场规模、增长速度、竞争格局等。这有助于企业把握市场动态，及时调整战略和业务模式，以适应市场变化。

2. 竞争策略指导

行业分析报告中往往会详细分析行业领先企业的竞争策略、市场份额、产品特点等，为企业制定或调整自身竞争策略提供重要参考。企业可以借鉴成功企业的经验，避免走弯路，提高市场竞争力。

3. 投资机会发现

对于投资者而言，行业分析报告是发现投资机会的重要工具。报告通过对行业增长潜力、盈利能力、风险水平等方面的评估，帮助投资者识别具有投资价值的行业和公司，从而做出更明智的投资决策。

4. 政策风险预警

行业分析报告关注政策环境对行业发展的影响，包括政策法规、行业标准、贸易壁垒等。这有助于企业及时应对政策风险，避免因政策变化而遭受损失。

5. 技术创新方向指引

行业分析报告中通常会涉及行业技术创新动态，包括新技术、新产品的研发和应用趋势。这为企业进行技术研发和创新提供了方向指引，有助于企业保持技术领先地位。

6. 供需关系分析

行业分析报告会对行业的供需关系进行详细分析，包括原材料供应、产品需求、客户群体等。这有助于企业优化供应链管理，提高生产效率和满足市场需求。

7. 战略规划支持

对于企业高层管理者而言，行业分析报告是制定战略规划的重要依据。报告提供的全面、客观的行业信息和分析结论，有助于管理者做出更科学、更合理的战略决策。

综上所述，行业分析报告的现实意义在于为相关利益方提供全面、深入的行业信息和洞察，帮助他们更好地了解市场、把握机遇、应对挑战，从而实现持续发展和竞争优势。

二、获取电商领域行业分析报告的渠道

1. 专业咨询机构网站

许多专业咨询机构，如艾瑞咨询、德勤、毕马威等，会定期发布电子商务领域的行业报告。可以通过访问这些机构的官方网站，并在其"研究报告"或"行业洞察"等板块中查找相关报告。

2. 电商平台官方网站

大型电商平台，如淘宝、京东、拼多多等，通常会在其官方网站上发布商家经营情况、行业趋势等报告。这些报告对于了解电商平台的运营状况和市场环境非常有帮助。

3. 行业协会与组织

电子商务相关的行业协会和组织也是获取行业报告的重要途径。例如，中国商业联合会、中国互联网协会等，它们会定期发布行业研究报告，反映电子商务领域的新动态和趋势。

4. 政府官方渠道

政府部门如商务部、工业和信息化部等，会发布与电子商务相关的政策文件和数据报告。可以通过政府官方网站或相关数据统计平台获取这些信息。

5. 第三方数据服务平台

目前，国内有一些第三方数据服务平台，如易观分析、199IT等，它们提供电子商务领域的数据报告和定制化研究服务，可以根据需求选择相应的服务。

6. 学术研究机构

高校和研究机构的学者也会进行电子商务领域的研究，并发布相关报告。可以通过学术搜索引擎或访问这些机构的官方网站来获取这些报告。

7. 社交媒体和行业论坛

在社交媒体和行业论坛上，如知乎、微博等，关注电子商务领域的专家经常会分享新的行业报告和见解。

素养园地　远离"刷单炒信"行为

一、案例导入

"刷单炒信"是一种在电子商务和分享经济领域中的行为，通过人为干预或利用工具软件，以虚构交易、好评、删除不利评价等手段来提高商品销量和声誉，是一种违反公平竞争原则和欺骗消费者的商业行为。

例如，某市某公司在"天猫"平台设立了一家在线网店以扩展销售渠道，为谋求竞争优势，公司组织员工与外地熟人联络，实施虚拟交易，以增加店铺销量和好评，成功在短期内大幅提升了该店铺在同行业中的排名。

该公司违反了《反不正当竞争法》第八条第一款的规定，依据《反不正当竞争法》第二十条第一款，该市市场监督管理局对其做出相应行政处罚。

二、案例讨论

1. "刷单炒信"行为具体有哪几种？
2. 面对"刷单炒信"行为，我们应该怎么做？

三、分析与建议

"刷单炒信"行为根据行为人的主观意图不同，可以分为"正向"和"反向"两种类型。

"正向"是指卖家自行或雇用他人制造虚假流量、销量和好评来提高竞争力,"反向"的目的是损害和降低同业竞争者的信用和评价,从而破坏市场的正常竞争秩序。此外,根据行为实施主体的不同,该行为还可以分为"单一型刷单炒信""平台型刷单炒信"。

随着电子商务的蓬勃兴起,线上交易规模不断扩大,商家之间的竞争日益激烈。在这样的竞争环境下,一些商家以"刷单炒信"这一不当手段,寻求更多的关注度和市场份额。2017年6月全国首例刷单入刑的宣判为我们敲响了警钟。我们应时刻保持警觉,严格遵守各项法律法规和行业规范,远离任何违法行为。

我的学习评价

提示:在本项目学习结束时,请填写此学习评价表(配套资源包已备电子版),可另增附页,并上交指导教师。

项目七 探究电子商务中的管理实务(学习评价表)			
姓名	班级		学号
本项目练习记录			
本人在学习中的发现与创新尝试			
本项目评定格次			
基本概念掌握	学习思路与语言表达	思考的正确性	综合得分

项目八
初探电子商务创新与创业

课前思考

摩拜单车：一名女记者创业的故事

创业往往都与生活有关，离不开生活的需要和难点。

胡玮炜1982年出生于浙江东阳，2004毕业于浙江大学城市学院新闻系，之后进入《每日经济新闻》经济部成为一名汽车记者。后来又去了《新京报》《商业价值》和《极客公园》做科技报道，曾创办科技媒体——极客汽车，并担任CEO。

2014年，胡玮炜回到杭州虎跑，想要骑行，希望能租一辆公共单车，但办卡小岗亭关门，最后这次希望中的骑行没有成功，而且她在瑞典哥德堡也遭遇了租赁公共单车失败的经历，于是胡玮炜从汽车朋友圈里拉了一支团队，成立摩拜单车项目。

在单车项目创建的过程中，有的伙伴觉得市场需要一款颜值高、智能助力的自行车，目标消费者是个人；有的伙伴认为一个随处都能借，手机扫码就能走，骑一次就在手机上付一块钱，用完随处停的自行车项目才是市场需要的。最终，胡玮炜决定汇集大家的想法，建立了摩拜单车。

2014年年底，胡玮炜的创业难题很快就来了。胡玮炜最初对摩拜自行车的构想是：这辆车从刹车皮、车架到座椅弹簧都不会因日晒雨淋而出现任何部件上损坏、蚀锈，轮胎不用打气和补胎，车链子不会掉，更重要的是，车需要上一把联网的智能锁，能接受移动通信网络的信号和软件后台交流，能接受指令开锁，报告上锁、定位。这近乎苛刻的条件几乎吓退了所有自行车生产商，没有哪家自行车厂愿意给胡玮炜生产她想要的自行车。

2015年1月，北京摩拜科技有限公司成立，并拥有了自己的自行车制造工厂。为了设计出符合自己构想的单车，胡玮炜陆续请了多位设计师设计摩拜单车的最初模型。最终在2015年夏天，设计出了一个手工打磨拼合而成的单车模型。

2016年4月22日，摩拜单车正式上线，并在上海投入运营，9月1日正式进入北京，2016年12月28日进入武汉，摩拜单车铺天盖地而来。

2017年5月26日，胡玮炜获得中国电子商务创新发展峰会颁发的年度新锐人物奖。摩拜单车在推动绿色出行、引领互联网创新、带动中国智造出海等方面表现卓越，获得联合国环境领域最高奖项"地球卫士"奖。

学习目标

【知识目标】
- 了解创新与创业的内涵。
- 理解电商领域的创新与创业。

【能力目标】
- 能够运用创新思维来解决电商领域出现的具体问题。

【素养目标】
- 树立"大众创业、万众创新"的理念，在专业学习中勇于实践。

任务一 理解创新与创业

一、创新

在汉语中，创新亦作"剏新"，出自《南史·后妃传上·宋世祖殷淑仪》："据《春秋》，仲子非鲁惠公元嫡，尚得考别宫。今贵妃盖天秩之崇班，理应创新。"在英文中，创新对应的是Innovation，该词源于拉丁语。东西方对创新的理解趋于一致，指创立、创造新的事物或者更新、改变旧的事物。

时至今日，社会的发展每前进一步，哪怕是微不足道的一次进步，都依靠着各个领域、各个层面的创新。我们无法和创新隔绝，因为每个人都是无数的创新过程中不可或缺的一部分。

1. 何为创新

创新是指以突破常规或常人思维模式的见解为引领，利用现有的知识和物质资源，在特定的环境中，以满足理想化需要或满足社会需求为目标，致力于改进或创造新的事物、方法、元素、路径及环境，并期望获得一定有益效果的行为过程。

创新涵盖政治、军事、经济、社会、文化、科技等各个领域。具体可以分为科技创新、文化创新、艺术创新和商业创新等，目前创新突出体现在以下三大领域。

（1）学科领域：主要表现为知识创新。
（2）行业领域：主要表现为技术创新。
（3）职业领域：主要表现为制度创新。

究其本质，创新是人类特有的认识能力和实践能力，是人类主观能动性的高级表现，也是推动企业发展和社会进步的不竭动力。创新实际上就是创新思维的外化、物化和形式化。

> **小贴士**
>
> 企业创新：企业往往由生产、采购、营销、服务、技术研发、财务和人力资源管理等职能部门组成，因而企业的创新涵盖这些职能部门，包括产品创新、生产工艺创新、市场营销创新、企业文化创新、企业管理创新等。

2. 创新的风险与动力

（1）创新的风险。如何定义创新，总会有不同的理解和诠释。然而，谈及创新的风险，却总会成为让人踟蹰不前的理由或借口。没有风险，就谈不上创新。创新的对立面是不创新。不创新就是循规蹈矩。循规蹈矩才是最大的风险。风险并不可怕，关键在于我们是否能够了解并有效控制它。

创新与风险紧密相关，相互依存、相互影响，共同推动事物发展。创新是风险的源泉，要求我们打破常规，挑战现有观念，虽带风险但也促使探索学习。风险也是创新的驱动力，激发创造力和适应能力，在挑战中寻找新机遇。然而，二者需保持平衡，需评估管理风险，确保创新可控，降低不确定性，提高成功概率。总之，创新与风险相互依存，需平衡风险与收益，推动创新持续发展。

以电子商务的媒体属性为例，网络媒体的环境和运营方式与传统媒体大不一样。面对这一现状，如何对内容进行创新，以及如何在众多可以实现的改变中取舍，成为我们亟需解决的问题。这要求我们深入了解受众的期望并运用创新的技术手段或者表现形式去创造精彩的内容。仔细观察不难发现，所有成功的创新都贴近受众需求的改变。这种有的放矢的创新，可以实现风险的规避。

（2）创新的动力。和理解创新的风险一样，创新的动力也来自对受众需求的理解，源于外因的创新能让创新的目标更加清晰和精准。创新未必是完全的颠覆，更多的是一种发展中的不断变化。

以电子商务中的短视频领域为例，资讯展现形式的变化，并不具备完整的创新要素，仅是一种资讯载体的变化，这并不是严格意义上的创新。只有当短视频承载了区别于传统媒体内容的资讯时，才体现了创新的本意，如网红直播独特的直播技巧。

3. 创新的真伪

对创新的认知总会伴随关于真伪的讨论。人们希望所有的创新都拥有其毋庸置疑的价值，但实际上，很多所谓的创新实则内核空洞，缺乏真正的价值。它们只是通过新的叙事方式，不断地重复过去已有的事物，"伪创新"是个很普遍的现象。

关于电子商务领域的创新，绝不仅仅是平台名称、会员等级的变化，它更多的是商业模式、推荐算法等人机交互逻辑上的变化和现代技术在不同生活场景中的应用。

总的来说，创新是一个结果，而不是一个过程。在追寻这个结果的过程中，要牢记自己从何而来，要去往何处。这样才能在不同的环境和挑战中找到真正适合自己的位置和角色。对于未来的不确定性，由需求驱动的创新会给我们带来额外的安全感，而内在驱动的创新，则会让我们对于未来拥有更为笃定的期待。这就是创新的魅力。

二、创业

创业这个词,既具体又抽象。说它"具体",是因为每当提及创业,人们的脑海中就会浮现出"开公司、当老板、找融资"等场景;而说它"抽象",是因为尽管我们经常谈论创业,却很难给出一个确切的定义,究竟何为创业。有人将创业理解为创业者进入某个市场,从事一项从无到有的创造性工作,然而这种理解并不够全面和准确。

1. 何为创业

创业可以理解为创业者及其合伙人团队,针对目标受众的需求,通过资源整合的方式,来满足这些需求并创造价值的过程。

创业常与创新联系在一起,因为创新往往是创业的前提。创业是指创业者通过引入新产品(服务)或新的商业模式,更好地满足客户需求和环境需要,从而打破市场平衡而切入市场。而创新通常是指创造新的产品(服务)。创新的成果需要创业者通过识别市场利基,开拓供给渠道和促销等活动,来实现创新产品/服务的商业化。创业往往与生活有关,离不开生活的需要和挑战。

> **小贴士**
>
> 利基:是指针对企业的优势细分出来的市场,这个市场不大,而且没有得到令人满意的服务。当产品推向这个市场,存在盈利的基础。这里的产品特指具有较强针对性和专业性的产品。

2. 创业的基本要素

创业需要具备的要素一般包括:创意、创业团队、产品与服务、资金和经验五个方面。

(1)创意。创业者进行创业首先需要有可行的创意。创意是一种思想、概念或想法。好的创意通常容易解释和理解,能够代表特定的市场,富有使命感。

(2)创业团队。创业绝大多数情况下无法靠一个人来完成的,需要一个团队,通过团队成员共同的努力达成创业目标。科学合理地构建团队能够弥补创业者个人的知识、能力、经验、资金等方面的不足,但当团队成员存在异质性即意见冲突时,就要求团队自身能够协调和消化冲突并形成正确的决策。

(3)产品与服务。创业者通常会以自己掌握且拥有一定现实市场或市场潜力的产品或服务来进行创业。创业者发现了商业机会并形成了产品或服务之后,要对产品或服务进行技术、市场和经济的可行性分析。值得注意的是,初期创业者所掌握的产品或服务往往是不完善的,需要在生产和运营过程中不断完善。

没有好的产品与服务做载体,再好的创意都体现不出它的价值。只有客户热爱的产品与服务,才有可能通过口碑方式传播出去。因此,创业初期选择能让小众客户先满意的产品与服务是一个不错的选择。

(4)资金。资金是创业者创业必备的条件之一。在创业活动中,原材料的采购、设备的购置、员工工资、生产、制造、营业等费用的开支都需要有资金支付。虽然拥有充足的资金未必能够取得创业成功,但没有资金或资金缺乏,极有可能导致创业失败。

一般来说,在创业初期,创业者的资金来源途径有限。除大多数小微企业的创业资金来自企业主自己的积蓄外,还有以下几种常用的资金解决渠道,如从朋友亲戚处借钱、从供货商处赊购、从银行或其他金融机构贷款,以及寻求天使投资和风险投资。

> **小贴士**
>
> 天使投资与风险投资：天使投资与风险投资在初创企业的融资过程中扮演着重要的角色。天使投资通常是由自由投资人或非正式的风险投资机构对初创企业进行的一次性前期投资，旨在为企业提供启动资金和支持。而风险投资，简称VC，则更侧重于以高新技术为基础，投资于生产与经营技术密集型产品的企业，旨在推动企业的快速发展和创新。

（5）经验。创业者之前有没有从事过管理方面的工作，有没有创业的经历，对创业来说也很重要。创业者在创业过程中通常担当领导者和管理者的角色，行使管理各方面的职能。当创业者具有管理方面的经历和经验时，通常能够富有成效地对创业活动进行管理。

但这并不意味着没有管理方面的经历和经验便不能够取得创业成功。很多成功的创业实例也告诉我们，即便创业者创业之前没有管理方面的任何经历，也能够取得创业成功。管理本身是一种实践。创业者要在实践中运用所学的管理知识和管理思想来解决实际存在的管理问题，从中总结切身体会的管理经验，提高自身的管理水平。

除了上述五个方面，创业者进行创业还可能需要具备一些其他基本条件，如业务知识和专业技能、对所在行业的深入了解以及行业发展趋势的敏锐洞察等。这些都是创业者成功创业不可或缺的要素。

3. 创业的动力

（1）发掘需求。需求是创业活动的首要驱动力。简而言之，需求是个体在特定场景下产生的欲望或情愫。马斯洛的需求层次理论将人类的需求从低到高分为五个层次，分别是：生理需求、安全需求、社交需求、尊重需求和自我实现需求。创业者可以通过用户反馈、细致观察、自身体会来挖掘各式各样的需求，搜寻具备市场价值的"诉求"与"痛点"并将其延展成自身的产品与服务。

（2）生活态度。创业体现了创业者对待生活的态度。在真正的创业过程中，创业者需要观察和体会不同人群对自己创业想法的态度，并以合适的方式满足他们的需求，且随时调整。创业过程会不断完善创业者对自己生命的掌控感，也会激发来自内心的热爱与坚持。

对于创业而言，行动最重要。在行动中思考创业的意义，是一种深刻而宝贵的体验。创业不仅仅是为了追求经济上的成功，更是为了实现个人的价值、探索创新的边界，以及为社会带来积极的变化。当然，创业者也需要有远大的格局，有梦想、有见识。

4. 创业会为我们带来什么

对于创业者来说，创业不是一份工作，而是一种生活方式。它会给创业者带来全方位的成长与转变。

（1）业务理解的升华。在创业的过程中，创业者从更高的维度去理解业务、理解竞争和理解市场。格局会更大，不会局限于细微之处或某一两个环节，而是会从整个生态和产业链的角度去理解并把握业务的精髓。

（2）整合能力的飞跃。在创业的过程中，创业者在产品研发、运营管理、商务拓展、团队管理、人才选用、资源调配、资源拓展、商业合作及商业竞争等方方面面都会得到超强的锻炼。在这一过程中，创业者实现了从业务推进到企业运营的全方位自我迭代，跳出了原有个人背景的束缚。

（3）认知能力的提升。当面对各种问题和海量信息时，创业者往往需要在资源短缺的情况下做出最优决策。在这个不断解决问题的过程中，创业者实现了大量的思考沉淀和快速的认知提升。

（4）结识一群同行者。创业是艰难的，但在创业的路上，创业者会遇到同行者，他们可能是投资人，也可能是其他创业者。相同的经历或目标让大家结伴而行，这种深厚的情谊和共同的经历是人生宝贵的财富。

任务二　探究电子商务领域的创新创业案例

一、源于文化的设计创新——苹果公司案例分析

1. 苹果公司的文化与设计创新

苹果公司作为创新领域的领军企业之一，始终在公司内部倡导设计创新。他们坚信，设计思维本质上是一种以人为本的创新方法，能够从设计师的工具和操作中汲取灵感，将人的需求、技术的可能性和商业成功的要求相结合。苹果公司前 CEO 乔布斯也曾指出，大多数人认为设计就是产品的外观，就是让设计师们把产品做得更好看些，但这些想法并不是苹果公司的设计理念。设计的核心在于其功能性，而不仅仅是外观和感觉。

苹果公司的文化核心深植于鼓励创新、勇于冒险的价值观之中，公司坚信"通过自己的发明和创造可以改变世界"。在苹果公司的发展历史上可以看到，每位员工初到苹果公司，公司都希望他们注重产品的设计，通过了解消费者需求，理解如何满足这些需求，然后着手实现这些目标，一切技术都为设计服务。

苹果公司追求引领行业，而不是服务行业。当其他企业还在以频繁的市场调查了解消费者需求的时候，苹果公司考虑的是如何先做出创新的产品，主动告诉消费者他们需要什么，将用户体验放在首位。

苹果公司遵循"简单即复杂"的逻辑。简洁到极致意味着高度的完美和精细。作为一家电子消费品企业，苹果不断推出新产品，大多数产品都给消费者带来了全新的体验，有时甚至引领了潮流。

苹果公司鼓励员工在产品上创造差异。公司的企业文化鼓励员工尝试创新，强调个人创造，聚焦少数人和少数产品。苹果深知创新过程中 99% 的开发可能会失败，所以特别需要意志坚定的员工。

1996 年，乔布斯重返苹果公司，1997 年出任临时 CEO，将苹果公司正在开发的产品从 40 种削减至 4 种。1998 年，苹果公司推出水果色、果冻状外壳的 iMac，2000 年发布操作系统 Mac OSX，彻底革新了苹果公司的主要产品线。随着 iPod、iTunes 以及 iPhone 相继推向市场，苹果公司成功地打造了自身的文化品牌与形象，成为全球业界、消费者关注的热点。

基于这样的文化和设计理念，苹果公司每年虽然只开发少量产品，但几乎每款都将各种科技发挥到极致，引发消费者的热议和追捧。

2. 案例分析

为什么苹果公司能把看似无差异的日用消费电子产品转变为如同艺术品般的奢侈品，让全世界的消费者为之心动呢？答案就是创新，对完美的苛求。

（1）注重细节的产品设计。深受苹果公司内生文化的影响，苹果公司员工对产品完美的追求近乎偏执，这种追求在产品上得到充分体现，使苹果公司的产品具有极简主义美感。苹果公司将每一件产品都视作艺术品，关注软硬件在设计上的无缝融合。有趣的是，为表彰设计小组的创意，苹果公司还曾经将设计者的签名刻在产品机箱的内侧。

（2）时刻关注消费者的主观体验。苹果公司的产品在使用的感受上比同类产品要流畅一些，其原因是苹果公司会花费很长的时间来做设计测试，他们可能会花 1～2 年去开发一种字体或测试一个屏幕点位。

这些设计上的创新赋予苹果公司产品艺术性、高科技含量等独特属性。不难发现，对技术如何应用于社会、如何与消费者需求相宜，往往是发明家与设计师的区别。发明家只需要考虑科学原理和技术实现的路径，但设计师不同，他们需要选择合理的技术，并根据用户的偏好和场景体验把零件变成让消费者爱不释手的产品。

通过对众多高科技创新企业的调研，我们惊讶地发现，大多数成功的初创企业在起步期只有很少或者没有任何技术专利。它们并不依赖于技术创新，而是更关注商业模式的创新和设计创新。苹果公司的产品就很好地展示了设计创新的重要性，尽管其制造过程中所使用的技术大多并非专有技术，且大多数的部件也不是自己生产的，但是苹果公司所销售的产品却深刻体现了其对于客户、客户需求以及期望的理解。

因此，我们可以说设计创新也是一种创新。

二、源于知识付费的创业——喜马拉雅案例分析

1. 喜马拉雅——知识付费的创业爆款

知识付费，即知识的接收者为所获取的知识交付费用。在这一过程中，知识的获取者会向知识的传播者和筛选者支付报酬。因为平台、渠道的专业化，这一模式与传统的流量广告付费和搜索付费相比有了本质区别。随着喜马拉雅、知乎 live、得到 App 等不同模式的知识付费类产品进入市场，2016 年被业界称为"知识付费元年"，知识付费已成为互联网发展的一大趋势，与之相关的内容创业也成为风口之一。随着人工智能等前沿技术的落地应用，以及短视频等行业发展迅速，我国知识付费服务质量和场景都得到了延伸，市场规模也随之扩大。

上海喜马拉雅科技有限公司成立于 2012 年，是深受用户喜爱的在线音频分享平台，致力于用声音分享人类智慧，用声音服务美好生活。如今，喜马拉雅已经建立了从头部 IP 到长尾内容全面覆盖的健康、均衡、有活力的生态内容体系，在线音频服务已经涵盖了用户不同年龄阶段所需要的丰富内容，累积了包含 101 个品类的 3.4 亿条音频内容。

喜马拉雅推动了以音频为特色的"耳朵经济"，2021 年内容创作者数量超 1 351 万。秉承"万物有声"的理念，喜马拉雅用声音连接和服务了数亿用户，推出国内首个全内容智能 AI 音箱小雅等，开启语音交互的新传播时代。同时，喜马拉雅加强智能生态的建设，完善在汽车、智能家居、智能音箱、智能穿戴等硬件终端的布局，让声音和知识像水和电一

样无处不在,随取随用。2021年全年,喜马拉雅全场景平均月活跃用户已达2.68亿。目前,喜马拉雅已吸引了大量的文化和自媒体人基于其平台投身音频内容创业,众多自媒体大咖和有声主播共同创造了覆盖财经、音乐、新闻、商业、小说、汽车等328类过亿有声内容。同时,秉承"万物有声"的理念,将自身的inside系统与阿里、小米、华为等2 000多家合作伙伴进行深度合作,将有声内容渗透到生活中的各个智能终端和场景中。

2. 案例分析

在电子商务领域,平台一般有两种:一种是相对封闭的偏B2C平台,以京东商城为例,入驻平台需要满足一定的条件,进入后平台会要求入驻者按照一定的标准提供商品或服务,平台给予一定的收益保障;另一种是相对开放的偏C2C平台,以淘宝为例,相对而言入驻门槛低,但入驻者能否获得收益,更多取决于入驻者自身。

在知识付费领域,喜马拉雅偏向前一种。因为前者在运营前期主要通过"选品"和"单品营销"打造爆品,以此提升用户对平台的认知,后期在逐步渐进式地推出其他衍生产品。知识付费的核心是知识内容,关键是知识内容的产品化和运营。可以预见,在未来只有能够为用户建立起长期价值预期的知识付费产品平台,才能获得持久的成功。这里我们使用"AARRR分析模型"(见图8-1)对喜马拉雅的创业实践进行细致分析。

图8-1 AARRR分析模型

(1) Acquisition,获客。在知识付费平台,用户消费的是内容,喜马拉雅从内容品类上覆盖了书籍、儿童、娱乐、知识、生活、艺术等领域。一方面,"职场B计划""情商课"等头部内容以自带流量的方式逐步把讲师的粉丝转化为平台用户;另一方面,以有声小说、相声评书等中长尾内容吸引不同需求的用户。同时,通过活动、广告投放、平台合作、城市代理等多种方式拉新,打造KOL(Key Opinion Leader,关键意见领袖),多渠道获取客户资源。

(2) Activation,激活。为了让用户体验到产品的核心价值,喜马拉雅在2014年成立了大数据团队,致力于打造"千人千面"的个性化音频产品。通过对用户行为的分析,推荐用户感兴趣的内容。

(3) Retention,留存。为了覆盖更多场景,喜马拉雅将内容分发到各个载体,如微信小程序、随车听设备等,多载体融入用户生活,占据用户的碎片时间。同时,以爆款课程、全民朗读等方式引导用户输出,以参与感的提升和丰富的娱乐性进一步留住用户。

(4) Revenue,变现。如何盈利一直是创业最关注的问题。喜马拉雅的盈利方式主要有四种:售卖内容产品,如大师课、会员权益等;粉丝经济效应,如直播打赏、付费入圈等;广告收入,如音频广告、品牌电台等;硬件售卖,如音箱、耳机等。

（5）Referral，传播。通过各种促销活动和社交渠道，将更多的用户联结起来，相互学习、相互影响，将更多的用户以社交的方式吸纳进来，产生知识购买行为。

任务三　探究电子商务发展中的新形态

电子商务在发展中一直经历着变革，涌现出多种由"新技术""消费者行为"等因素共同作用所呈现的新形态。

社交电商融合了社交与购物，允许用户通过社交媒体直接购买商品，增强了购物的社交性和便捷性。直播电商采用实时直播方式推销商品，提供直观、互动的购物体验。跨境电商则打破了地域限制，让消费者能轻松购买全球商品，促进了国际贸易的发展。这些电子商务新形态的出现，与当前数字技术的飞速发展和消费者购物习惯的不断演变密切相关。大数据、人工智能等技术的运用使得电商平台能够更好地分析消费者需求，实现精准营销和个性化推荐。同时，新一代消费者的购物习惯也在发生变化，他们更加注重购物体验和互动性，这也推动了电子商务新形态的发展。

综合来说，当前电子商务的新形态是多元化、个性化和互动性的结合体，这些新形态不仅提升了消费者的购物体验，也为电商平台带来了更多的商业机会和发展空间。

一、社交电商的兴起

1. 社交媒体与电商的结合

社交电商的兴起标志着社交媒体与电子商务两大领域的深度融合。随着社交媒体用户量的激增和黏性的提高，越来越多的消费者习惯于在社交媒体上获取信息、交流观点，这为电商的嵌入提供了绝佳的机会。社交电商模式将商品的展示、推广和销售无缝衔接在社交平台上，使用户在浏览社交内容时能够直接接触到商品信息，进而促成购买行为。这种结合不仅降低了用户的购物时间成本，还提高了购物的便捷性和针对性。

2. 用户互动与分享对购物决策的影响

在社交电商环境中，用户之间的互动和分享对购物决策产生了显著影响。消费者可以通过点赞、评论、转发等功能，表达自己的喜好和态度，同时也能够接收到来自好友或意见领袖的推荐。这种基于社交网络的口碑传播，极大地增强了消费者的购买信心和意愿。此外，社交平台上的用户生成内容（UGC）如买家秀、使用心得等，也为潜在消费者提供了真实的购物参考，进一步影响了他们的购物决策。

> **小贴士**
>
> UGC：用户生成内容（User Generated Content，UGC），即用户将自己原创的内容通过互联网平台进行展示或者提供给其他用户。它伴随着以提倡个性化为主要特点的Web2.0概念而兴起，作为一种用户使用互联网的新方式，用户既是网络内容的浏览者，也是网络内容的创造者。UGC的重要之处在于它增加了真实感。

3. 相关案例分析

以某知名社交电商平台为例，该平台通过深度整合社交媒体与电商功能，打造了一个集购物、分享、交流于一体的综合性平台。用户不仅可以在平台上浏览和购买商品，还能通过发布购物心得、晒单等方式与其他用户互动。这种模式有效提高了用户的参与度和黏性，同时也为商家提供了精准的营销渠道。该平台凭借独特的社交电商模式，迅速吸引了大量用户，实现了业务的快速增长。其成功经验表明，社交与电商的有机结合能够创造出新的商业价值，为电商行业带来新的发展机遇。

4. 成功的社交电商平台通常具备的特征

成功的社交电商平台首先具备强大的社交功能，允许用户轻松互动、分享购物体验和产品信息。这些互动包括但不限于点赞、评论、分享和关注等社交动作，社交电商平台通过这些功能增强用户的参与感和社区归属感。此外，良好的信誉和口碑也是关键。成功的社交电商平台通常会借助社群的积累建立起良好的品牌信誉和口碑，通过买家秀和社区互动等方式展示其平台的可靠性和专业性。

成功的社交电商平台在社交功能、用户体验、个性化服务、商品质量、信誉口碑、营销策略、数据安全与支付便捷性等方面均会有出色表现。

二、直播电商的流行

1. 什么是直播带货模式

直播带货，即通过实时视频直播的形式来推销和销售商品。在这种模式下，主播通过直播平台向观众展示商品，详细介绍商品特点、用途及优惠信息，并引导观众进行购买。直播带货不仅提供了商品的真实展示，还增加了互动环节，如观众可以实时提问、参与抽奖等，使得购物过程更加生动有趣。

2. 直播电商与传统电商的区别

直播电商与传统电商的主要区别在于交互性和实时性。传统电商主要通过图片和文字描述来展示商品，消费者在购买前无法真实感受商品的实际效果。而直播电商则通过实时的视频直播，让消费者能够更直观地了解商品的外观、功能和使用效果，提高了购物的透明度和信任度。此外，直播电商还加入了社交元素，让消费者可以与主播和其他观众进行实时互动，增强了购物的趣味性和参与感。

3. 直播电商的优势与挑战

直播电商的优势在于其强大的互动性和实时反馈机制。通过直播，主播可以即时回答观众的问题，解决他们的疑虑，从而提高购买转化率。同时，直播带货还能帮助品牌与消费者建立更紧密的联系，增强品牌影响力和忠诚度。然而，直播电商也面临着一些挑战，如需要持续吸引和留住观众、保证直播内容的有趣性和专业性，以及处理可能出现的技术问题等。此外，随着竞争加剧，如何脱颖而出也成为直播电商需要思考的重要问题。

4. 成功的直播电商平台通常具备的特征

（1）高质量的直播内容。直播平台提供清晰、流畅的直播画质和音质，确保用户能够有良好的观看体验。同时，直播内容具有吸引力和专业性，能够吸引目标观众的关注。

（2）强大的主播阵容。直播平台拥有一批受欢迎和有影响力的主播，他们能够与观众建立良好的互动和信任关系。主播的专业知识和表达能力对于吸引观众和促进销售至关重要。

（3）高度的互动性。平台提供多种互动功能，如弹幕、点赞、送礼等，使观众能够积极参与直播过程，增强观众的参与感和黏性。

成功的直播电商平台往往在直播内容、主播阵容、互动性、商品种类、购物流程、售后服务、数据驱动和技术支持等方面都表现出色。正是这些因素的共同作用，为消费者提供了优质的购物体验，从而推动了平台的发展。

三、跨境电商的发展

1. 全球化背景下的跨境电商趋势

在全球化的大背景下，跨境电商呈现出蓬勃发展的趋势。随着国际贸易壁垒的逐渐减少和信息技术的不断进步，越来越多的企业开始将目光投向海外市场，寻求更广阔的发展空间。跨境电商不仅为消费者提供了更多元化的购物选择，也使得企业能够更灵活地拓展国际市场。

2. 跨境电商的便利性与挑战

跨境电商为消费者带来了前所未有的购物便利性。消费者可以足不出户，通过电商平台轻松购买到全球各地的优质商品。然而，跨境电商也面临着诸多挑战，如物流配送的复杂性、海关清关的烦琐流程、货币兑换和支付的安全性问题等。这些挑战要求跨境电商平台必须具备强大的技术实力和运营能力，以确保消费者能够享受到顺畅、安全的购物体验。

3. 如何优化跨境电商的用户体验

为了优化跨境电商的用户体验，平台需要从多个方面入手。首先，提高网站的本地化程度，确保消费者在浏览和购买过程中能够感受到亲切和便捷。其次，完善物流配送体系，缩短配送时间，提高配送效率。此外，平台还应加强售后服务体系建设，及时解决消费者在购物过程中遇到的问题。最后，通过数据分析和人工智能等技术手段，为消费者提供个性化的购物推荐和优惠活动，进一步提升消费者的购物满意度。

4. 成功的跨境电商平台通常具备的特征

（1）全球化布局。成功的跨境电商平台通常具有广泛的全球覆盖能力，能够在多个国家和地区提供服务。它们不仅拥有多样化的商品来源，还能满足不同国家和地区的消费需求。

（2）高效的物流体系。优质的跨境平台往往建立了完善的物流网络，能够提供快速、可靠的国际货运服务。高效的物流体系是确保客户满意度和忠诚度的关键。

（3）本地化服务。成功的跨境电商平台注重本地化服务，包括网站和营销描述的本地化，以及提供当地货币支付和本地化客服支持等。这有助于增强与当地消费者的沟通和信任。

（4）灵活的退货和换货政策。由于跨境电商涉及国际运输，退货和换货相对复杂。成功的平台会提供明确且灵活的退换货政策，以增加消费者的信心。

优质的跨境电商平台通常在全球化布局、物流体系、本地化服务、商品种类和质量、支付系统、技术支持、客户服务、退换货政策以及数据驱动的营销策略等方面均表现出色。

四、无人零售与智能货柜

1. 无人零售的概念与技术应用

无人零售是指在没有店员协助的情况下，消费者可以自主完成购物流程的零售模式。它通过融合人工智能、物联网、大数据分析等前沿技术，实现了购物的自助化和智能化。在无人零售店内，通常会布置多个高清摄像头和传感器，通过图像识别和重力感应等技术，精准追踪客户的购物行为和商品库存变化。客户只需通过扫码或人脸识别进入店内，挑选商品后，系统会自动结算并从绑定的支付账户中扣款，整个过程无须人工干预，提升了购物效率和用户体验。

2. 智能货柜的运营模式与市场前景

智能货柜是无人零售的一个重要组成部分，其运营模式主要依赖于自动售卖系统和移动支付技术。智能货柜内部装备了先进的货物识别系统，能够实时监控商品的数量和状态，并通过无线网络将数据上传到云平台进行分析处理。用户只需通过智能手机扫码或进行人脸识别，即可打开货柜取走所需商品，系统会自动完成结算。随着消费者对购物便捷性和即时性需求的增加，智能货柜的市场前景广阔，尤其在写字楼、交通枢纽、大学校园等高人流量区域，其市场潜力较大。

3. 无人零售对传统零售的影响

无人零售的兴起对传统零售行业产生了深远的影响。首先，它挑战了传统零售的运营模式，减少了人力成本，使得零售店铺能够以更低的成本运营。其次，无人零售通过技术驱动提升了购物效率和便捷性，满足了现代消费者对快速、自助购物体验的追求。然而，这种新型零售模式也对传统零售岗位造成了一定的冲击，促使相关行业开始转型和适应新的市场环境。总体来看，无人零售推动了零售行业的数字化转型，并可能在未来塑造全新的零售生态。

4. 成功的"无人零售与智能货柜"通常具备的特征

（1）便捷性。无人零售和智能货柜的首要特征是提供便捷的购物体验。它们通常位于消费者日常活动的高频区域，如办公楼、交通枢纽等，方便消费者随时随地进行购物。同时，通过简化的购物流程和快速的自助结算，大大减少了购物所需的时间。

（2）智能化。智能货柜和无人零售店铺运用人工智能技术，如图像识别、重力感应等，来追踪商品库存和消费者行为。这种智能化不仅能提供个性化的购物推荐，还能帮助商家优化库存管理和营销策略。

（3）成本效益。无人零售模式通过减少人力成本、优化库存管理和提高销售效率，为商家带来成本上的优势。同时，通过精准营销和个性化推荐，提高销售额和客户满意度。

成功的"无人零售与智能货柜"不仅提供便捷、智能的购物体验，还注重安全性、用户友好性、高效运营、成本效益和绿色环保的可持续性。

五、电子商务与实体经济的深度融合

1. 线上与线下的融合

在数字经济高速发展的今天，商业活动实现线上与线下的融合已成为市场发展的新趋势。这一变化通过整合线上电商平台与线下实体店，打破了传统商业活动的边界，为消费者提供了无缝衔接的购物体验。O2O 的融合不仅体现在多渠道的销售模式上，更体现在利用大数据、人工智能等技术手段，对消费者行为进行跟踪分析，实现精准营销和个性化推荐等方面。例如，通过线上平台引流至线下门店，或者线下体验后线上购买，都体现了这一融合的灵活性与互动性。

2. 实体与虚体的互补

实体店与电子商务非实体店各具特色，二者之间的深度融合可以产生互补优势。实体店提供直观的商品展示和即时的消费体验，让消费者能够亲身感受产品质量和服务态度。而电子商务平台则具有商品信息透明、选择多样、交易便捷等特点。将二者结合，不仅能够满足消费者对商品直观感受和线上购物的双重需求，还能帮助商家拓宽销售渠道，提升品牌影响力。

可以说，电子商务的快速发展为实体经济带来了新的机遇。通过电子商务平台，企业可以迅速收集消费者反馈，及时调整产品策略，满足市场变化。同时，利用大数据分析，企业能够更精准地定位目标客户群，提高营销效率。此外，电子商务还能降低库存成本，加快资金周转，从而提升实体经济的整体竞争力。在这个过程中，企业需要不断创新，优化线上线下服务流程，以实现电子商务与实体经济的最佳融合。

任务四　理解新兴技术助力电商发展

新兴技术在电商领域的应用正日益凸显其重要性，它们不仅为电商平台提供了更高效、更智能的运营手段，还在重塑消费者的购物体验。通过大数据、云计算、人工智能等技术的深度融合，电商平台能够更精准地洞察消费者需求，优化库存管理，提升物流效率，从而为消费者提供更为便捷、个性化的购物服务。这些技术的引入，正在引领电商行业朝着更智能化、更高效化的方向发展。

一、大数据与云计算在电商中的应用

1. 大数据分析

在电商领域，大数据分析正发挥着越来越重要的作用。大数据技术能够处理海量的用户行为数据、交易数据和商品数据，进而挖掘出隐藏在其中的有价值信息。通过深入分析这些数据，电商平台可以更准确地理解消费者的购物习惯、偏好和需求，从而为他们提供更为精准的商品推荐和个性化服务。此外，大数据分析还能帮助电商企业预测市场趋势，优化库存管理和供应链，提高企业的运营效率和盈利能力。

2. 云计算服务

云计算为电商行业提供了强大的计算和存储能力，是支撑电商平台稳定运行的关键技术之一。通过云计算，电商平台可以弹性地扩展或缩减计算资源，以应对流量高峰或低谷时期的挑战。这种灵活性不仅保证了电商平台的稳定性，还大大降低了运营成本。同时，云计算服务还提供了丰富的开发工具和服务，帮助电商企业快速开发和部署新的应用和功能，提升市场竞争力。

3. 相关案例分析

以某知名电商平台为例，该平台通过运用大数据和云计算技术，实现了用户行为的深度分析和精准营销。他们利用大数据分析技术，对用户的浏览记录、购买历史等数据进行挖掘，为用户提供了个性化的商品推荐和优惠活动。同时，通过云计算服务，该平台成功应对了"双11"等大促销活动带来的流量洪峰，保证了平台的稳定运行。这些技术的应用不仅提升了用户体验，还大大提高了平台的销售额和市场占有率。

目前，大数据与云计算已经成为电商行业不可或缺的技术支撑，它们的应用正在推动电商行业的持续创新和快速发展。

二、人工智能与机器学习在电商中的角色

1. 智能化推荐系统

智能化推荐系统利用人工智能和机器学习技术，能够深度分析用户的购物历史、浏览行为和偏好，为用户提供个性化的商品推荐。这种系统不仅能提升用户的购物体验，还能有效提高电商平台的销售额。通过机器学习算法的不断学习和优化，推荐系统能够越来越精准地满足用户的需求，从而增强用户的忠诚度和满意度。

2. 智能客服

智能客服是人工智能在电商中的一项重要应用。这些智能系统能够通过自然语言处理技术，与用户进行交互，解答疑问，提供购物建议，甚至处理投诉。它们可以全天候提供服务，大大降低了人工客服的成本，同时提高了客户服务的效率和质量。

3. 库存管理优化

人工智能和机器学习在库存管理方面也发挥着重要作用。通过对历史销售数据、市场趋势和用户需求的深入分析，这些技术能够帮助电商平台更准确地预测未来的销售情况，从而优化库存。这不仅可以减少库存积压和缺货现象，还能提高资金周转率，降低运营成本。

4. 相关案例分析

以某电商企业为例，企业利用人工智能技术构建了精准的推荐系统。当用户浏览商品时，系统会根据其历史购物记录和浏览行为，推荐相似的商品或用户可能感兴趣的商品。同时，企业还利用智能客服系统为用户提供全天候的咨询服务，大大提高了客户满意度。在库存管理方面，通过机器学习算法的预测分析，企业能够更精准地管理库存，减少缺货和积压现象。

可见，人工智能与机器学习在电商中扮演着越来越重要的角色，它们的应用正在推动电商行业的持续创新和快速发展。从智能化推荐系统到智能客服，再到库存管理优化，这些技术正在为电商平台带来巨大的商业价值。

三、物联网在电商物流中的应用

1. 智能仓储管理

物联网技术在智能仓储管理中发挥着重要作用。通过物联网设备，如 RFID 标签、传感器等，可以实时监控仓库中商品的数量、位置和状态。这种智能化的管理方式不仅提高了仓储效率，还减少了人为错误。例如，当库存量低于预设阈值时，系统会自动发出补货提醒，确保库存充足，避免缺货现象。

2. 物流追踪与透明度

物联网技术还提升了物流追踪的透明度和实时性。通过给货物配备物联网追踪设备，可以实时获取货物的位置和状态信息，使消费者和电商平台都能准确了解货物的运输情况。这种透明度不仅提高了消费者的购物体验，也有助于电商平台优化物流配送路线和时间表，进一步提高物流效率。

3. 供应链优化

物联网技术还在供应链优化方面发挥着关键作用。通过收集和分析供应链各环节的数据，如生产、运输、仓储等，物联网可以帮助电商平台发现潜在的瓶颈和问题，从而及时调整供应链策略，提高整体运营效率。这种优化不仅可以降低运营成本，还能提高对市场变化的响应速度。

4. 相关案例分析

以某电商企业为例，该企业广泛应用了物联网技术来优化电商物流。在智能仓储管理方面，利用物联网设备实时监控仓库的库存情况，确保商品的及时补货和准确配送；在物流追踪方面，特有的物流系统可以实时更新货物的位置和状态信息，让消费者随时了解货物的运输情况；在供应链优化方面，企业通过分析物联网收集的数据，不断调整和优化供应链策略，以提高运营效率。这些应用不仅提升了企业的物流效率，也为消费者提供了更好的购物体验。

因此，物联网技术在电商物流中的应用正在推动行业的变革。从智能仓储管理到物流追踪与透明度提升，再到供应链优化，物联网为电商平台带来了巨大的商业价值，同时也为消费者提供了更好的服务体验。

四、区块链技术为电商带来的新机遇

1. 交易的透明性与安全性

区块链技术以其去中心化、数据不可篡改的特点，为电商交易提供了前所未有的透明性和安全性。每一笔交易都被永久、透明地记录在区块链上，这不仅确保了交易数据的真实性和完整性，也大大减少了欺诈行为和交易纠纷。消费者可以追踪商品的完整交易历史，从而提高购物的信心和满意度。

2. 供应链管理

区块链技术在供应链管理方面的应用，对电商行业来说同样具有革命性意义。通过区块链，商品的来源、流转过程和处理环节可以被完整、透明地记录下来，实现供应链的全程

可追溯。这不仅有助于打击假冒伪劣产品，保护消费者权益，还能帮助企业优化库存管理和物流配送，提高运营效率。

3. 数字货币支付

区块链技术还推动了数字货币支付在电商领域的应用。数字货币支付具有便捷、安全、低成本等优势，能够跨越国界和时区，为消费者提供更广泛的支付选择。对于电商平台而言，数字货币支付有助于降低交易成本，提高支付效率，并可能吸引更多国际消费者，从而拓展市场份额。

4. 相关案例分析

以某跨境电商平台为例，他们已经开始探索区块链技术在电商领域的应用。通过区块链技术，企业提高了交易的透明性和安全性，让消费者能够更放心地在平台上购物。同时，利用区块链优化供应链管理，确保了商品的质量和来源可追溯。此外，企业还积极研究数字货币支付在电商中的可行性，以期为消费者提供更便捷的支付体验。这些举措不仅提升了企业的市场竞争力，也为整个电商行业带来了新的发展机遇。

由此可见，区块链技术为电商行业带来了新的机遇和挑战。从提高交易的透明性和安全性，到优化供应链管理，再到推动数字货币支付的应用，区块链正在引领电商行业的创新发展。

新兴技术如大数据、云计算、人工智能、物联网和区块链等，在电商领域的应用正日益广泛，它们共同推动了电商行业的飞速发展。这些技术不仅提升了电商平台的运营效率，还为消费者提供了更为便捷、个性化的购物体验。未来，随着技术的不断进步，我们可以预见电商行业将迎来更多的技术革新。例如，虚拟现实（VR）和增强现实（AR）技术有可能被广泛应用于电商领域，为消费者提供沉浸式的购物体验。此外，5G和边缘计算等技术的普及将进一步提升电商平台的响应速度和数据处理能力。对于电商平台来说，持续创新和适应技术变革是长期成功的关键。只有紧跟技术潮流，不断优化和完善自身的技术体系，才能在激烈的市场竞争中脱颖而出。同时，电商平台还需要密切关注消费者需求的变化，及时调整战略和业务模式，以满足市场的不断变化。总之，新兴技术的共同应用正在推动电商行业的快速发展，而未来新技术趋势的出现将为电商带来更多的机遇和挑战。电商平台必须保持持续的创新和适应能力，才能在不断变化的市场环境中立于不败之地。

图文解说

图文解说一　马斯洛需求层次理论

马斯洛需求层次理论由美国心理学家马斯洛于1943年在《人类动机理论》中提出。书中将人类需求从低到高分为五个层次：生理需求、安全需求、社交需求、尊重需求、自我实现需求。马斯洛认为，人的一切行为都由需求引起。值得大家思考的是：需求层次并非是依次满足，更高层次的需求可以让人们愿意付出更多的努力。同样，更高层次的需求对人们的激励也会有更持久的作用。

在表 8-1 中，马斯洛需求层次理论与企业管理相对应的方式得到了清晰的展示。从生理需求到自我实现需求的五个层次，分别对应了企业管理中员工的不同需求层面。这种对应关系不仅为企业提供了理解员工需求的框架，也指导了企业如何制定更加人性化、激励性的管理策略，以激发员工的潜能，提升整体的工作效率和满意度。

表 8-1 马斯洛需求层次理论对企业管理的启示

需求层次	追求目标
生理需求	薪水、工作环境、福利待遇
安全需求	职位保障、意外防范
社交需求	人际关系、被接纳程度
尊重需求	地位、职务、名分、权力、责任
自我实现需求	发展个人追求，具备挑战性的工作和使命

马斯洛需求层次理论的主要内容如图 8-2 所示。

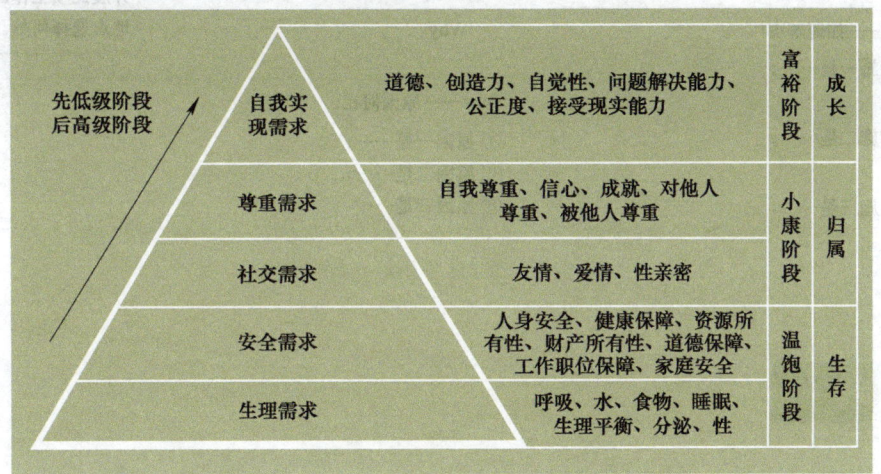

图 8-2 马斯洛需求层次理论

图文解说二　5W2H 分析法

5W2H 分析法又称"七问分析法"，由美国陆军兵器修理部在"二战"时期首创，如今广泛用于企业管理和技术活动，对于决策和执行性的活动措施非常重要，也有助于弥补考虑问题时存在的疏漏。

提出疑问对于发现问题和解决问题是极其重要的。如果现行的做法或产品经过七个问题的审核已无懈可击，便可认为这一做法或产品可取。如果七个问题中有一个答复不能令人满意，则表示这方面有改进余地。如果哪方面的答复有独创的优点，则可以扩大产品这方面的效用。

5W2H 分析法的主要优势如下。

（1）可以准确界定并清晰表述问题，从而提高工作效率。

（2）可以有效掌控事件的本质，抓住事件的主骨架。

（3）方法简单、方便，易于理解和使用，富有启发意义。

（4）有助于思路条理化，促使人们全面思考问题，避免盲目性，从而防止流程设计中遗漏重要项目。

5W2H 分析法应用示例如图 8-3 所示。

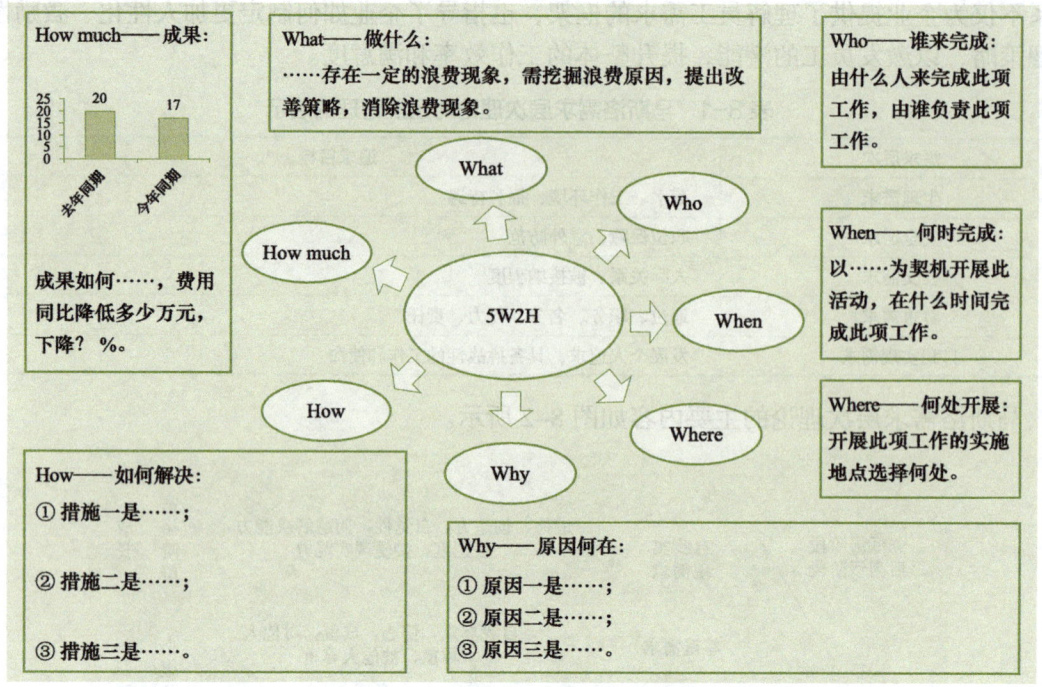

图 8-3　5W2H 分析法应用示例

场景实践

场景实践一　什么是好的创新

当面对复杂的"创新"时,我们有时很难理解究竟什么是创新。对于这样一个仁者见仁、智者见智的概念,我们也许也并不需要非常清晰的概念界定,但有一点可以肯定的是,我们并不需要为了创新而创新的"伪创新"。

那什么是好的创新?

管理学家德鲁克认为好的创新就是:简单明了、目标明确的创新。因为简单,容易被理解,自然也就更容易广为传播,在传播中不断发展和改进。也就是说,如果一个创新晦涩难懂或者过于"黑科技",且没人能准确描述,那就不是好的创新或者真正的创新。

德鲁克有这样一句名言:不要为未来创新,而要为当下创新。只有那些能解决当下问题的创新,才是创新。创新不是未来的事,它就是当下的事。什么是未来?未来不是想象出来的,未来是通过解决当下的问题而创造出来的。

你想过创新吗?试着去观察和思考,尝试用自己的努力让身边的生活更加美好!

场景实践二　电子商务——新零售中的流派与模式

请大家深入了解以下流派与模式,并查阅各流派及其模式的代表性企业,以便加深理解。

1. 数据和技术流派及其模式

数据和技术流派专注于通过数据和技术手段对零售环节进行改造和升级，推动线上与线下的结合。

（1）线上线下合并模式。此模式涉及线上往线下迁移（如京东）和线下往线上迁移（如苏宁云商）。这一模式的特点是将线上与线下的价格和消费者信息同步，实现"O2O"的广义双向性升级，最终聚焦于流通，以数据驱动物流，将库存成本降到最低。目前，几乎所有平台级零售企业都属于这一模式。

（2）无人值守店铺模式。此模式将科技应用到具体店铺场景，实现无人值守，如Amazon Go。这一模式基于技术最大限度地实现购物体验的智能化，从进店、选货、支付到配送，每一个环节都因为技术发生了颠覆式的变化，这些技术包括但不限于大数据、物联网、虚拟现实。

2. 细分和定位流派及其模式

零售业在传统意义上是一个大众消费行业，所有人买同一样东西，但当消费层级显现时，各种不同的消费偏好也随之出现。

（1）面向白领人群的平价精选模式。这一模式的企业控制商品或服务的设计核心力，掌握商品或服务的定价权，如名创优品。它们采用设计管控、商品直采、快速流转、带资加盟等方式提供商品与服务。

> **小贴士**
>
> 带资加盟：带资加盟是指由投资人租下并装修店铺，企业进行统一的配货销售管理，投资人参与营业额分成，由此大大提高了开店的速度。

（2）面向中产人群的精选电商模式。在传统零售业中，一件商品从生产线上下来到消费者手中，会经过工厂、品牌商、各级代理商、各级经销商和门店等环节，每个环节都会增加成本。这一模式捕捉到中产人群不在意品牌但在意品质的核心诉求，以"精选电商模式"选择大品牌的部分供应商和原始设计制造商合作生产，并由精选电商平台负责销售。这样一来，即便是工艺相同、品质相近的商品，在价格上也能展现出明显的优势。这一模式的代表如网易严选。

（3）面向高收入人群的品类超市模式。这一模式定位高端超市，选址在CBD核心商圈，主营高周转的生鲜食品，在确保品质的前提下提供人性化的服务，如果蔬好。该模式定位非常清晰，就是面向高收入群体，所有的营销策略以此为中心展开。

3. 消费者关系流派及其模式

消费者关系流派体现了新零售人格化的品牌返祖现象，最具代表性的是网红电商。目前，遍地开花的网红模式已经有一套相对成熟的商业模式，即通过"社交平台吸粉＋孵化公司炒作＋电商店"等多渠道变现。如果运作得当，往往一位网红的销售体量可以超过大部分传统中小型企业。

人格化品牌模式以网红电商为代表，他们：流量充沛，主播具备某行业细分市场的意见领袖价值；传播返祖，基于对推荐者的信任，比广告更能激发消费者的购买行为。

素养园地　电商"同行者"助力乡村致富

一、案例导入

随着短视频、直播平台的发展，一部智能手机、一个支架、一台补光灯，简单的设备就能为农产品铺设一条从田间地头到千家万户的"快车道"。与此同时，一批年轻的村干部带着创新的思想和技术回到乡村，发挥数字经济下"新劳动者"的力量，助力改变中国乡村样貌，为乡村振兴注入新鲜血液。

电商时代，让手机成为"新农具"，让数据成为"新农资"，直播成为"新农活"，这不是一句简单的口号，村干部直播带货，不仅为农产品销售按下快捷键，也为产业发展和乡村振兴提供了新思路，这也是改变农村现状的必经之路。

自 2022 年起，越来越多的村干部开始宣传自己家乡的美景和农产品。他们把乡村的日常工作、特色的旅游景点、农田里的农活都作为自己直播的素材，通过抖音等直播平台销售当地的农产品。随着直播账号热度的上升，越来越多的人知道了他们的乡村，不仅飞速提升了农产品的销量，还带来了返乡大学生和新时代农民的双向奔赴，带动了当地的产业优化与升级。

可以说，这样的直播代言不仅是一种态度，也是一种能力，它让地方特色农货走向大江南北，它传递的是带头为民排忧的实干与担当。

二、案例讨论

1. 如何培养农村电商人才？
2. 你如何看待大学生返乡创业现象？

三、分析与建议

农产品直播模式将电商以乡村为场景具体实践，体现了电子商务在乡村振兴中发挥作用的三个关键：人才支撑，既要鼓励人才返乡创业，还要注重本土电商人才培育，做到电商人才"想回去，留得住，教得好"，使村村有懂信息技术、会电商经营、能带动乡村振兴的本土化电商人才；销售网络，让农产品转变为网货，需要建立健全销售网络，建设村级电商服务站，并对接京东、淘宝等电商平台，提供便捷的物流服务；文化优势，突出地方人文、自然优势，发展生态观光、农耕文化、特色民宿、传统民俗等多样化的乡村旅游新业态，通过农旅融合"活"用当地乡土文化，逐步形成一乡一业、一村一品、一县一特的产业格局，促进乡土文化振兴。

我的学习评价

提示：在本项目学习结束时，请填写此学习评价表（配套资源包已备电子版），可另增附页，并上交指导教师。

项目八　初探电子商务创新与创业（学习评价表）					
姓名		班级		学号	
本项目练习记录					
本人在学习中的发现与创新尝试					
本项目评定格次					
基本概念掌握		学习思路与语言表达		思考的正确性	综合得分

参 考 文 献

[1] 黄敏学. 电子商务 [M]. 6 版. 北京：高等教育出版社，2022.

[2] 查菲，亨普希尔，伯德. 电子商务：管理与数字化转型：第 7 版 [M]. 傅诗轩，等译. 北京：中国人民大学出版社，2023.

[3] 周朔. 色彩感知学 [M]. 2 版. 吉林：吉林美术出版社，2015.

[4] 杭俊，王晓亮. Photoshop 网店美工实例教程：全彩慕课版：Photoshop CC 2020[M]. 4 版. 北京：人民邮电出版社，2023.

[5] 祝凌曦. 电子商务安全与支付：微课版 [M]. 2 版. 北京：人民邮电出版社，2019.

[6] 科特勒，凯勒. 营销管理：第 16 版. 精简版 [M]. 陆雄文，等译. 北京：中信出版社，2024.

[7] 黄成南. 非常文案：如何写出有营销力的文案 [M]. 北京：机械工业出版社，2018.

[8] 刘宝红. 采购与供应链管理：一个实践者的角度 [M]. 4 版. 北京：机械工业出版社，2024.

[9] 李树青，曹杰. 现代电子商务平台设计与管理 [M]. 北京：高等教育出版社，2020.

[10] 陈晓琴，杭俊. 创新创业案例分析与实践 [M]. 南京：南京大学出版社，2018.

[11] 费瑟斯通豪. 远见：如何规划职业生涯 3 大阶段 [M]. 苏健，译. 北京：北京联合出版公司，2017.

[12] 教育部职业技术教育中心研究所. 劳动教育读本：高职版 [M]. 北京：高等教育出版社，2021.

[13] 黄炜. 电子商务环境下商品信息检索研究 [M]. 北京：北京大学出版社，2012.

[14] 姚国章. 电子商务与企业管理 [M]. 4 版. 北京：北京大学出版社，2020.

[15] 李琪. 什么是电子商务？[M]. 大连：大连理工大学出版社，2022.

[16] 李悦彤. 新媒体时代文案创作与营销 [M]. 长春：吉林出版集团股份有限公司，2020.

电子商务概论
工具实操手册

Contents
目录

项目一　认识电子商务...1
　　工具实操一　浏览器的基本使用...1
　　工具实操二　电子邮件的基本使用...5

项目二　探究电子商务中的网络技术...7
　　工具实操一　网络基本配置与调试...7
　　工具实操二　常见DOS网络命令的使用与解析...10

项目三　探究电子商务中的视觉设计技术...12
　　工具实操一　HTML基础操作..12
　　工具实操二　Photoshop基础操作..14

项目四　探究电子商务中的安全与电子支付...21
　　工具实操一　杀毒软件与防火墙的基础操作...21
　　工具实操二　常用电子支付的基础操作...25

项目五　探究电子商务中的营销管理...29
　　工具实操一　网络广告的投放...29
　　工具实操二　常用数据分析工具的使用...33

项目六　探究电子商务中的客户服务...37
　　工具实操一　FAQ的设计与创建...37
　　工具实操二　运费的计算...40

项目七　探究电子商务中的管理实务...43
　　工具实操一　电商企业管理表单的设计...43
　　工具实操二　知识产权风险自查——以跨境电商店铺为例.........................46

项目八　初探电子商务创新与创业...48
　　工具实操一　专利查新...48
　　工具实操二　小微企业的注册流程...52

项目一　认识电子商务

工具实操一　浏览器的基本使用

一、实操目的

掌握五个必知的浏览器功能。

二、实操内容

在电子商务学习者和从业者眼里，如果说存在一项如同饮食般必不可少的元素，那一定是浏览器。它基础、常用且不可替代，大家几乎每天都要使用它来搜索各种问题。但熟悉并不代表了解，所以我们一起系统地认识一下浏览器的五大基本功能。

1. 必备功能：设置默认网页

对于浏览器，每个人都有自己的使用习惯，一方面熟悉的页面可以节省时间，另一方面不同的页面展现和检索的信息也存在一定的区别，因此对浏览器主页的设置因人而异。

正确、合理地设置浏览器主页可以让大家在使用网络查询信息时节约时间、提高效率。以微软的浏览器——Microsoft Edge 为例，在浏览器的"设置"中选择"开始、主页和新建标签页"，在"Microsoft Edge 启动时"中设置"打开以下页面"，将自己所需的网址输入保存（见图 1-1）。再次启动浏览器后，即默认打开我们设定的页面。

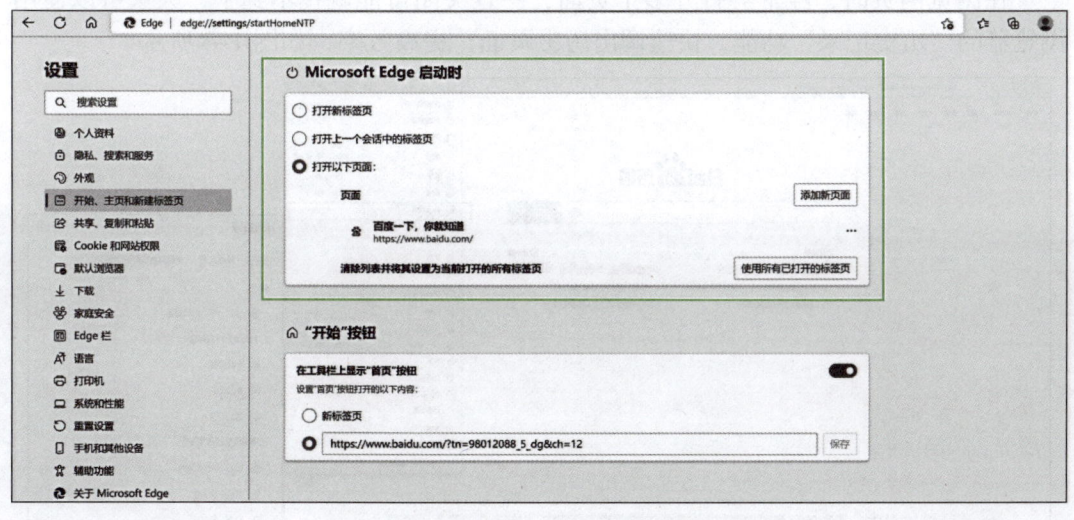

图 1-1　浏览器的"主页"设置示意图

2. 必备功能：网页下载文件查看

在浏览网页时，时常会下载一些软件或资料，大家需要了解通过浏览器下载文件存放的位置，一是方便找到和复制，二是方便当存储空间不足时及时清除。

网页下载文件查看的方法：在浏览器功能菜单中找到"下载"或者在浏览器设置中选择"下载"。在浏览器设置的"下载"里，大家还可以设置下载文件的保存路径，方便文件查询和整理，如图1-2所示。

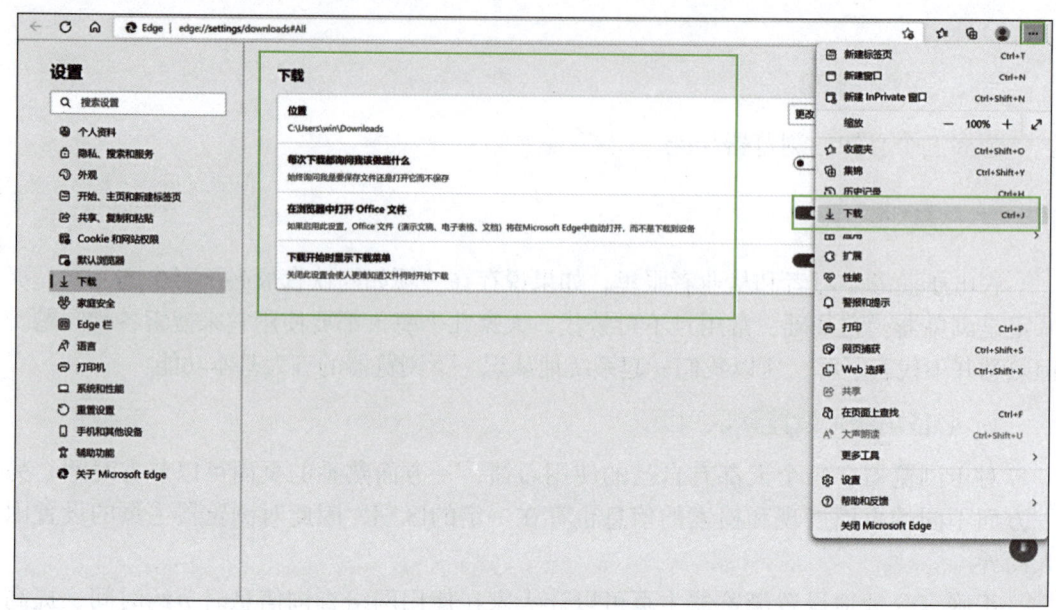

图1-2　浏览器的"下载"设置示意图

3. 必备功能：快速调取历史记录

在浏览网页时，经常会打开多个页面，一旦关闭可能就找不到了，大家可以使用浏览器的"历史记录"功能，快速调出历史页面，提高效率，如图1-3所示。

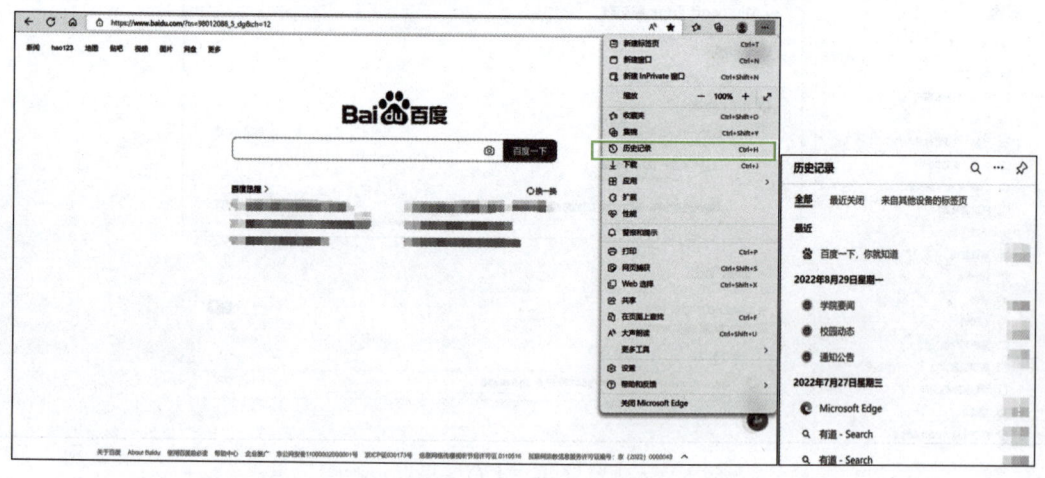

图1-3　浏览器的"历史记录"功能示意图

4. 必备功能：收藏夹的管理

在浏览网页时，经常会浏览到有用的页面信息，可以及时保存到收藏夹，方便再次查阅，特别是当更换电脑、浏览器或者需要几个浏览器协同工作的时候，使用"收藏夹"功能非常方便，这也是建立个人知识管理系统的一个方法，如图1-4所示。

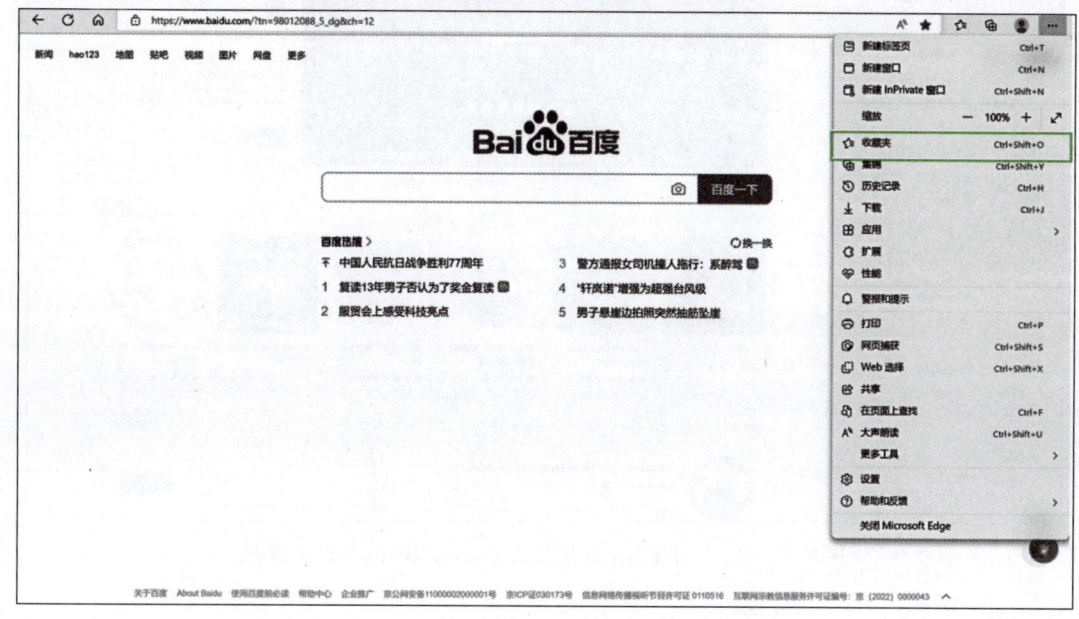

图 1-4　浏览器的"收藏夹"功能示意图

"收藏夹"可以理解为一种"网页标签"，在浏览器中被称为"书签"，通过收藏夹功能可以对网页进行分类管理和导入/导出管理，如图1-5所示。

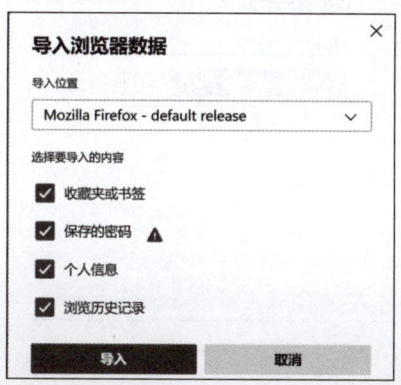

图 1-5　浏览器"收藏夹"的"导入"功能示意图

5. 扩展功能：浏览器的工具扩展

大家在浏览网页时，经常需要使用一些扩展功能，比如截图、翻译等，这些功能的实现可以通过在浏览器上安装插件来实现。浏览器插件的搜寻有两种方法：一是查看浏览器自身的"插件应用市场"，二是在互联网上搜索。不同的浏览器在插件的安装上略有差别，但大体相同：在浏览器菜单栏中找到"外接程序"（见图1-6），选择"开发人员模式"（见图1-7），然后将下载并保存在电脑上的插件拖进浏览器即可。

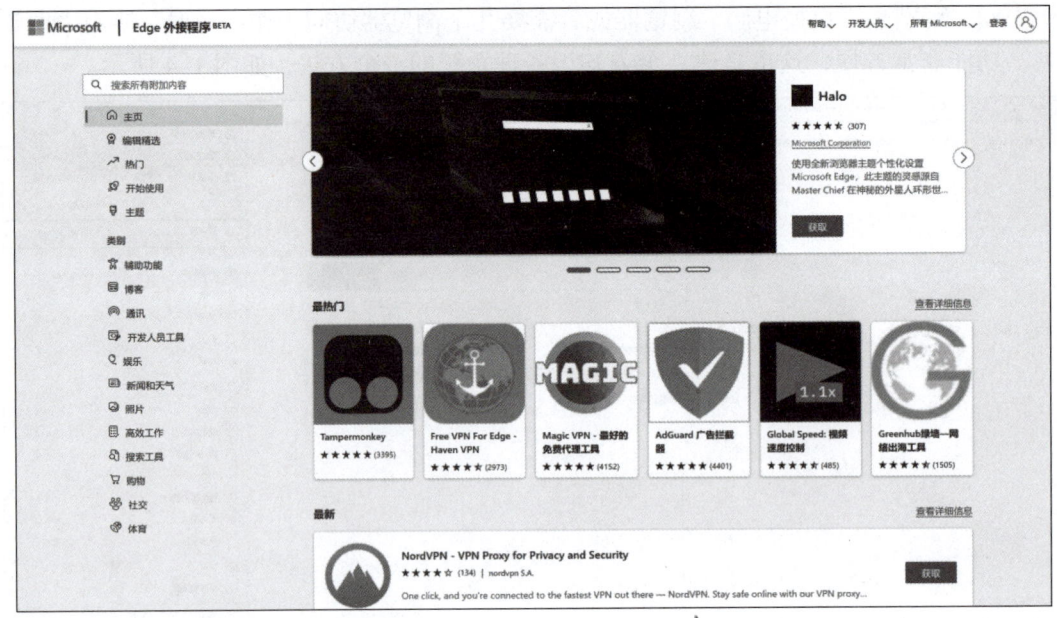

图1-6 Microsoft Edge浏览器的"外接程序"中心示意图

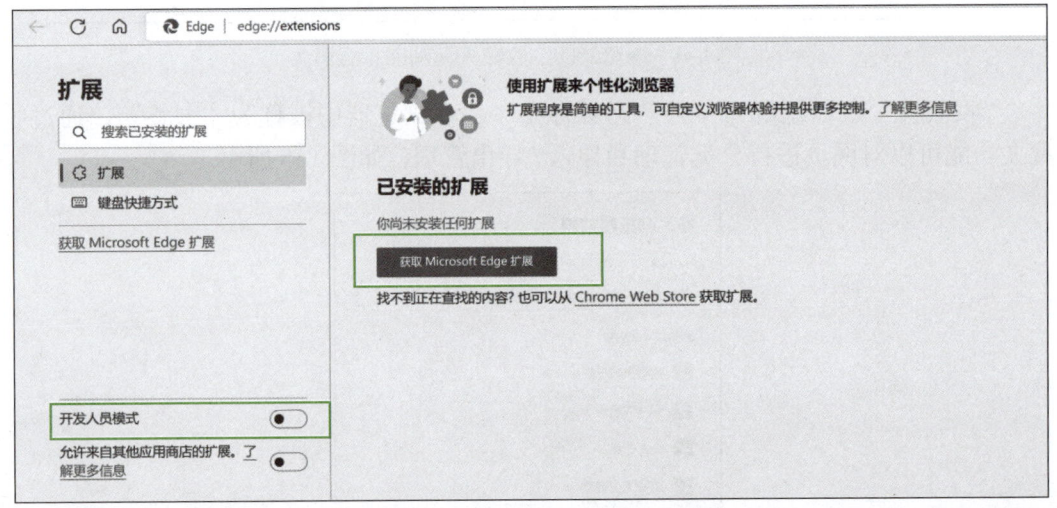

图1-7 浏览器"获取扩展"示意图

三、实操思考

1. 闯关考验

（1）请思考"主页"和"首页"的区别和联系。

（2）将自己常用的网页设为"主页"。

> **小贴士**
>
> 以上部分功能的快捷键：
> （1）下载文件查看：Ctrl+J。
> （2）调出历史记录：Ctrl+H。
> （3）收藏夹导入导出：Ctrl+Shift+H。

（3）建立符合自己偏好的"收藏夹"，并能成功将"收藏夹"中的内容导入和导出。

2. 课外修炼

（1）尝试进行浏览器中"可信任站点"和"受限站点"的设置。
（2）尝试使用两款不同的浏览器，并总结它们的差异。

四、实操报告

在本实操结束时，填写配套资源中"我的报告"，上交指导教师，可另增附页。

工具实操二　电子邮件的基本使用

一、实操目的

1. 正确使用邮件的"发送""抄送""转发""密送"功能。
2. 掌握邮件编写的基本内容和要求。
3. 了解发送邮件的注意事项。

二、实操内容

1. 邮件中"发送""抄送""转发""密送"功能的正确使用

（1）发送——To。To 字段指明了邮件接收者。当你需要向你的伙伴传递重要信息，通知他们某件事时，就要使用"To"。理论上讲，收件者必须要对你的邮件有所回应。

场景例子：你通知班级同学，原定的班会时间更改为 19 点到 20 点，这时就要在邮件的 To 字段中输入所有同学的邮箱地址，以便大家知晓这个变化。大家也应当邮件回复确认收到，并依照新的时间到会。

（2）抄送——CC。CC 的英文全称是 Carbon Copy，指接收的人需要了解情况，但不必直接参与执行。CC 的收件人不必回复邮件，除非有一些疑问或补充。

场景例子：班主任安排了一项任务由 A 寝室和 B 寝室共同完成，这时两个寝室间的沟通邮件最好抄送给班主任一份，虽然他并不直接参与项目，但是有权监督项目的进展。同时，抄送的邮件也为以后项目中可能出现的问题在划分权责时提供了直接依据。

（3）转发——FWD。FWD 的英文全称是 Forward，当收件人觉得收到的邮件里有需要其他伙伴了解的内容时，可以选择转发。需要注意的是，转发前要先筛选一下邮件有效信息，只需要将相关的信息转发出去，删除不必要转发的内容。

场景例子：班主任邮件告知你通知本班各寝室本周五组织卫生检查和评比，并在邮件里给出了具体安排，同时班主任在邮件里还告诉你，检查前需要你准备相机。在你转发这封邮件给各寝室负责人时，只要转发检查时间和安排即可，相机或其他特定指向的内容则需要删除。

（4）密送——BCC。BCC即密件抄送，英文全称是Blind Carbon Copy。由于某种原因或出于某种考虑，发件人不希望收信人知道这封邮件还抄送给了其他人，即可使用密送功能。

场景例子：当需要给很多收件人同时发送一封邮件，又不希望他们获得彼此的邮件地址时可以使用该功能。需要注意的是，BCC栏中的收件人可以看到所有的收件人名，而TO和CC栏中的收件人看不到BCC栏中的收件人名。此时，BCC栏的收件人回复邮件时如果选择了Reply All（回复所有人），那么大家就都知道了原来邮件密送给了他。

2. 邮件的内容和要求

邮件内容主要包括标题、称呼与问候、正文、附件和签名。需要注意以下几点：

（1）邮件要有标题，结尾要求签名，签名最好与所在组织保持一致。
（2）邮件内容切忌长篇大论，应尽量简单明了地表达。
（3）邮件内容尽可能少用图片，控制邮件大小，提高邮件流转速度。
（4）邮件正文多用分级标题，利于清晰明确地表达具体内容。
（5）一次邮件交代完整信息，尽可能不使用"补充"或者"更正"之类的邮件。
（6）邮件正文字体大小要适中且尽可能统一。
（7）如果邮件带有附件，应在正文里面提示收件人查看附件，并对附件做简要说明。
（8）尽可能避免拼写错误和错别字，注意使用拼写检查。在邮件发送之前，务必自己仔细阅读一遍，检查行文是否通顺，拼写是否有错误。

3. 发送邮件的注意事项

（1）附件。发送带有附件的邮件时，可能会忘记添加附件。在写邮件时，可以先写邮件正文，然后确保添加正确的附件，逐个填写收件人、抄送人，最后检查邮件并发送。
（2）签名。每封邮件在结尾都应签名，这样对方可以清楚地知道发件人信息。签名档文字应与正文文字匹配，字号一般比正文字体小。
（3）确认。对于重要的沟通事项，在发送邮件后应尝试再次提醒，确认对方收到邮件。
（4）效力。电子邮件是具备一定法律效力的文件，可以被采纳为具备法律效力的证据使用。

三、实操思考

1. 闯关考验

（1）请熟记邮件发送时的四种方式，并清晰区分使用场景。
（2）思考如何设计自己的邮件签名，以及是否需要针对不同的收件人设计差异化的签名。
（3）请思考并总结进行邮件操作时需要注意的问题。

2. 课外修炼

（1）尝试延展分析：邮件回复的技巧。

（2）给自己发一封定时邮件。

四、实操报告

在本实操结束时，填写配套资源中"我的报告"，上交指导教师，可另增附页。

项目二　探究电子商务中的网络技术

工具实操一　网络基本配置与调试

一、实操目的

1. 掌握在 Win10 系统环境下配置 IP 地址的方法。
2. 掌握测试网络连通性的基本方法。

二、实操内容

1. 在 Win10 系统环境下配置 IP

（1）判断网络是否连通。在本机"控制面板"中选择"网络和 Internet"→"网络和共享中心"→"更改适配器选项"，查看本机网络连接状态，如图 2-1 所示。如果连接方式图标的左下角有红色"×"标记，则表示该连接在物理上存在问题，首先需要排除线路故障。

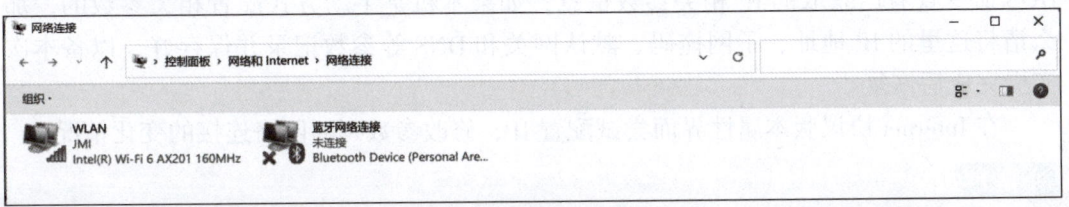

图 2-1　查看本机网络连接状态

（2）查看本机 IP 配置。IP 的配置有两种方式："自动获得"和"手动分配"。以采用有线连接的"WLAN"为例，选中"WLAN"后单击鼠标右键，查看"属性"，可以看到该网络连接时基本的项目配置，本次工具实操主要关注 IP 地址的相关配置，即图 2-2 中圈出的部分。

此时，如果在 Internet 协议版本属性界面（见图 2-3）中，IP 和 DNS 两处均选择的是"自动"方式，那么表示本机的 IP 是通过 DHCP 服务器自动分配，无须手动完成；如果我们看到本机是手动方式配置了相关参数的，那么就说明本机的 IP 是需要手动分配的，已填的 IP 地址、子网掩码、默认网关和 DNS 等参数需要准确无误才可以连接网络。

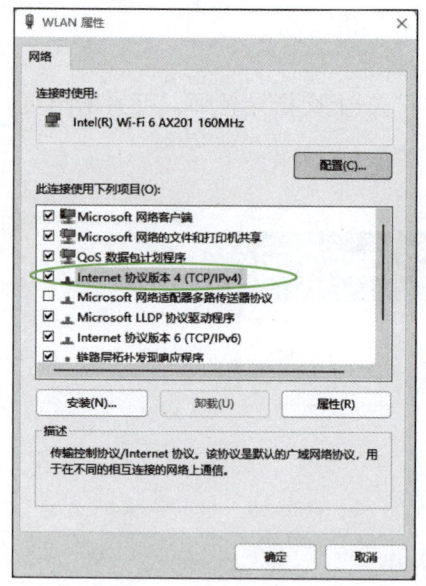

图 2-2 "WLAN"网络连接的属性界面

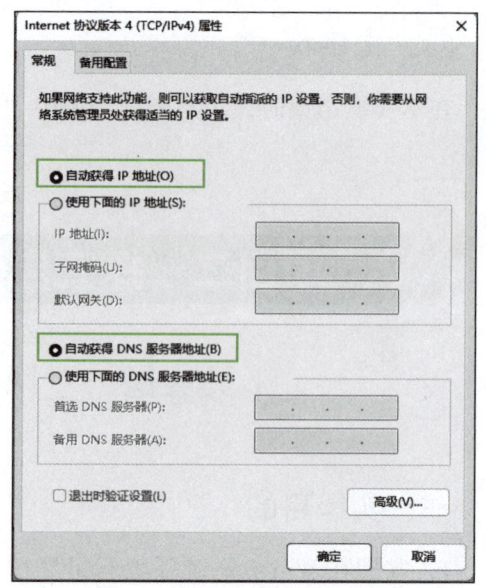

图 2-3 Internet 协议版本属性界面

> **小贴士**
>
> DHCP：DHCP（Dynamic Host Configuration Protocol，动态主机配置协议）是一个局域网的网络协议，它高效地利用用户数据报协议进行通信。DHCP 主要有两个用途：一是为内部网络或网络服务供应商自动分配 IP 地址，二是为用户或内部网络管理员提供对所有计算机进行中央管理的手段。

（3）配置 IP。当本机采用"DHCP"方式自动获取 IP 地址等参数时，可采用 DOS 命令查看已获取的 IP 相关参数信息；如果本机是手动方式配置相关参数的，那么请将这里的 IP 地址、子网掩码、默认网关和 DNS 等参数记录并保存好，以备本次实操完成后恢复。

在 Internet 协议版本属性界面尝试配置 IP，修改参数判断网络连接的变化情况。

> **小贴士**
>
> DOS 命令：DOS 命令是一种计算机术语，指 DOS 操作系统的命令。它是一种面向磁盘的操作命令，主要包括目录操作类命令、磁盘操作类命令、文件操作类命令和其他命令。这里指的是其他命令中的网络调试命令：IPConfig。IPConfig 命令的具体用法，参见工具实操"常见 DOS 网络命令的使用与解析"。

2．网络连通性测试

（1）打开 Ping 指令。Ping 指令属于 DOS 命令，首先需要进入命令提示符界面。进入命令提示符界面的方法是：在 Win10 系统桌面按下"Win+R"，在"运行"窗口输入命令"cmd"，如图 2-4 所示，单击"确定"按钮，进入命令提示符输入界面。

在命令提示符界面输入"ping/?",再按下"回车"键,可以查看到"ping"命令的使用帮助,Ping 的基本参数如图 2-5 所示。

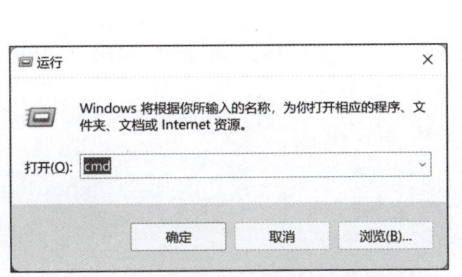

图 2-4　运行窗口

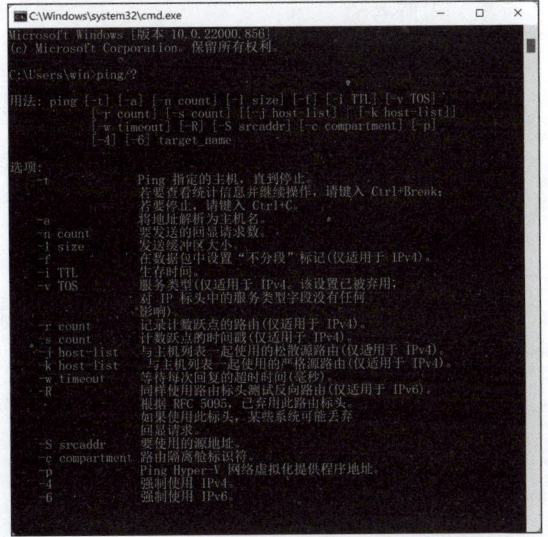

图 2-5　Ping 的基本参数

(2) 使用 Ping 命令简易判断网络故障。

1) Ping 127.0.0.1,检测本机网卡连通性。

2) Ping 同一子网的计算机名或 IP 地址,查看子网内连通性。

3) Ping 某个自己常登录的网站网址,查看子网与外网的连通性。

> **示例**
>
> **使用 Ping 命令解决网络连通性故障的步骤详解**
>
> 　　Ping 命令:通过发送 Internet 控制消息协议(ICMP)应答消息来验证与另一台 TCP/IP 计算机的 IP 级链接。相应的回响应答消息的接收情况将和往返过程的时间一起显示出来。
>
> 　　使用 Ping 命令解决网络连通性故障的步骤如下:
>
> 　　(1) 首先获取计算机的 TCP/IP 配置,打开命令提示符,然后键入 ipconfig。在 ipconfig 命令的显示中,确保正在测试的 TCP/IP 配置的网卡不处于"已断开链接"状态。
>
> 　　(2) 在命令提示符中,通过键入"ping 127.0.0.1"测试环回地址的连通性。
>
> 　　(3) 使用 Ping 命令检测计算机 IP 地址的连通性。
>
> 　　(4) 使用 Ping 命令检测默认网关 IP 地址的连通性。如果 Ping 命令执行失败,验证默认网关 IP 地址是否正确以及网关(路由器)是否运行。
>
> 　　(5) 使用 Ping 命令检测远程主机(不同子网上的主机)IP 地址的连通性。如果 Ping 命令执行失败,验证远程主机的 IP 地址是否正确,远程主机是否运行,以及该计算机和远程主机之间的所有网关(路由器)是否运行。
>
> 　　(6) 使用 Ping 命令检测 DNS 服务器 IP 地址的连通性。如果 Ping 命令执行失败,验证 DNS 服务器的 IP 地址是否正确,DNS 服务器是否运行,以及该计算机和 DNS 服务器之间的网关(路由器)是否运行。

三、实操思考

1. 闯关考验

（1）一台计算机能否同时添加多个协议？

（2）同一个局域网中计算机能否共用一个 IP 地址？

（3）当调整了计算机的 IP 地址等网络参数后，是否需要重启计算机才能使设置生效？

2. 课外修炼

（1）依据 A 类 IP 地址的范围，理论上可以设置多少个子网，每个子网最多可以容纳多少台计算机？

（2）DNS 服务器发生故障会对其服务的网络产生什么影响？

四、实操报告

在本实操结束时，填写配套资源中"我的报告"，上交指导教师，可另增附页。

工具实操二　常见 DOS 网络命令的使用与解析

一、实操目的

了解常用的 DOS 网络命令。

二、实操内容

以下所列的 DOS 网络命令，在操作时都需要在命令提示符界面进行。

1. ipconfig

ipconfig 是一个用来查看网络配置的命令。

ipconfig 的常用操作：

（1）ipconfig –all：查看网络配置信息。

（2）ipconfig –renew：刷新所有网络适配器。

（3）ipconfig –flushdns：清除 DNS 解析缓存。

2. netstat

netstat 是一个用来查看网络状态的命令。

netstat 的常用操作：

（1）netstat –a：查看本地机器的所有开放端口，可以有效发现和预防木马，可以知道机器所开放的服务等信息。

（2）netstat –a IP：查看本地机器开放的 FTP 服务、Telnet 服务、邮件服务、Web 服务等。

（3）netstat –an：以数字形式显示地址和端口号。

（4）netstat –ano：显示与每个连接关联的进程 ID。

（5）netstat –ano |findstr "特定端口号"：将特定端口筛选出来。

3. net

net 是一个具有"入侵"性质的命令。

net 的常用操作：

（1）net user：查看当前的用户。

（2）net user user /add：添加一个叫作 user 的账号。

（3）net user user /delete：删除一个叫作 user 的账号。

（4）net share disk$=e：默认共享 e 盘，$ 表示默认共享。

此外，DOS 网络命令还有 FTP、Telnet 等，DOS 命令也有很多，大家可以举一反三，查找相关资料，扩展学习。

三、实操思考

1. 闯关考验

（1）在 DOS 命令符界面如何查阅帮助信息？

（2）ipconfig –flushdns 命令的作用是清除 DNS 解析缓存，请回答什么是 DNS 解析缓存。

2. 课外修炼

（1）在使用 ping 命令测试网络连通性时，返回结果中的 TTL 值可以修改吗？如果可以，怎么修改？

（2）什么是可变子网掩码？举例说明。

> **小贴士**
>
> CMD 命令提示符模式下，键入的 DOS 命令不区分大小写。
>
> TTL（Time-To-Live，生存时间）：它是 IP 协议包中的一个值，该字段指定了数据包被路由器丢弃之前允许通过的最大网段数量。TTL 由发送主机设置，以防止数据包在 IP 互联网络中不断循环，所以每当 IP 数据包被转发时，就会要求路由器至少将 TTL 减小 1。

四、实操报告

在本实操结束时，填写配套资源中"我的报告"，上交指导教师，可另增附页。

项目三　探究电子商务中的视觉设计技术

工具实操一　HTML 基础操作

一、实操目的

1. 了解 HTML 的骨架格式。
2. 掌握 HTML 的基础语法。

二、实操内容

1. 在记事本工具中输入 HTML 骨架格式

HTML（Hyper Text Markup Language，超文本标记语言）中的超文本意味着它的表示内容可以超越传统的文本格式，可以加入图片、声音、动画、多媒体和超级链接等元素，从而使网页内容更加丰富。

HTML 的骨架格式如图 3-1 所示。

```
<!-- 页面中最大的标签 根标签 -->
<html>
    <!-- 头部标签 -->
    <head>
        <!-- 标题标签 -->
        <title></title>
    </head>
    <!-- 文档的主体 -->
    <body>
    </body>
</html>
```

图 3-1　HTML 的骨架格式

按图 3-1 所示输入 HTML 骨架格式，另存为 HTML 格式文件，使用浏览器打开，观察显示效果。

在 HTML 中，标签名、类名、标签属性和大部分属性值统一使用小写。HTML 的元素标签分为常规元素的双标签和空元素的单标签（见图 3-2）。

```
常规元素(双标签)
<标签名> 内容 </标签名>    比如<body>我是文字</body>
空元素(单标签)
<标签名 />    比如 <br /> 或<br>
```

图 3-2　HTML 的常规元素与空元素

HTML 的标签关系有两种：嵌套关系（即父子级包含关系）和并列关系（即兄弟级并列关系）。如果两个标签之间的关系是嵌套关系，子元素最好缩进一个 tab 键位即 4 个空格；如果是并列关系，一般保持上下对齐。

2. HTML 中表格的实现

（1）创建表格。表格在 HTML 页面中一直以来都发挥着重要的作用，除常规地显示表格化数据以外，更重要的应用是进行页面布局。

HTML 表格由 \<table\> 标签来定义，即 \<table\> 标签用于在 HTML 文档中创建表格，它包含表名和表格内容。

\<tr\> 标签用于定义每一行，\<td\> 标签用于定义每一列，border 属性用于设置表格边框，cellspacing 属性用于控制表格内部单元格之间的距离。这些都是构建表格时常用的标签和属性。使用 HTML 代码实现表格及表格效果如图 3-3 和图 3-4 所示。

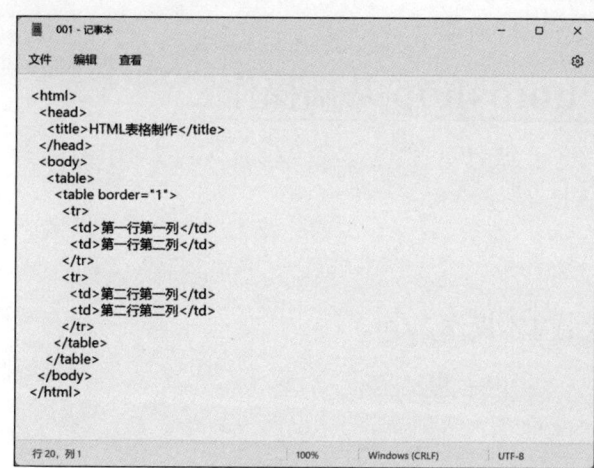

图 3-3　使用 HTML 代码实现表格

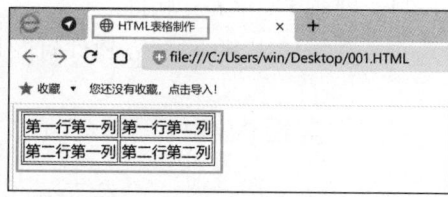

图 3-4　使用 HTML 代码实现的表格效果

（2）表格的基本标签。HTML 代码中表格的基本标签见表 3-1。

表 3-1　HTML 代码中表格的基本标签

标签名	定义	说明
\<table\>\</table\>	表格标签	显示一个表格
\<tr\>\</tr\>	表格行标签	行标签需在 table 标签内部
\<td\>\</td\>	单元格标签	容器级元素，可放各种内容
\<th\>\</th\>	表头单元格标签	也是一个单元格，但里面的文字会居中且加粗
\<caption\>\</caption\>	表格标题标签	和表格居中对齐
clospan 和 rowspan	合并属性	用来跨行或跨列合并单元格

三、实操思考

1. 闯关考验

（1）在设计效果中表格和列表的区别是什么？

（2）表格的边框设置为什么默认值为零？HTML 的表格设计中默认单位是什么？

2. 课外修炼

（1）在 HTML 的表格设计中尝试使用 <caption></caption>，并观察展示效果。

（2）在 HTML 的表格设计中尝试使用 clospan 和 rowspan，并观察展示效果。

四、实操报告

在本实操结束时，填写配套资源中"我的报告"，上交指导教师，可另增附页。

工具实操二　Photoshop 基础操作

一、实操目的

1. 熟悉 Photoshop 软件。
2. 掌握使用 Photoshop 软件对图片的基本操作。

二、实操内容

1. 使用 Photoshop 处理图片大小

众多网店平台对于图片的大小都会有所要求，通常要求图片不要超过 500 像素（高度）×500 像素（宽度），大小不要超过 120K。我们常使用 Adobe 公司的 Photoshop 软件处理图片，使其达到这个要求。

例如，我们需要将一张 40M 的图片处理成 120K 的图片，我们使用 Photoshop 软件的操作步骤是：

（1）使用 Photoshop 软件打开需要处理的图片。

（2）选择 Photoshop 软件菜单中的"图像"→"图像大小"，进行大小调整，如图 3-5 所示。

（3）选择 Photoshop 软件菜单中的"文件"→"存储为 Web 所用格式"，将文件存为 120K。

我们也可以使用裁剪工具对图像进行裁剪，如图 3-6 所示。

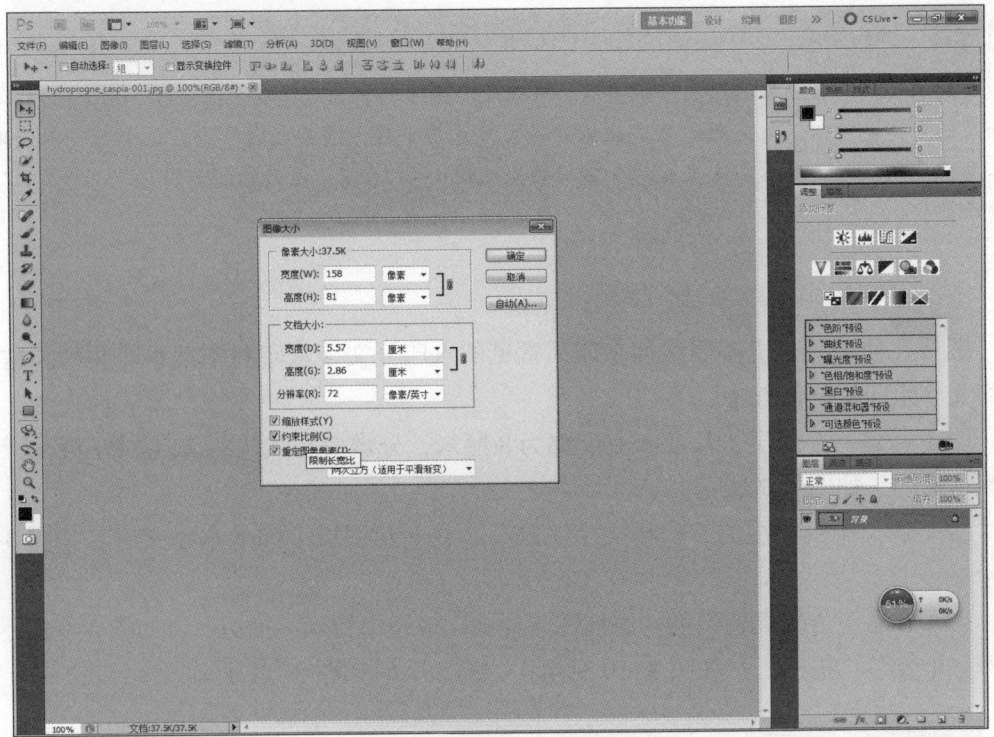

图 3-5　图像大小的调整

图 3-6　裁剪工具的使用

> **小贴士**
>
> 约束比例：在进行图像大小调整时，可以改变图片的长与宽。其中有一项"约束比例"，如果选中，是可以不改变原有长宽比例的。当尺寸缩小后，图片也会缩小，过小时可以使用工具条中的放大镜查看。这里有两个常用的快捷键："Ctrl+Z"返回到前一步，"Ctrl+Alt+Z"返回多步。

2. 使用 Photoshop 添加水印

图片在使用时经常需要添加水印，常见的水印分文字水印和图案水印两种。这里介绍文字水印的制作方法。

（1）新建一个图层，长度和宽度都为 8 厘米，分辨率是默认的 72 像素 / 英寸，背景默认透明，如图 3-7 所示。

（2）选择工具栏中的"横排文字工具"，在新建图层上输入水印文字，如图 3-8 所示。

（3）在右下方工具栏中的"添加图层样式"按钮中找到"描边"，如图 3-9 所示；选择一个颜色"描边"，如图 3-10 所示；"描边"后如图 3-11 所示。

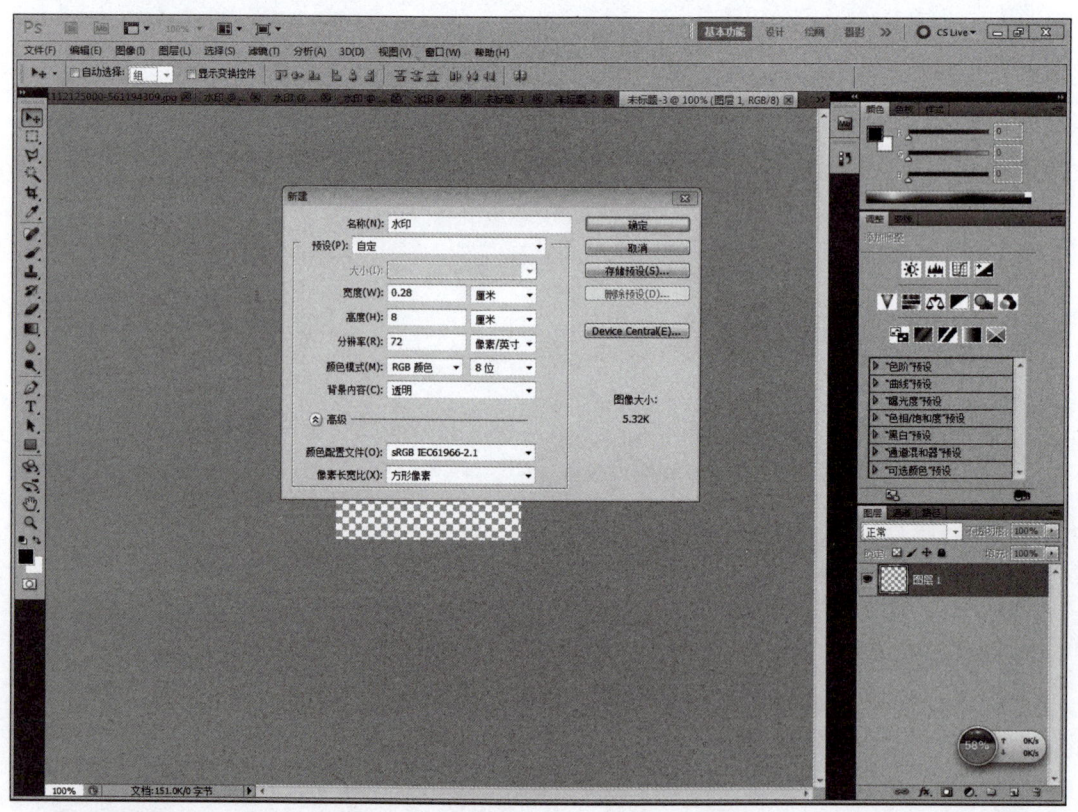

图 3-7　新建水印图层

项目三 探究电子商务中的视觉设计技术

图 3-8 输入水印文字

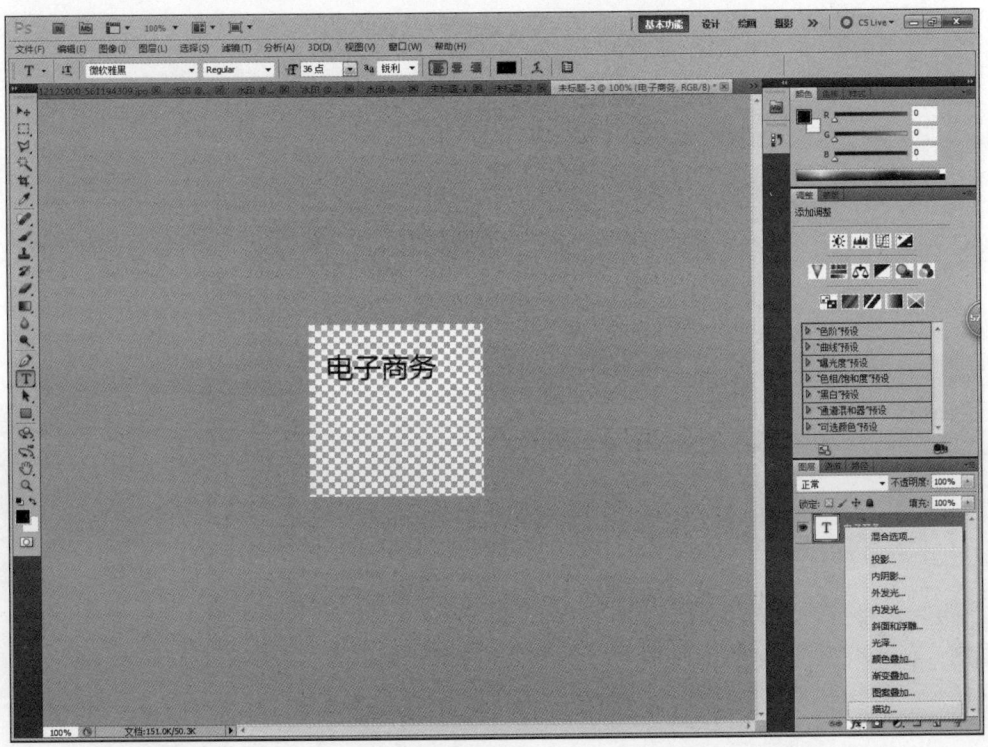

图 3-9 "添加图层样式"中的"描边"

图 3-10 "描边"的颜色选取

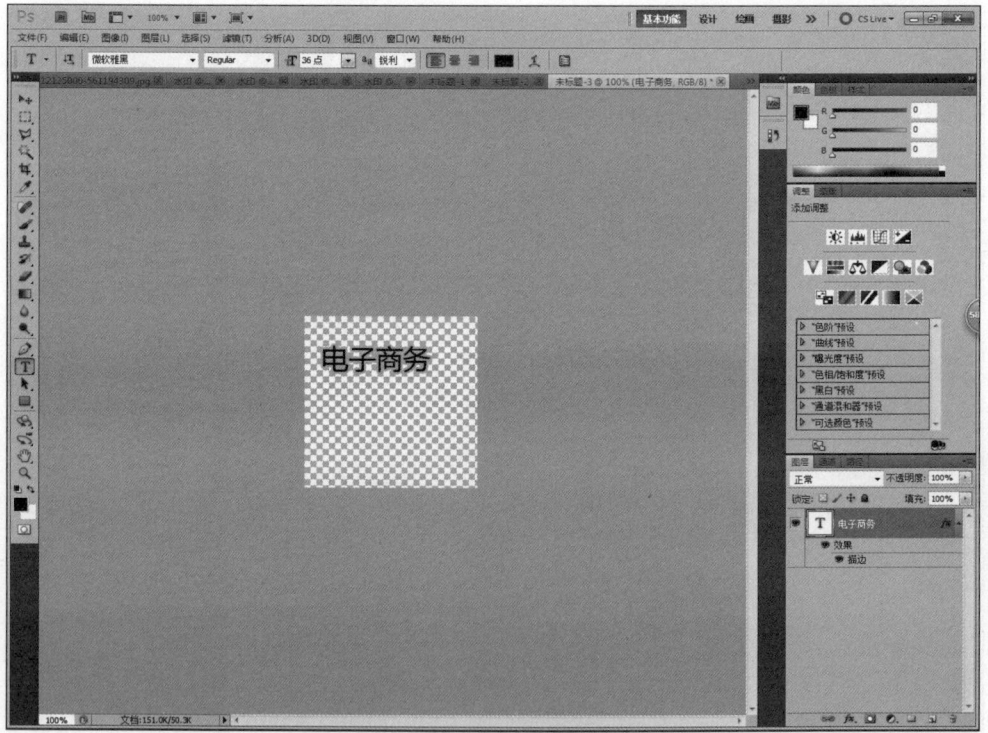

图 3-11 "描边"后的效果

（4）在填充中通过修改数值将字体调成空心。如果需要调整描边颜色的深浅，可以在图层里面调整"不透明度"，一般改成 55% 即可。当填充为"0%"时，效果图如图 3-12 所示。

图 3-12 "填充"为 0% 时的文字效果

（5）在"选择"菜单中单击"全选"选中整个图层，再单击"编辑"→"定义图案"给水印起一个名字，如"水印"，如图 3-13 所示。

图 3-13 给水印取名

（6）打开需要添加水印的图案，填充该水印即可，如图 3-14 所示。

图 3-14　填充水印

三、实操思考

1. 闯关考验

（1）如何批量添加水印？

（2）尝试制作印章水印。

2. 课外修炼

（1）如何去除已有的水印？

（2）尝试使用仿制图章工具去除特定文字。

四、实操报告

在本实操结束时，填写配套资源中"我的报告"，上交指导教师，可另增附页。

项目四　探究电子商务中的安全与电子支付

工具实操一　杀毒软件与防火墙的基础操作

一、实操目的

1. 掌握 360 杀毒软件的安装、卸载、使用。
2. 理解如何配置 Windows 防火墙,以达到个性化防御要求。

二、实操内容

1. 360 杀毒软件的相关操作

360 杀毒软件是 360 安全中心出品的一款免费的云安全杀毒软件。它具有查杀率高、资源占用少、升级迅速等特点。通过实操,可帮助学生掌握 360 杀毒软件设置方法和病毒查杀技巧,了解它的常用功能和具体的使用方法。

（1）软件安装。登录 360 杀毒官方网站,下载 360 杀毒软件最新版本的安装程序;下载完成后,双击运行该程序,跟随安装向导进行软件安装。

（2）软件设置。360 杀毒软件集成了实时病毒防护和手动扫描两大功能,可以为系统提供全面的安全防护。

实时病毒防护功能：在文件被访问时自动对文件进行扫描,及时拦截活动病毒,如发现病毒则弹出警告窗口。手动扫描功能：此功能提供四种扫描方式,包括快速扫描、全盘扫描、指定位置扫描及右键扫描。

1）快速扫描。扫描系统设置、常用软件、内存活跃程序、开机启动项、Windows 系统目录、Program Files 目录等系统关键位置。

2）全盘扫描。扫描所有磁盘内容。

3）指定位置扫描。扫描指定的磁盘或文件目录。

4）右键扫描。杀毒功能被集成到右键菜单中,方便针对特定对象进行扫描。

当启动扫描后,该软件会显示正在扫描的文件、总体进度,以及发现的问题。扫描时,可以选中"扫描完成后自动清除并关闭计算机"选项,实现扫描完成后计算机自动关闭。

360 杀毒软件的"设置"中提供了 9 项设置,包括常规设置、升级设置、多引擎设置、病毒扫描设置、实时防护设置、文件白名单、免打扰设置、异常提醒、系统白名单,如图 4-1 所示。一般采用默认设置即可,各项设置的主要含义如下：

1）常规设置。提供软件常规的设置选项，如密码设置等功能。

2）升级设置。提供软件自动升级设置、代理服务器设置等功能。

3）多引擎设置。提供 360 云查杀引擎、系统修复引擎、QVMII 人工智能引擎、鲲鹏引擎（需手动开启）、Behavioral 脚本引擎等五大引擎选择，用户可根据需求灵活选择和调整。

4）病毒扫描设置。可以对需要扫描的文件类型、发现病毒时的处理方式、全盘扫描时的附加扫描选项、定时查毒等参数进行设置。

5）实时防护设置。可以对防护级别、监控的文件类型、发现病毒时的处理方式、其他防护选项进行设置。

6）文件白名单。可以对文件和目录白名单、文件扩展名白名单进行添加和删除操作。通过白名单的设置可以大大加速杀毒软件的扫描速度。360 杀毒软件支持对文件名称、文件类型的添加和删除。

7）免打扰设置。提供了免打扰模式、自动进入免打扰模式等设置功能。

8）异常提醒。提供了上网环境异常、进程异常、磁盘空间异常、系统时间异常等功能的设置。

9）系统白名单。提供了信任项目的取消设置功能。

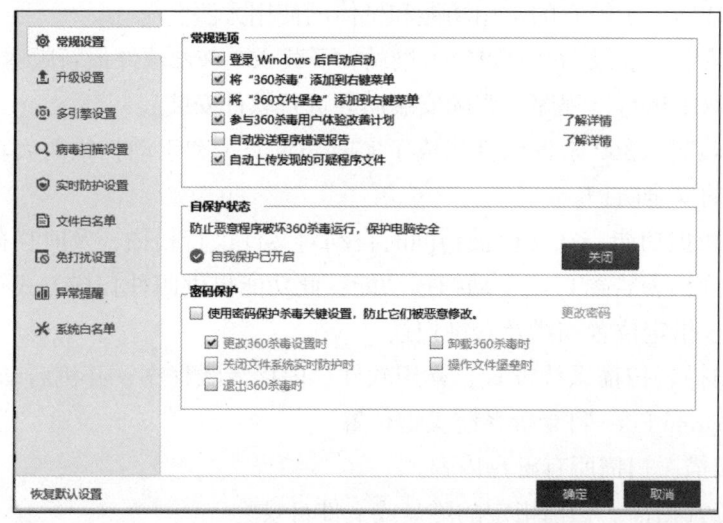

图 4-1　360 杀毒软件的各项设置

（3）结果查看。360 杀毒软件在每次完成查杀任务后，会展现结果供用户查阅，如图 4-2 所示。

（4）软件升级。在软件主界面上有一个"检查更新"功能。联网状态下，360 杀毒软件会根据用户在"升级设置"中相应的设置，自动到服务器上更新病毒库，病毒库的实时更新是很重要且必要的，在执行杀毒任务前应保持病毒库最新。360 杀毒软件更新如图 4-3 所示。

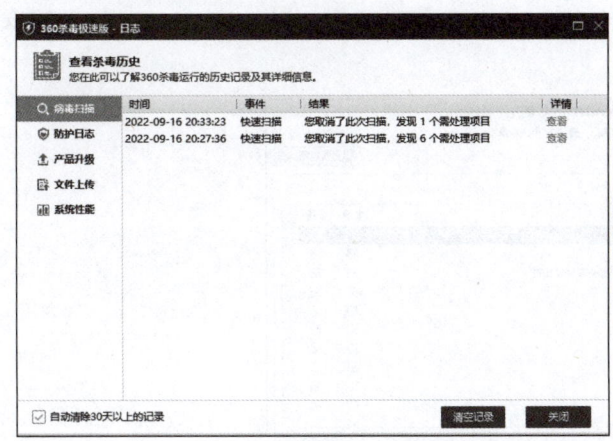
图 4-2 360 杀毒软件的查杀结果

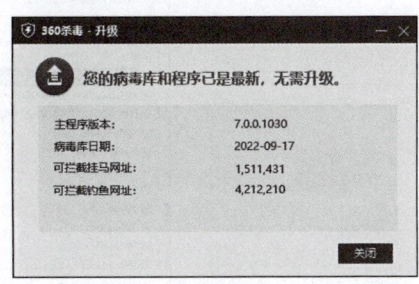
图 4-3 360 杀毒软件更新

2. Windows 防火墙的常规配置

防火墙的作用是在内部网络和外部网络间进行用户、服务、数据的安全过滤。由于防火墙处于内外部网络的边界位置，所有的数据包都会经过防火墙，只需要禁用或开启各数据包对应的端口，就可以实现安全防护。

（1）防火墙的打开或关闭。单击桌面左下角的"开始"按钮，依次选择"设置"→"网络和 Internet"→"高级网络设置"→"Windows 防火墙"，界面如图 4-4 所示。

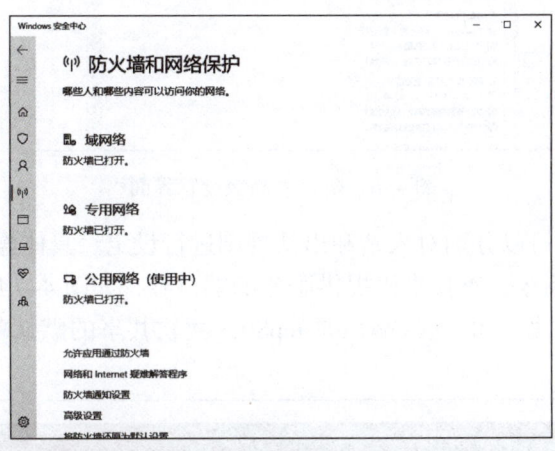
图 4-4 防火墙设置界面

在此界面可以根据实际需要采取不同的防护策略，切换"域网络""专用网络""公用网络"三个不同的配置文件，达成不同的安全防护要求。

在不同的配置文件下方显示当前防火墙是否已打开，如图 4-4 中的防火墙设置界面所示，此时系统的防火墙为打开状态。

（2）防火墙的配置。依据实际情况，设置"允许通过防火墙的应用"。单击"允许应用通过防火墙"，如图 4-5 所示，在此页面可以尝试配置相关应用并观察配置后的实际效果。

当上述基于应用的勾选配置不能满足需要时，可采用复杂的规则过滤设置——高级设置，如图 4-6 所示。

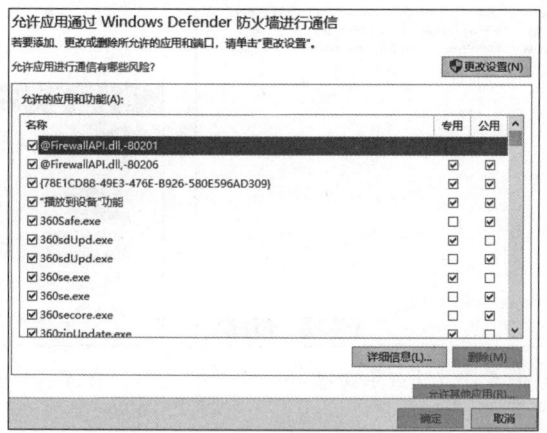

图 4-5　防火墙应用配置界面

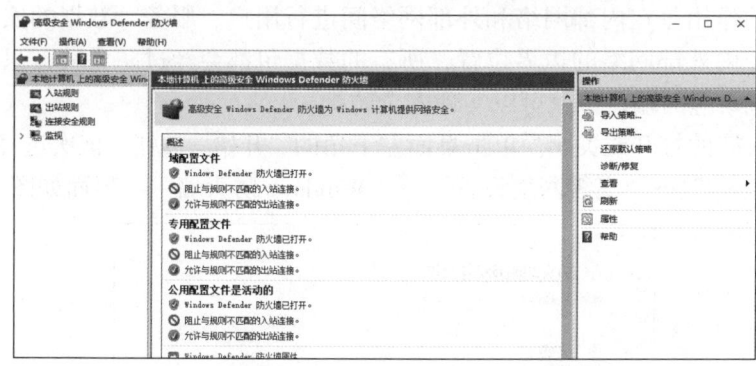

图 4-6　防火墙高级设置界面

在高级设置中，可以分别对入站和出站规则进行设定。具体操作如下：

1）通过 netstat 指令，查找本机提供服务的端口号，如图 4-7 所示。所有服务都会有默认端口，如 Web 服务的默认端口是 tcp80，微软共享的默认端口是 tcp445，telnet 的默认端口是 tcp23。

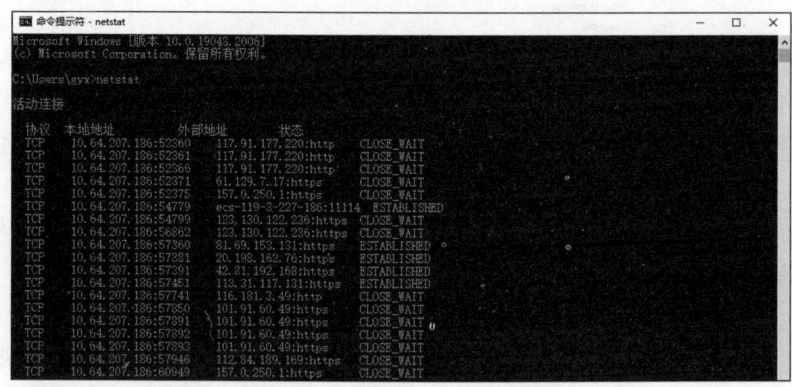

图 4-7　本机网络连接状态（含端口信息）

2）配置服务的协议和端口。确定所需要提供服务的协议和端口后，可做如图 4-8 和图 4-9 所示的具体配置。

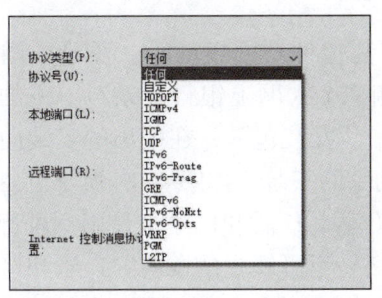 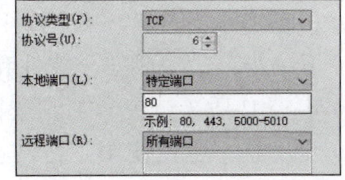

图 4-8　防火墙启用服务配置中的协议选择项　　图 4-9　设置端口 80 匹配 WEB 服务

图 4-8 中的本地端口是指本机对外提供的端口，即外部访问本机服务的端口，远程端口则相反，通常不进行远程端口的配置。

3）添加远程地址、控制行为及具体规则。协议、端口配置完成后，再分别添加可以访问本地主机的远程地址、控制行为和具体规则，并设定它们不同的网络作用范围，最终完成高级配置。

三、实操思考

1. 闯关考验

（1）使用杀毒软件对本地计算机的 D 盘进行一次病毒查杀。
（2）在 Windows 防火墙的高级设置中创建一个新的安全规则。

2. 课外修炼

（1）尝试使用两款不同的杀毒软件，并比较它们的功能差异。
（2）依据本机现有 Windows 防火墙设置规则，给出合理的安全建议。

四、实操报告

在本实操结束时，填写配套资源中"我的报告"，上交指导教师，可另增附页。

工具实操二　常用电子支付的基础操作

一、实操目的

1. 掌握网络银行工具的安装方法。
2. 掌握电子支付的基本操作方法。

二、实操内容

1. 安装个人网银

（1）登录中国工商银行官方网站，选择安装控件及网银助手。登录中国工商银行官方网站（www.icbc.com.cn），单击页面左侧"个人网上银行登录"下方的"网银助手"，根据提示下载"工行网银助手"。双击"安装包"，在弹出的安装向导页面中单击"下一步"，完成安全控件和个人网银助手的安装，如图4-10所示。

（2）申请U盾（口令卡），选择是否使用U盾。U盾和口令卡是用户进行网上交易时的安全工具，也是使用工行网上银行进行交易不可缺少的工具。U盾和口令卡需要到柜台申请办理，办理后用户会得到数字证书（即U盾）及其驱动程序。

双击"工行网银助手"，启动U盾驱动程序的安装向导，在图4-11中选择快捷安装类型。如果没有U盾，可以选择"无U盾客户快捷安装"，网银助手将自动检查控件安装及环境设置情况。

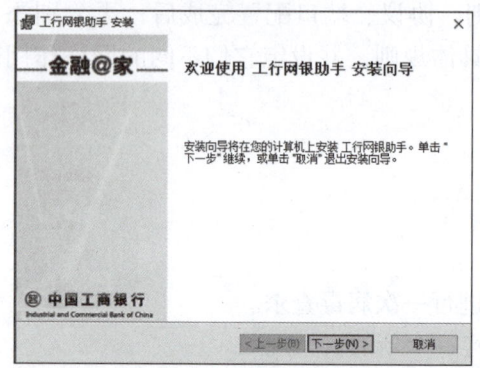

图4-10　网银助手的安装

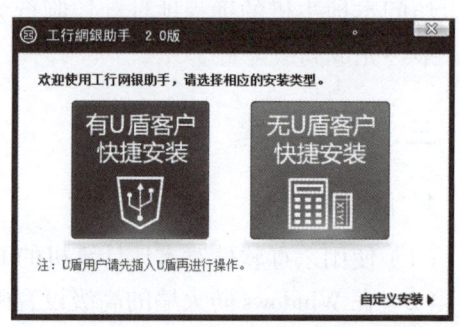

图4-11　选择快捷安装类型

（3）检测用户网银环境。单击"网银检查""软件管家"按钮，进行用户网银环境检查。工行网银助手同时提供对网银驱动程序、U盾管理控件、网银安全控件的安装或卸载功能，如图4-12所示。

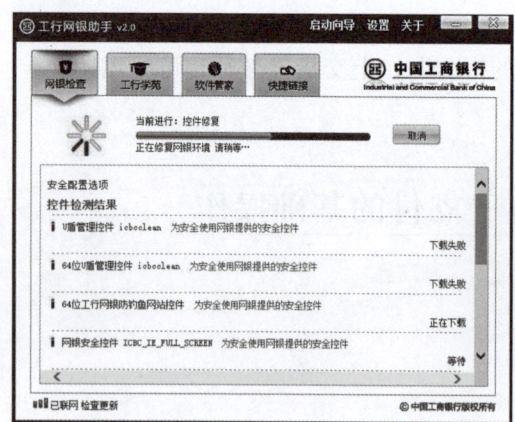

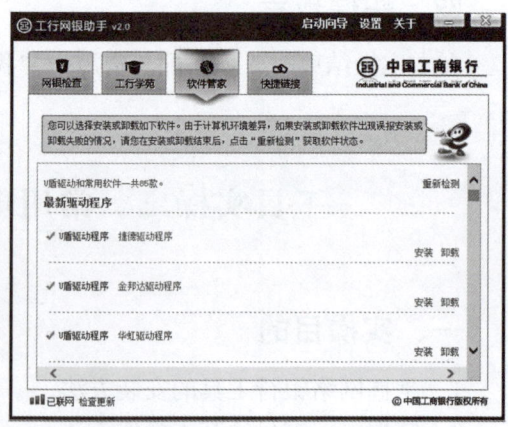

图4-12　网银助手启动向导中的基本功能

2. 个人网银的注册与使用

（1）个人网银的注册与登录。打开个人网银登录界面，进行个人网银的注册和登录，如图4-13所示。

（2）个人网银登录时的安全认证。输入个人网银信息并单击"登录"后，网页会跳转至设备安全认证页面，对登录个人网银的设备进行安全认证，在认证方式中可以选择"短信认证"（见图4-14）和"安全工具认证"（U盾或口令卡）。通过认证后该设备即为安全可登录设备。

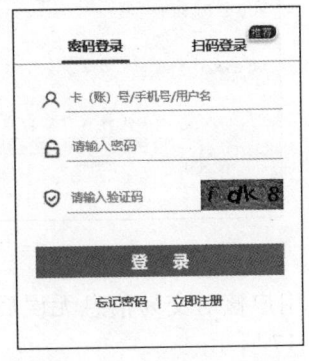

图 4–13　个人网银的注册与登录

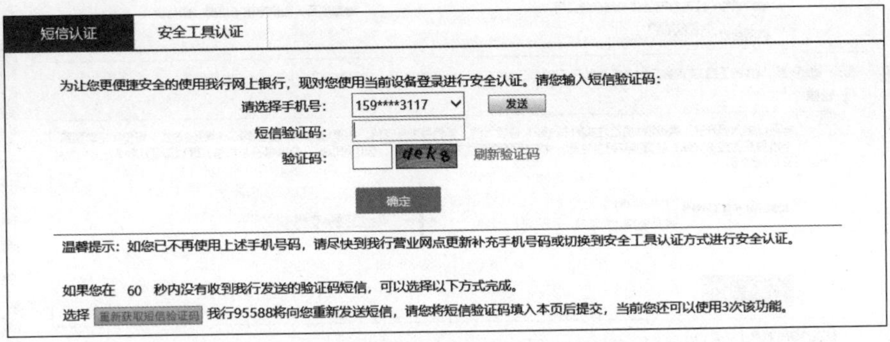

图 4–14　个人网银登录时的短信认证

（3）使用预留验证信息，保障安全交易。工商银行提供简单而有效的"预留验证信息"方法，提高用户对虚假网站的识别能力。一旦用户设置好预留信息，当在第三方网站进行网上购物时，在支付款项前，可先查询用户在发卡银行预留的信息，如果该网站能正确返回预留的信息，就说明该网站是工商银行的许可网站，可以进行支付。

当用户完成"预留验证信息"后（见图4-15），页面将跳转至个人网银页面（见图4-16），由用户操作后续个人网银的相关业务。

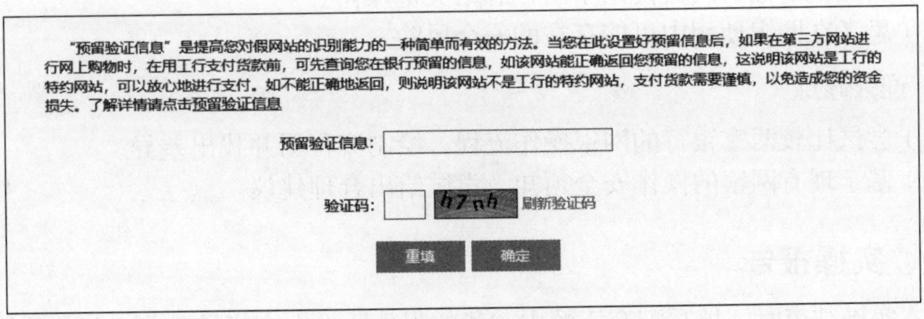

图 4–15　预留验证信息

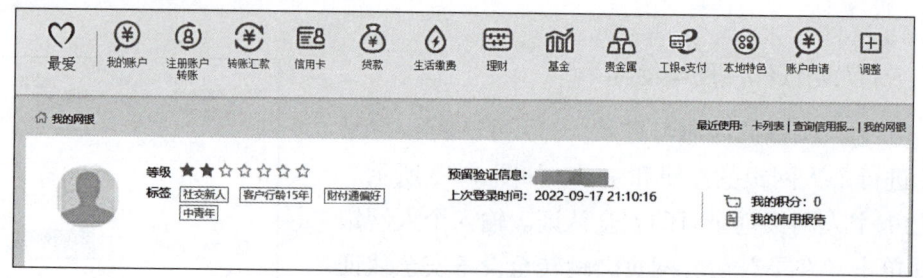

图 4-16　个人网银页面

用户核对交易信息无误后,选择支付卡(账)号后,输入密码完成相关交易,如图 4-17 所示。

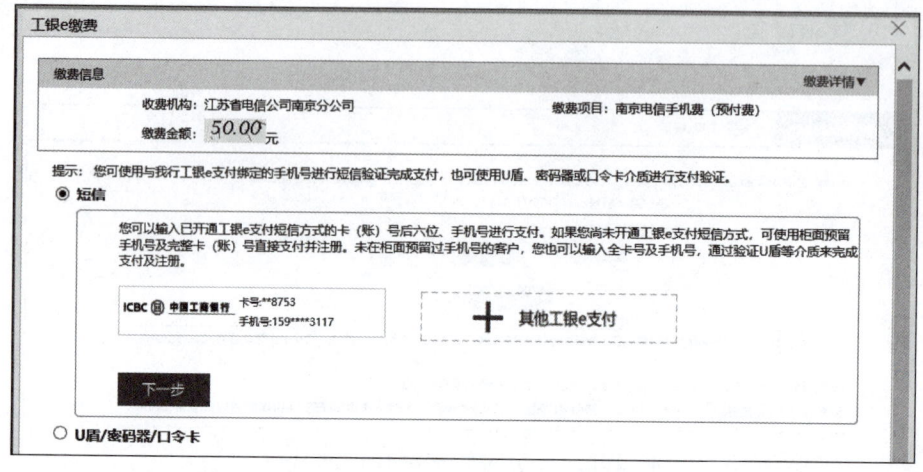

图 4-17　工商银行实际交易页面

交易完成后,工商银行页面将提示用户已完成的信息及相关签名信息,如付款人和收款人签名、账号、交易金额及日期等。

三、实操思考

1. 闯关考验

(1)查阅工商银行网银使用手册,总结关键操作。
(2)思考在网银使用中可能存在的安全风险。

2. 课外修炼

(1)尝试比较两家银行的网银操作流程,绘制流程图并找出差异。
(2)基于现有网银的操作安全须知,尝试给出合理建议。

四、实操报告

在本实操结束时,填写配套资源中"我的报告",上交指导教师,可另增附页。

项目五　探究电子商务中的营销管理

工具实操一　网络广告的投放

一、实操目的

1. 了解目前常用的网络广告投放渠道。
2. 掌握百度信息流广告的投放流程及注意事项。

二、实操内容

1. 网络广告的投放

企业的广告投放已从传统热门的线下纸媒、电视、广播，转移到线上的网站、搜索引擎和社交媒体。精准有效地投放广告，目的就是让自己的商品被更多的用户发现并成为热门商品。要想吸引社会关注、打动客户，一般需要选择主流大众媒介进行广告投放。目前主流的广告投放渠道主要有四类。

（1）付费渠道。

1）互联网广告。搜索引擎、微信号、应用市场等渠道的关键词竞价广告，专业性要求相对较高，易于评估且效果明显，因此需要专业操作。

查阅公众号"微信广告助手"，可以全面了解微信的广告受众、资源与服务。

2）传统媒体广告。传统媒体广告主要包括电视、广播、报纸杂志，以及户外广告。这类广告视觉冲击力强，适宜塑造品牌，费用也较高。

查阅CCTV官方网站的广告频道，可以全面了解CCTV的广告受众、资源与服务。

3）社交广告。社交广告主要指在具备一定互动能力的广告平台投放的广告，如App、朋友圈、微博等。这类广告因为包含一定程度的商品品效互动，相对精准且受众也广，但操作技巧要求也高。

查阅微博广告，可以全面了解微博的广告受众、资源与服务。

4）广告联盟。广告联盟通常指网络广告联盟，它将中小网络媒体资源，如中小网站、个人网站、WAP站点等组成联盟，并以联盟平台的方式实现广告投放。目前，国内的广告联盟主要有百度联盟、阿里联盟（阿里妈妈）、腾讯联盟、搜狗联盟等。从当前的市场情况看，联盟平台间的发展差距很大，良莠不齐。

查阅百度联盟，可以全面了解百度联盟的广告受众、资源与服务。

（2）赞助渠道。通过赞助娱乐、赛事等影响力较大的活动打造流行现象，宣传企业品牌和产品。使用这一渠道时，企业自身的品牌调性和赞助活动是否相宜是关键。

此外，对代言人的选择也至关重要。无论是活动还是代言人的选择，与企业市场目标的匹配度始终是核心考量。

查阅体育赞助网，可以全面了解体育赛事的广告受众、资源与服务。

（3）自媒体渠道。自媒体渠道主要有两类，一是企业自身的官方媒体，二是各大社群。企业自身的官方媒体可以是自己的企业官方网站、论坛、店铺、公众号等，各大社群主要包括各大社交媒体平台，如豆瓣、知乎等。社群的用户标签清晰，容易找到目标客户，但专业化的目标客户对广告的抵触也相对强烈。如能合理运用策略，制造热点，便有可能在社群中形成现象级事件。

查阅知乎社群中京东话题，可以全面了解知乎关于京东的话题与服务。

（4）口碑渠道。口碑渠道是指企业努力促使消费者在其亲朋好友之间交流，将企业产品信息、品牌传播开来的一种渠道。它具备以下特点："鼓动"，以优质的购物体验鼓励消费群体传播信息；"价值"，以正面、积极的价值体现激发消费者主动传播信息；"回报"，以多元化的回报体现信息传播的益处。

这里的口碑渠道，除了众所周知的粉丝渠道、媒体渠道、搜索渠道外，还有圈层渠道和社交渠道。各个渠道都体现"口口相传"的特点。

选择网络广告投放渠道时，无论采用哪种渠道，都需要综合考虑投放媒介、投放受众、投放成本和投放效率。

2. 百度信息流广告的基础操作

用户在浏览资讯时呈现的广告就是信息流广告。信息流广告基于搜索引擎衍生而来，依托搜索的精准数据，准确地为商家提供潜在的消费人群画像和数据模型。百度信息流广告具体指在百度首页、百度贴吧、百度 App 等百度平台的资讯流中穿插展现的原生广告。

百度信息流广告客户在投放广告时主要涉及三个方面：推广计划、推广单元、推广创意。

推广计划解决客户以下问题：希望按照设定的目标平稳投放广告还是希望短期快速拓量、预计投资多少费用推广、希望在什么时间推广。

推广单元解决客户以下问题：希望在哪些资源位投放、希望广告覆盖到哪些目标客户、准备如何投资推广。

推广创意解决客户以下问题：希望在信息流广告中呈现给网民的内容、要推广的品牌和落地页面是什么、希望广告如何呈现。

（1）推广计划设置。推广计划的设置包括营销目标和计划设置，如图 5-1 和图 5-2 所示。

以"网站链接"为例，搭建计划。登录百度广告投放平台，单击进入"信息流推广"，在"推广管理"中选择"新建计划"，在新建计划中设定营销目标为"网站链接"。

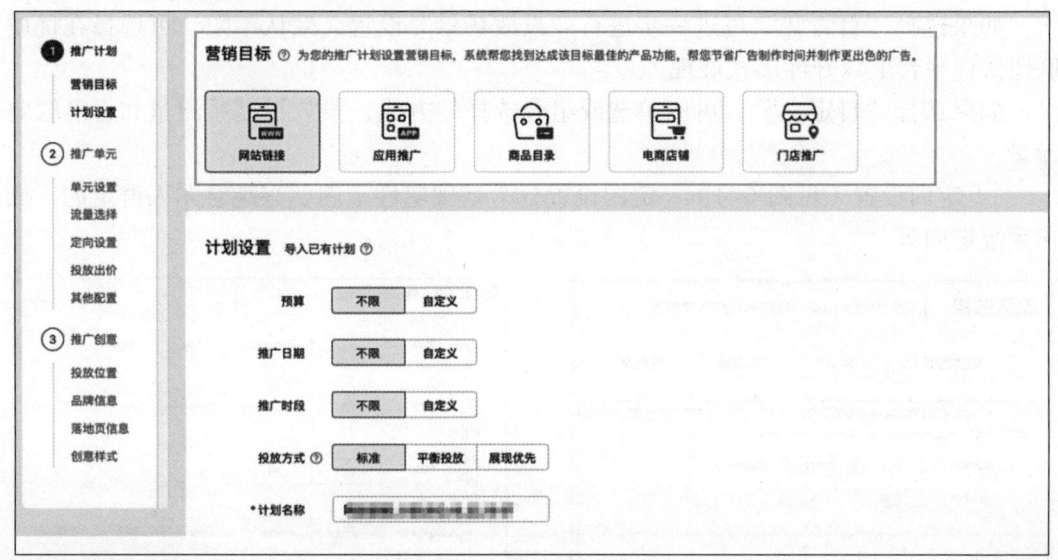

图 5-1 搭建"网站链接"推广计划

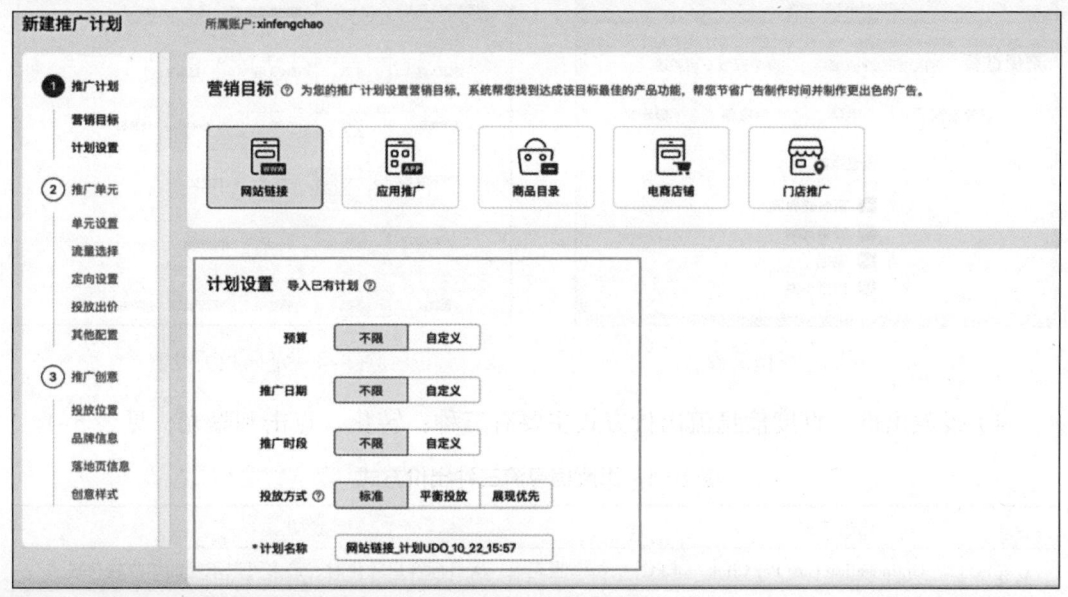

图 5-2 计划设置

（2）推广单元设置。推广单元设置包括单元设置、流量选择、定向设置、投放出价和其他配置。

1）单元设置。为推广单元标记一个推广业务，后续设置均依据此处推广业务的设置提供相应设置选择。

2）流量选择（见图 5-3）。"默认"，即投放百度信息流、好看视频、贴吧、百青藤等百度系流量和百度联盟流量；"百青藤"整合了百度联盟在 App、PC 的流量资源，此外还有"自定义"。

如果选择"百青藤"可进一步进行"投放场景"设置，默认不限，可选择在优质联盟伙伴平台上以开屏形式展现。

如果选择"自定义"，可以单选或组合选择的方式，投放百度系流量和百度联盟流量。

3）定向设置（见图5-4）。定向设置分为基础属性定向、兴趣意图人群定向、操作系统定向等。

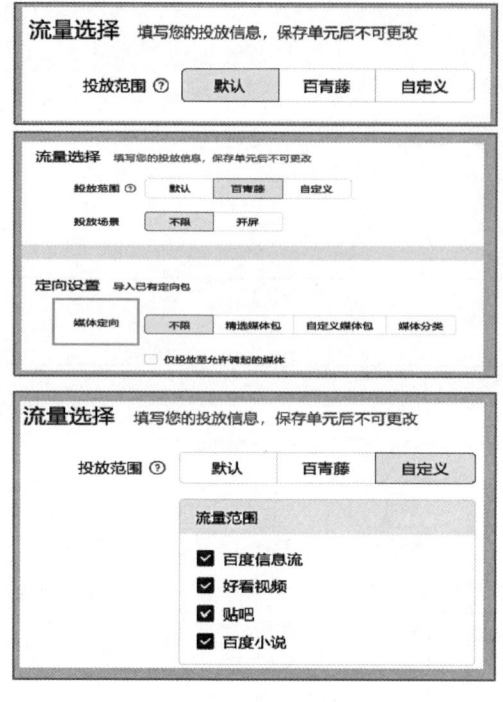

图5-3 流量选择相关设置

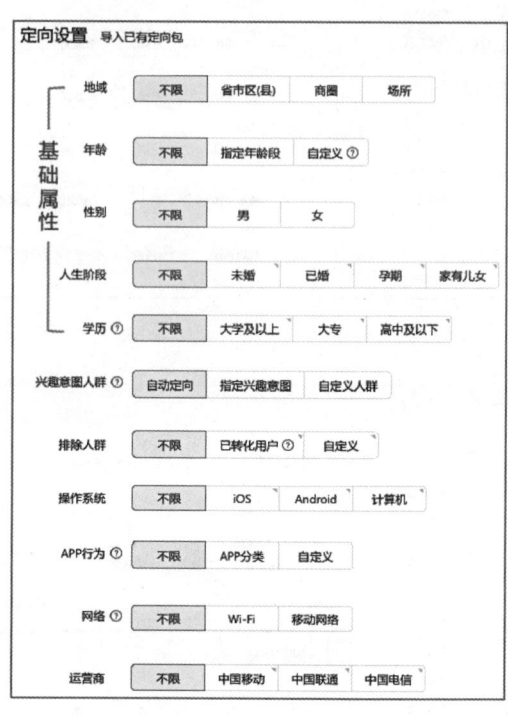

图5-4 定向相关设置

4）投放出价。百度信息流出价方式主要有三种：转化、点击和曝光，见表5-1。

表5-1 百度信息流三种出价方式

出价方式		说明
转化（oCPX）	Optimization Cost Per Click，oCPC	当完成一次目标客户转化时，最多可以承受的单次转化成本
	Optimization Cost Per Mille，oCPM	根据曝光的转化概率和设置的转化成本，动态调整出价
点击（Cost Per Click，CPC）		当网民点击广告后，广告主为这次点击行为所付的最高费用
曝光（Cost Per Mille，CPM）		广告主为广告展现千次所支付的最高成本

百度信息流三种出价方式的设置如图5-5所示。

5）其他设置。创意组件是指广告展现时挂载的线索收集组件，包括电话组件、咨询组件、表单组件，作用是缩短转化路径。创意组件的创建方式：在"其他配置"中选择"点击配置"→"快速创建"，在"新建组件"页面选择组件类型，按要求输入信息，单击"确定"即可生成。创意组件的设置如图5-6所示。

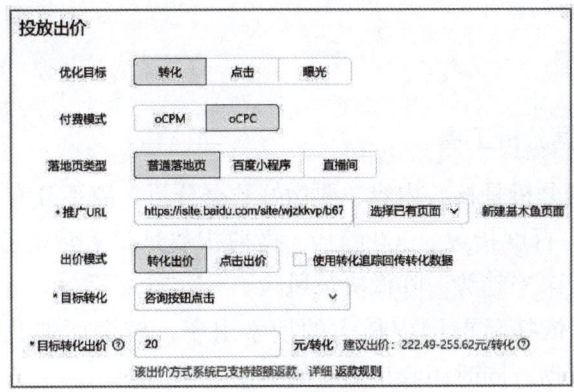

图 5-5　百度信息流三种出价方式的设置

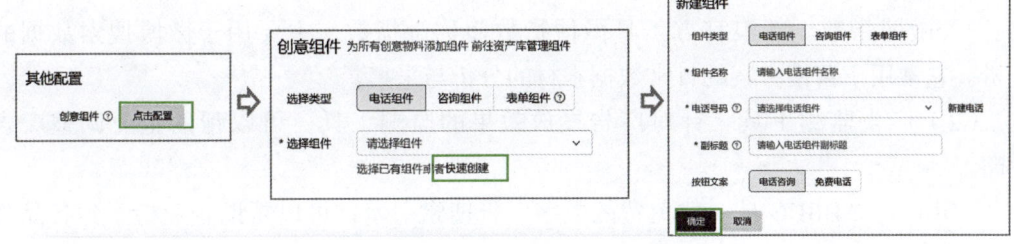

图 5-6　创意组件的设置

三、实操思考

1. 闯关考验

（1）理解并厘清百度信息流广告的基本设置流程和关键操作。

（2）思考在上述操作中哪项操作与实际效果联系最为紧密，阐述理由。

2. 课外修炼

（1）梳理目前影响力较大的免费广告渠道。

（2）比较免费与收费广告的主要差异。

四、实操报告

在本实操结束时，填写配套资源中"我的报告"，上交指导教师，可另增附页。

工具实操二　常用数据分析工具的使用

一、实操目的

1. 了解目前常用的营销数据分析工具。
2. 掌握数据分析工具 Power BI 的基本操作。

二、实操内容

1. 常用营销数据分析工具

营销管理中数据分析是核心内容,要做好数据分析,离不开专业工具的使用。

(1)指数工具。百度指数、360 趋势、微博指数是三大营销趋势分析工具,可以帮助企业把握当下及未来趋势,降低决策风险。

1)百度指数。依托目前国内最大的搜索引擎,较全面地收集了行业、品牌、市场、活动等方面数据,同时还收集当下的舆论变化信息。

2)360 趋势。它在功能上和百度指数相仿,优点是对关键词人群特征的分析中,数据维度更多,更为详细。

3)微博指数。新浪官方工具微博指数简称微指数,主要用于微博搜索数据的分析。它常用于营销方案的日常数据素材的分析与采集。

(2)广告监测工具。针对广告投放效果的监测工具,可以帮助企业调整广告策略。

ADBUG。ADBUG 是一款免费的数字广告搜索引擎,可以帮助企业检索到各品牌的营销信息,并了解营销策略趋势及行业风向。

(3)舆情工具。帮助企业监测当下的舆情信息,辅助企业营销战略调整。

聚观舆情通。该工具实时监测企业负面信息、竞品动向及行业舆论,覆盖社交媒体、新闻、博客、视频、论坛等平台。

以上为部分举例,数据分析工具终究还是辅助工具,实际工作中的核心还是操作人员或分析人员的分析能力。在具体的信息处理方面,也有大量工具可供选择,如百度 ECharts、图悦、麦客等,大家可以自行检索和使用。

2. Power BI 的基本操作

Power BI 是微软推出的一款数据分析和可视化工具,可以从各种数据源中提取数据,并对数据进行整理分析,生成精美的图表。

(1)Power BI 的下载和安装。登录微软 Power BI 主页或在微软 store 里找到 Power BI Desktop 下载并安装即可。Power BI 工作区如图 5-7 所示。

(2)Power BI 的关键操作。

1)获取外部数据。启动 Power BI Desktop 后,可以在"主页"选项卡的功能区中选择"获取数据"(见图 5-8)。Power BI Desktop 提供了多种类型的数据源供选择,常用的数据格式包括 Excel、SQL、文本/CSV 等。如果需要导入其他格式的数据,只需单击"更多",即可看到更多可选的数据格式。基本上,目前所有常见的数据格式都可以直接导入。

项目五　探究电子商务中的营销管理

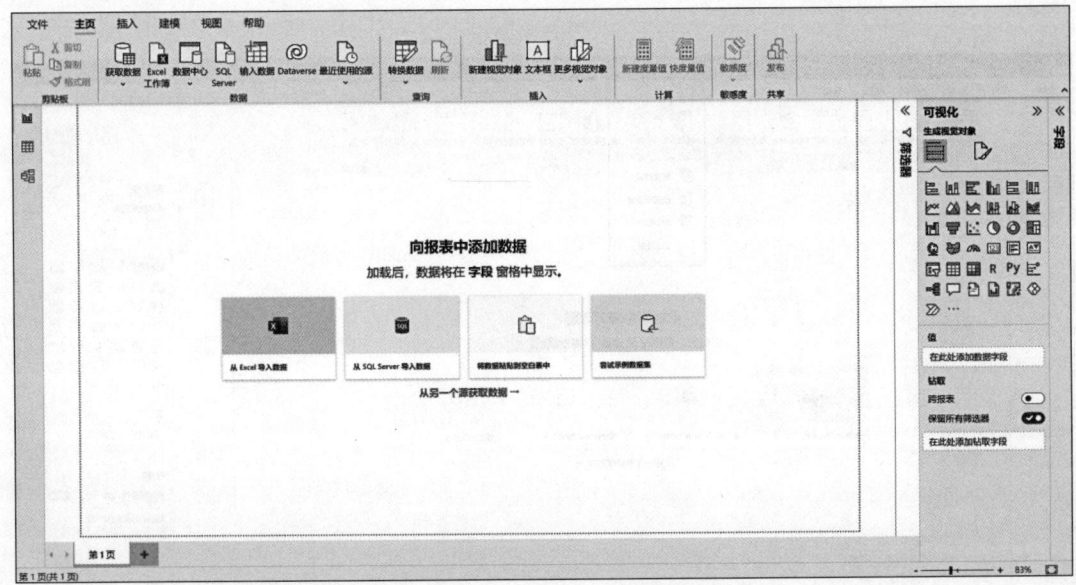

图 5-7　Power BI 工作区

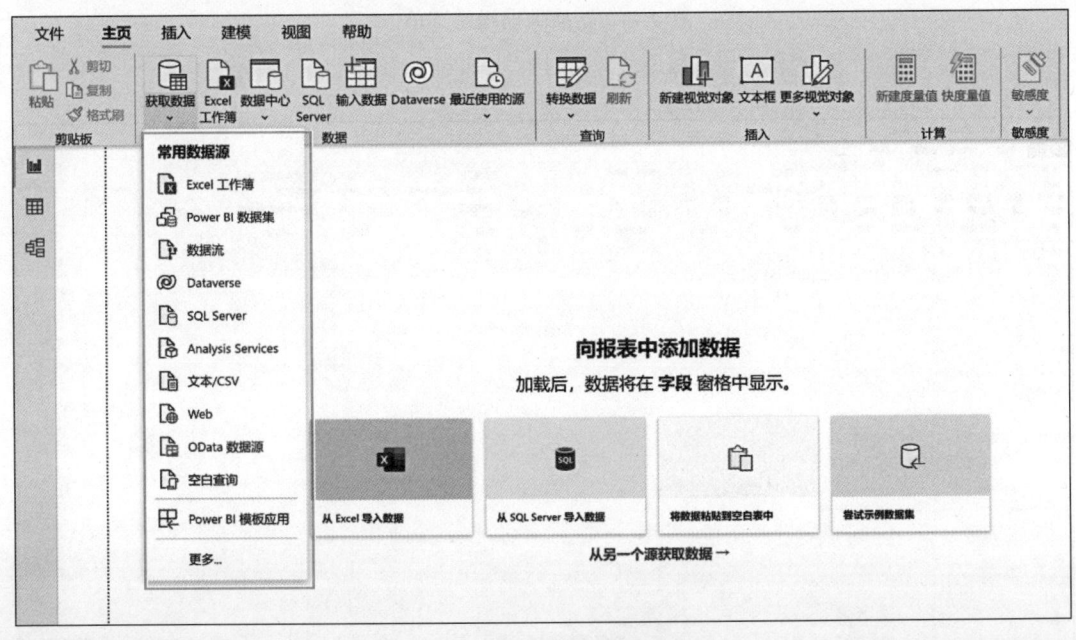

图 5-8　获取外部数据操作菜单

2）转换数据。Power BI Desktop 的一个重要模块是 Power Query 编辑器，它负责完成数据整理工作。Power Query 编辑器可以对数据进行调整和转换，如删除行或列、更改数据类型等，以使数据满足分析需求。只需在"主页"选项卡的功能区单击"转换数据"按钮并选择"转换数据"选项（见图 5-9），即可直接从 Power BI Desktop 启动 Power Query 编辑器（见图 5-10）。

35

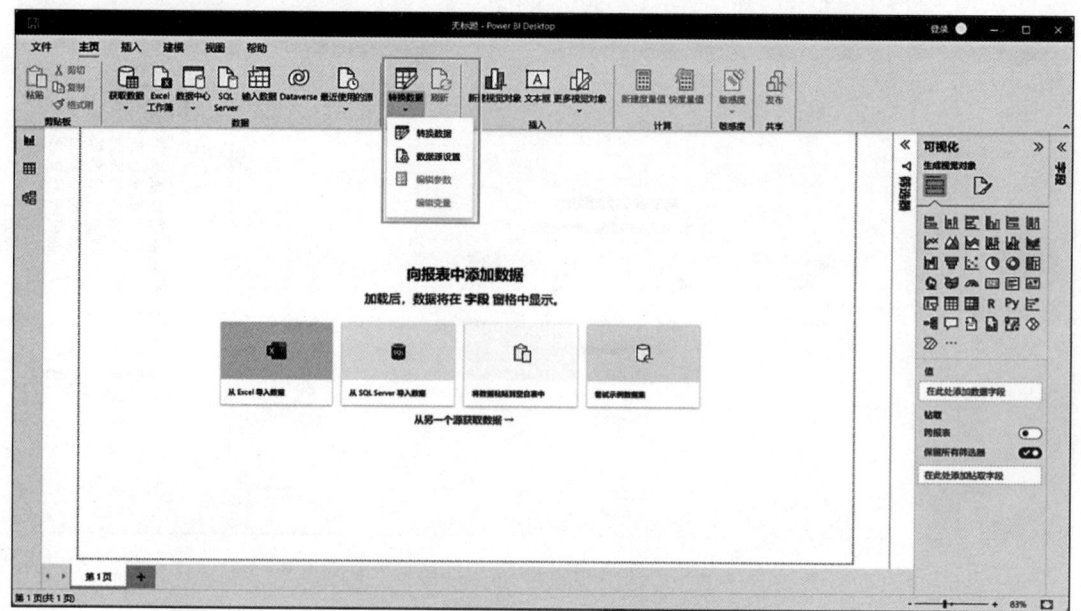

图 5-9　转换数据操作菜单

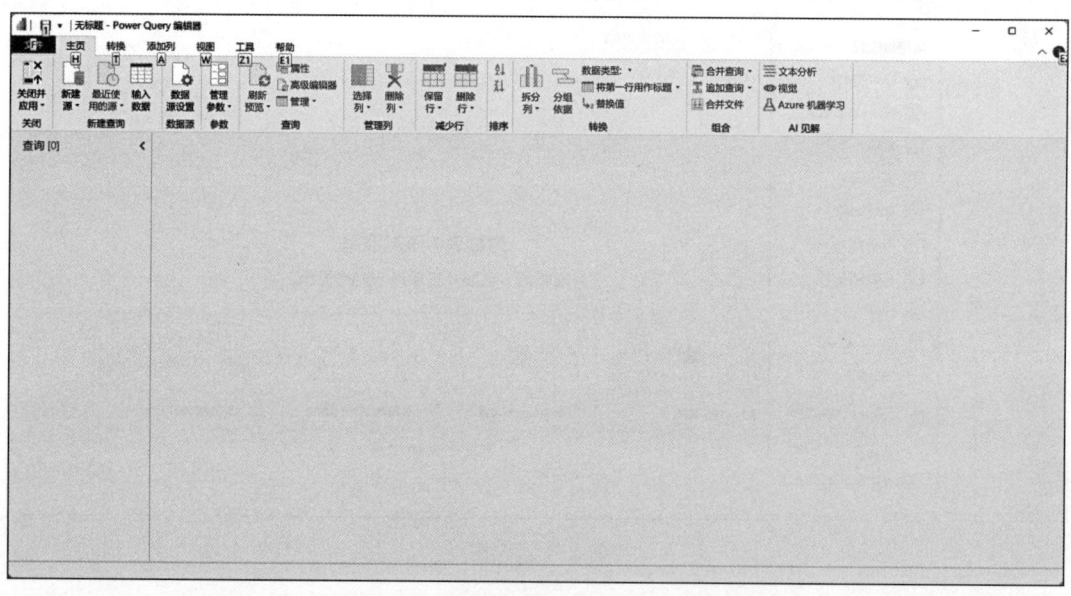

图 5-10　转换数据操作子界面

3）数据可视化。图 5-11 显示的是系统自带的图表类型。此外，Power BI 还可以加载更多的自定义可视化包和各种时尚图表样式。

三、实操思考

1. 闯关考验

（1）请思考和总结为什么需要对数据进行转换。
（2）请列举几种不同的图表应用场景。

2. 课外修炼

（1）请思考 Power BI 的操作与 Excel 的区别。
（2）请尝试在 Power BI 中根据数据透视表插入数据透视图。

四、实操报告

在本实操结束时，填写配套资源中"我的报告"，上交指导教师，可另增附页。

图 5-11　数据可视化操作界面

项目六　探究电子商务中的客户服务

工具实操一　FAQ 的设计与创建

一、实操目的

1. 理解 FAQ 的设计逻辑与原理。
2. 掌握 FAQ 的设计思路与创建方法。

二、实操内容

1. 了解什么是 FAQ

FAQ（Frequently Asked Questions，常见问题解答）是电子商务客户服务中非常常用的一种工具。作为一种解答客户常见问题的工具，虽然形式多样，但基本原理都是在工具开发者的预测和客户问题收集的基础上，提供解答或解决方案。我们可以简单地把 FAQ 理解为轻量级帮助文档。FAQ 设计逻辑如图 6-1 所示。

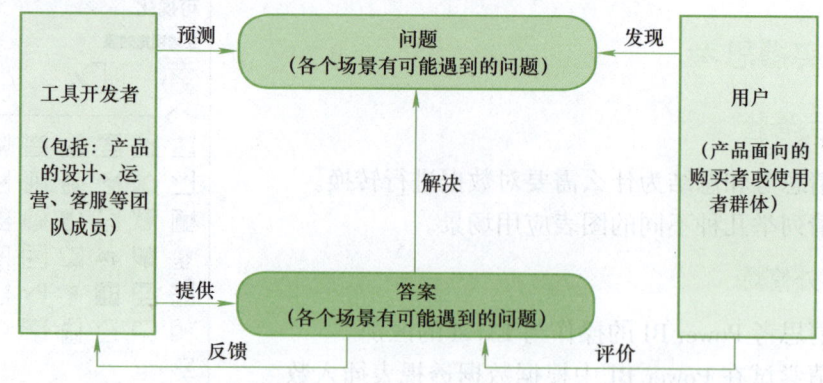

图 6-1　FAQ 设计逻辑示意图

好的 FAQ 应具备以下特点：

（1）为用户预测和筛选最常见的问题。

（2）参考竞品或类似系统的其他产品，选择和罗列问答。

（3）FAQ 的入口应出现在合适的场景或位置。

（4）使用用户语言去描述问题和解决方案。

（5）提供的答案专注于回答一个问题，避免复杂信息的干扰。

（6）提供尽可能肯定、具体、准确的回答。

（7）尽可能提供个性化、情感化的设计。

> **操作练习**
> 请回忆一次网购经历，罗列可能出现的问题，并设计 2～3 个 FAQ。之后，以小组为单位进行讨论，相互评分并给出优化建议。优化建议可针对 FAQ 的内容或面向 FAQ 的生成机制。

2. 什么时候需要 FAQ

企业应当将 FAQ 视为自身资产的一部分，并充分发挥它的作用。通常在遇到以下几种情形时，企业需要 FAQ。

（1）不断有用户因为同样的问题与企业联系，需要企业公开且清晰地回答这些问题。

（2）企业已经拥有或计划创建关于企业信息的内容页面，具备问题转化的前提和条件。

（3）预判企业的产品、服务或业务会引发用户的疑问和担忧，需要以直截了当的方式处理。

> **操作练习**
> 请回忆一次网购经历，判断它是否需要 FAQ，并给出合理的理由。

3. 如何创建有效的 FAQ

（1）搜集客户常见问题。通过客户和企业自身两个维度收集问题，包括但不限于企业邮箱收到的来自客户的问题和企业自身思考预判的问题。随后梳理问题并根据相关性归类。

如果企业没有客户问题收集渠道，可以尝试查看

> **操作练习**
> 请思考在数码产品销售场景下，可以将 FAQ 归纳为哪几类问题，并查询相关网站进行求证比较。

竞争对手相关产品、服务、业务的常见问题和客户评论。

（2）编写清晰的问题回答。回答问题的关键是定位，通常从客户的角度写下问题并从企业的角度做出回应，可以通过回答的深度展示权威，无论问题是否尖锐，都需要用积极的态度来回答。

清晰的沟通旨在通过回答问题达到客户期望的目标，这里的目标可能是具体的产品问题，也可能是一种担忧的情绪。FAQ可以使用图片或视频作为回答的补充，甚至加入个性化的语言，尝试插入相关页面或内容链接。

> **操作练习**
>
> 假设某饮料供应商遇到这样一个问题："我们需要大量的××饮料，举行毕业晚会用，能否在易拉罐上印上每个人的名字？"请思考如何处理和回复。

（3）创建常见问题页面。企业可以借助不同的工具来创建FAQ页面，如Baklib等。

Baklib操作界面（见图6-2）简洁，适合制作帮助文档、FAQ、产品手册等。它特别适用于中小型文档，轻排版让浏览和查询变得快速便捷。它也可以作为企业或个人构建知识库的工具。

图6-2　Baklib操作界面

> **操作练习**
>
> 选择一款FAQ工具，尝试了解并掌握它的操作。

（4）使常见问题页面便捷可见。为了让用户轻松地找到答案，可以将FAQ设计成网站导航下的常见问题链接，可以在特定产品或服务的展示页面追加描述，也可以在"关于我们"板块中提供专区展示。

无论是将FAQ设计成单独的页面，还是将其作为页面中的一个板块，都可以通过搜索引擎优化（Search Engine Optimization，SEO）来进行优化，这有利于增加企业的曝光，特别是当企业的某项政策有行业竞争优势的时候。

（5）包含但不限于以下关键问题。
1）电商领域的主要问题：退货、关税、尺码等。
2）安全保障问题：绿色环保、交易信息保密等。
3）账号管理问题：密码重置、付款方式绑定等。
4）产品功能和品牌承诺：功能特点、品牌优势等。
5）产品使用问题：使用方法、存储方法等。

> **操作练习**
> 选择一款你感兴趣的 FAQ 页面，进行细节分析。

> **操作练习**
> 自行设定一个场景，创建一个 FAQ 页面。

三、实操思考

1. 闯关考验

（1）理解并厘清 FAQ 的功能和应包含的具体内容。
（2）设计特定场景的 FAQ 页面。

2. 课外修炼

（1）发掘并解析一个优秀的 FAQ 案例。
（2）比较国内外 FAQ 的异同。

四、实操报告

在本实操结束时，填写配套资源中"我的报告"，上交指导教师，可另增附页。

工具实操二　运费的计算

一、实操目的

1. 了解运费计算的方法。
2. 掌握运费计算的关键业务变量和内在逻辑。

二、实操内容

识别物流运费计算中的业务变量

（1）业务描述（见图6-3）。
业务信息识别：
寄件地址：广东省深圳市宝安区××××
收件地址：湖北省武汉市洪山区××××
托寄物：宠物饮水机，**重量 9kg**

寄件方式：上门取件
付款方式：寄付现结
保价服务：商品价值 5 000 元，保价费用 25 元
增值服务产品：无
快递产品：专享急件、特快、标快三种服务中，选择标快
最终运费 =82（基础运费）+25（保价费）=107 元
注：本示例里没有可以使用的优惠券。

> **操作练习**
> 请选择一家快递，观察所需填写的表单信息，做一次寄送模拟，识别并记录相关业务信息（包含但不限于上述信息）。

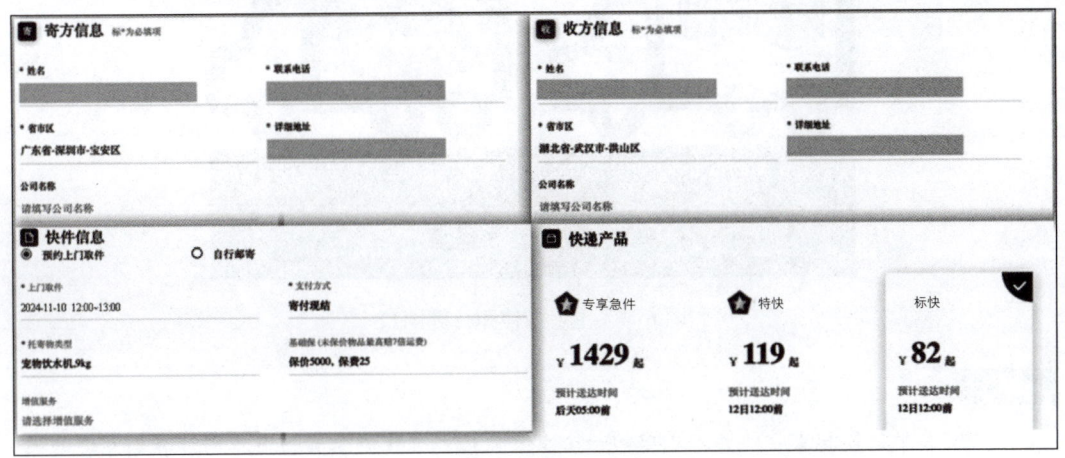

图 6-3　业务描述截图

（2）业务变量。基于前文的业务描述，在物流服务的过程中交互对象为两个，即客户和物流公司。从运费计算角度看，影响运费计算的因素有"客户需求""物流公司收费标准"两个方面。

1）客户需求主要包括：寄什么（托寄物名称、类型、重量、尺寸）、寄送的起止地点（决定运输距离）、所需的快递服务产品（如专享急件、特快、标快），以及其他需求（增值服务、附加服务等）。每一项需求都直接影响最终运费。

① 寄什么。确定托寄物时，应考虑其名称、类型是否合规，以及重量与体积如何计算。

托寄物的类型可以按不同的维度区分，如按重量维度可分为大件、小件；按物理形态维度可分为液态物、固态物。这些分类会影响运输方式和运输成本。

托寄物的重量与体积计算，以图 6-4 为例。

如图 6-4 所示，1 号车与 2 号车的装载容量相同，运输线路与距离相同。1 号车装载了两件 10kg 的货物，2 号车由于货物的体积过大，只装载了 1 件 10kg 的货物。假设按每千克 1 元的价格来计算运费，运输成本为 16 元，1 号车的营收为 20 元，利润为 4 元，2 号车的营收为 10 元，利润为 -6 元。此时，如果 2 号车的货物依然以实际的物理重量来计算运费，从成本与收益的角度来看，物流公司就会面临亏本风险。

因此，在物流领域，货物的重量有物理重量和体积重量之分，物理重量即实际称重，体积重量是先根据货物的长、宽、高计算出体积，然后根据货物的体积换算得出体积重量。

计算运费时采用计费重量,计费重量根据物理重量与体积重量对比(取大值)计算得来。

如果 2 号车的托寄物物理重量为 15.00kg、长、宽、高均为 50cm,则体积重量为(50cm×50cm×50cm)/6 000(抛重系数)=20.83kg。20.83kg>15.00kg,即使用 20.83kg 计算运费,20.83×1 元 =20.83 元,此时 2 号车的利润为 20.83 元 −16 元 =4.83 元。

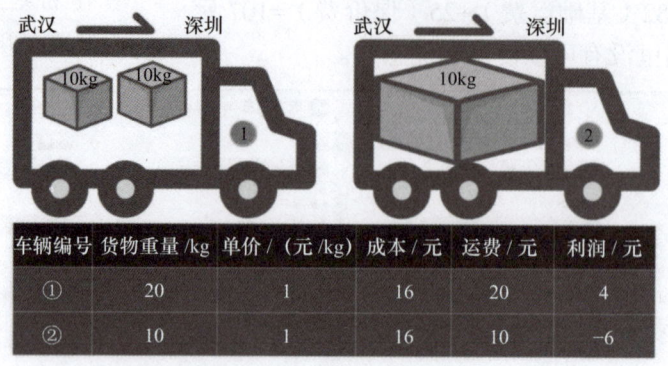

图 6-4 重量与体积计算图表

> **小贴士**
>
> 抛重系数:体积重量计算方式中的一个重要数据,直接影响货物运费的计算。空运的抛重系数通常为 6 000,四大快递公司(DHL、TNT、FedEx、UPS)采用的抛重系数一般情况下为 5 000。在实际业务中,物流公司会根据不同的业务设置不同的抛重系数。抛重系数在计算中作为分母出现,该值越大,对客户越有吸引力。

② 寄送的起止地点。寄送的起止地点(从何处寄往何处)决定了运输距离,运输距离是影响运输成本的重要因素,直接影响运费的高低。

③ 快递服务产品。物流企业往往根据客户需求的不同时效,提供不同的服务产品,不同的服务产品对应的运输成本不同,也影响最终的运费。

④ 其他需求。在使用物流托寄物品时,如果托寄物价值较高,寄件人可能提出购买保险的要求,以便当托寄物发生丢失或破损时,物流公司根据货物报价和损失比例进行相应的赔偿。客户购买保险服务的费用,业内称之为保价费用。除保价费用外,增值服务还包括包装服务、签收回单等,每一种增值服务都有相应的收费标准。

当遇到节假日或特殊时期,由于物流成本增加,物流公司为了平衡成本、保障运营,会在常规收费标准的基础上额外加收附加费,如超长费、超重费、燃油附加费等。

2)物流公司收费标准包括:基础服务产品收费标准、增值服务收费标准、优惠 / 折扣、计费规则等。以图 6-3 为例,在客户需求不变的情况下,不同快递服务产品的运费预估结果相差较大,其原因在于不同的服务产品对应着不同的运输成本。

① 定价策略。在定价策略里,影响商品或服务定价的主要因素有运营成本、预期利润、市场定位、竞争环境、客户成本等。

② 运营成本。物流公司在提供服务的过程中,由于每种服务的成本不同,因此形

成了各自不同的收费标准。

③ 客户成本。不同客户愿意为服务支付的成本不同，因此物流公司在制定收费标准时应考虑客户的多样性，特别是将客户区分为个人客户和企业客户时，两者所能享受到的优惠幅度相差较大。

> **操作练习**
>
> 请选择一家快递公司，查阅其公布的各地标准快件价格，进行一次托寄模拟操作，并计算运费（特别关注江浙沪和偏远地区的运费标准）。

三、实操思考

1. 闯关考验

（1）请思考并总结物流费用的关键构成。
（2）请列举三家不同物流企业的收费情况，并针对细节进行对比分析。

2. 课外修炼

（1）请思考国内与国外快递在操作层面的区别。
（2）请尝试计算一例由我国某城市发往国外某城市的快递运费。

四、实操报告

在本实操结束时，填写配套资源中"我的报告"，上交指导教师，可另增附页。

项目七　探究电子商务中的管理实务

工具实操一　电商企业管理表单的设计

一、实操目的

1. 理解管理表单设计在电商企业管理中的作用。
2. 掌握管理表单的设计步骤与常见验证规则。

二、实操内容

1. 了解管理表单

管理表单是一种用于记录、追踪和管理特定信息或任务的工具，通常用于企业、组织或团队中。它可以是纸质形式或电子形式，用于收集、整理、分析和报告各种数据和信息。管理表单的设计通常基于特定的管理需求或业务流程，以确保数据的一致性和准确性，并提高工作效率。

在电商企业中，管理表单可以用于订单处理、库存管理、客户信息管理等方面。例如，订单管理表单可以记录订单详情、客户信息和配送状态，帮助电商企业追踪订单进度并优化物流流程。库存管理表单可以记录产品的库存数量、进货和出货情况，确保库存充足并避免缺货现象。客户信息管理表单则可以帮助电商企业收集和管理客户信息，为后续的营销活动或客户服务提供基础数据。

某电商企业管理表单示例如图 7-1 所示。

```
表单编号：[自动生成或手动输入唯一编号]
一、基本信息
订单编号：[订单的唯一标识符]
客户姓名：[客户全名]
联系方式：[客户的电话号码或电子邮件地址]
下单时间：[订单创建的时间戳]
二、订单详情
商品名称：[购买的商品名称或编号]
商品数量：[购买的数量]
单价：[商品的单价]
小计：[商品数量乘以单价]
三、配送信息
收货人姓名：[收货人的全名]
收货地址：[详细的收货地址]
配送方式：[例如：快递、自提等]
预计送达时间：[预计的配送到达时间]
四、支付信息
支付方式：[例如：在线支付、货到付款等]
支付状态：[例如：待支付、已支付、支付失败等]
支付时间：[如果适用，记录支付完成的时间]
五、备注
备注信息：[任何关于此订单的额外信息或注意事项]
六、操作记录
操作时间：[每次订单状态更改或进行其他操作时的时间戳]
操作人员：[执行操作的员工姓名或编号]
操作内容：[对订单进行的操作描述，如"订单已发货""订单已完成"等]
```

图 7-1 某电商企业管理表单示例

电商企业管理表单的作用如下：数据收集与整理；提高工作效率；业务监控与决策支持；规范业务流程；提升客户体验。

> **操作练习**
>
> 请思考在设计某电商企业的电商运营计划表时，需要考虑哪些因素。

2. 管理表单设计的考虑因素

（1）目标与需求。明确表单的设计目的和所需收集的信息。例如，表单可能用于收集客户信息、订单详情、支付信息等。明确目标有助于确定表单的结构和内容。

（2）合适的表单类型。根据需求选择合适的表单类型，如调查问卷、注册表单、订单表单等。每种表单类型都有其特定的结构和填写要求。

（3）简明的布局设计。表单的布局应简洁明了，方便使用者填写。避免使用过多的字段和复杂的布局，以减少使用者的填写难度和错误率。

（4）清晰的标签提示。为表单的每个字段提供清晰、明确的标签，方便使用者了解需要填写的内容。同时，提供必要的提示和说明，帮助使用者正确填写表单。

（5）关注使用者体验和易用性。设计表单应提升使用者体验，且方便易用。例如，使用下拉列表、单选框等控件来简化填写过程；为必填字段添加星号标记，以提醒使用者必须填写；提供实时验证功能，以确保使用者填写的信息准确无误。

> **操作练习**
>
> 假定我们需要对一家电商企业某周的访客数、浏览量、转化率和销售金额做数据分析和业务管理，请设计一张电商运营周数据分析表。

3. 管理表单设计的具体步骤

（1）明确表单目的和字段。明确表单的目的和所需收集的信息，如客户信息、订单详情、员工考勤等。根据目的列出所有必要的字段，确保每一个字段都是实现表单目的所必需的。

（2）设计表单结构。划分表单的各个部分，如基本信息、联系方式、附加信息等，使得表单结构清晰。对于较长的表单，可以考虑使用分页或折叠面板的设计，以提高使用者体验。

（3）选择合适的表单控件。根据字段类型选择合适的表单控件，如文本框、单选框、多选框、下拉列表等。确保控件与字段的匹配性，如数值字段应使用带有数字验证功能的控件。

（4）设置表单验证规则。为每个字段设置验证规则，确保用户输入的数据符合要求。包括必填项验证、格式验证（如邮箱格式、电话号码格式）等。

（5）优化使用者体验。设计简洁明了的表单布局，避免过多的视觉干扰。提供明确的提示信息，指导使用者如何填写表单。对于复杂的表单，可以考虑提供分步向导或示例，帮助使用者理解填写流程。

（6）表单测试与迭代。在表单设计完成后，对表单进行充分的测试，确保其功能和性能符合预期。根据使用者反馈和测试结果，对表单进行迭代和优化，以提高其可用性和使用者满意度。

如果把表单定义为优化企业内部管理的管理型表单，如将表单范畴延展到与企业用户联结，可以再加入"表单提交和处理逻辑""数据安全和隐私保护"等内容。

（1）表单提交和处理逻辑。确定表单提交后的处理流程，如数据保存、验证结果反馈等。设计合理的表单提交按钮，确保使用者能够轻松触发提交动作。

（2）数据安全和隐私保护。在表单设计中考虑数据安全和隐私保护，如使用加密技术保护使用者数据。遵守相关法律法规，确保使用者数据的合法使用。

遵循以上步骤，电子商务企业可以设计出既实用又高效的管理表单，以满足其日常运营和管理的需求。

> **操作练习**
>
> 假设你是一家淘宝店的店主，请设计一张淘宝店铺日常运营日报表。

4. 表单验证常见规则

为确保使用者输入的信息数据准确、完整且符合规范，表单内容的填写往往需要设立一些验证规则。

（1）必填项验证。对于表单中必须填写的字段，设置必填项验证。当使用者未填写这些字段时，表单提示使用者进行填写。

（2）格式验证。比如邮箱格式验证，确保使用者输入的邮箱地址符合标准的邮箱格式；电话号码格式验证，验证使用者输入的电话号码是否符合规定的格式；日期格式验证，对于需要输入日期的字段，应验证使用者输入的日期是否符合指定的格式。

（3）唯一性验证。对于需要保证唯一性的字段（如用户名、邮箱等），需要进行唯一性验证，以确保没有重复的数据。

（4）类型验证。数字类型验证，确保使用者输入的是合规的数字，包括整数、小数等。

（5）范围验证。对于某些数值字段，可能需要设置其取值范围，确保使用者输入的值在合理范围内。

（6）逻辑验证。确保表单中各字段之间的逻辑关系正确，如某些字段的值依赖于其他字段的选择。

在设置这些验证规则时，需要考虑使用者体验和友好性。例如，当验证失败时，提供清晰明了的错误提示，以帮助使用者快速定位和修正问题。同时，对于复杂的表单或验证规则，可以考虑提供分步向导或示例，以引导使用者正确填写表单。具体的验证规则应根据企业的实际需求和业务场景进行定制。在设计表单时，应充分考虑用户的使用习惯和体验，以确保表单的易用性和有效性。

> **操作练习**
> 针对前一步设计的表单，设置表单验证规则。

三、实操思考

1. 闯关考验

（1）理解管理表单的目的，并梳理其在某个特定应用场景应包含的具体内容。

（2）针对一个特定场景，使用 Excel 设计管理表单。

2. 课外修炼

（1）寻找一份你觉得优秀的管理表单，并阐述你的理由。

（2）结合个人学习需求，设计一份专属的学习管理表单。

四、实操报告

在本实操结束时，填写配套资源中"我的报告"，上交指导教师，可另增附页。

工具实操二　知识产权风险自查——以跨境电商店铺为例

一、实操目的

1. 理解跨境电商店铺常见的知识产权纠纷。
2. 掌握知识产权纠纷的种类。

3. 了解跨境电商店铺如何进行知识产权风险排查。

二、实操内容

跨境电商店铺在实际经营过程中，如遭遇知识产权侵权投诉，会带来账户冻结、链接下架、店铺关闭等一系列后果，严重影响店铺的正常经营。

为避免类似情况的发生，跨境电商店铺的管理人员、法务人员有必要定期排查自身店铺的知识产权风险，具体步骤如下：

1. 排查店铺基本信息

（1）店铺商标。排查商标侵权风险具体包括三个部分：

1）排查商标注册情况。店铺中使用的商标是否在目标国家或地区完成商标注册。

2）排查商标使用情况。店铺中使用的商标是否按照批准注册的样式、在注册的类别范围内规范使用。

3）排查商标管理情况。已注册的商标是否存在未及时续展、被他人无效的风险。

（2）店铺的说明文字与品牌口号。排查版权侵权风险。重点排查店铺中使用的说明文字与品牌口号是否盗用了他人的内容，尤其是是否盗用了知名品牌的内容。

2. 排查产品的侵权风险

（1）排查产品外观侵权风险。通过世界知识产权组织（World Intellectual Property Organization，WIPO）官网提前检索目标销售国家或地区的外观专利，如果没有与产品相关的专利，则外观专利侵权风险较小；如果存在与产品相关的专利，则外观专利侵权风险较大，需要考虑对产品外观进行规避设计。

> **小贴士**
>
> WIPO：世界知识产权组织（World Intellectual Property Organization，WIPO）是联合国保护知识产权的一个专门机构，根据《成立世界知识产权组织公约》而设立。该公约于1967年7月14日在瑞典首都斯德哥尔摩签订，于1970年4月26日生效。我国于1980年6月3日加入了WIPO。该组织总部设在日内瓦。

需要注意的是，判断产品是否侵犯外观设计专利是采用"整体观察、综合判断"的原则，属于专业法律判断的范畴，如有必要需请专业人员评判。

（2）排查专利侵权风险。为了避免未来可能发生的平台投诉和展会投诉，应提前做好专利实施风险排查，避免产品所使用的技术方案侵犯了他人的专利权。

> **小贴士**
>
> FTO：专利的自由实施（Freedom to Operate）是指技术实施人在不侵犯他人专利权的情况下自由实施。在当今国内环境下，FTO可以更准确地理解为专利侵权风险排查。

（3）排查版权侵权风险。产品表面所使用的图案是否存在侵权行为。例如，销售的服装产品上应避免使用他人具有版权的图片作品，或者仅使用经过合法授权的图片作品。

3. 排查产品包装的侵权风险

（1）排查产品包装上使用的商标。排查包装上是否存在商标侵权。例如，产品包装上是否未经授权而使用了他人的商标。如有此类违规行为，不仅可能构成制假售假的违法行为，甚至触犯当地刑法。

（2）排查产品包装上使用的图案。排查产品包装是否使用了未经他人授权的图片作品。

4. 排查销售页面的侵权风险

（1）排查文字资料。排查销售页面所使用的文案、海报、产品说明等文字资料是否存在使用他人具有版权的作品的情况，这类情况不仅包含内容本身，还包含字体等载体形式是否获得合法授权。

（2）排查推广图片。排查销售页面的图案是否使用了他人具有版权的图片作品，需使用经过合法授权的图片作品。

（3）排查推广音频与视频。排查推广的音频与视频是否获得合法授权，建议自行制作推广音频与视频或利用 AI 合规生成。

> **操作练习**
> 请选择一家跨境电商店铺，结合上述内容，做一次知识产权风险排查并做好记录。

三、实操思考

1. 闯关考验

（1）请思考并总结跨境电商企业知识产权方面所面临的主要风险。

（2）请设计一份针对跨境电商店铺知识产权风险情况的排查表。

2. 课外修炼

（1）请思考国内与国外电商店铺在知识产权排查方面的区别。

（2）请选取一家国内电商店铺，尝试对其进行知识产权风险排查。

四、实操报告

在本实操结束时，填写配套资源中"我的报告"，上交指导教师，可另增附页。

项目八　初探电子商务创新与创业

工具实操一　专利查新

一、实操目的

1. 理解专利查新的意义。

2. 掌握专利查新的方法。

二、实操内容

专利查新是指对专利的新颖性进行检索,即鉴别自己的发明创造是否新颖。《中华人民共和国专利法》第二十二条规定,授予专利权的发明和实用新型,应当具备新颖性、创造性和实用性。

1. 拟定检索词

根据技术方案即交底书,提炼技术方案的技术领域、拟解决的技术问题,在该技术领域及技术特征基础上确定方案的核心创新点。对核心创新点进行提炼,获得检索词。

检索词的提炼准则是选择有实质意义、概念明晰且在方案中表示核心含义的词汇,包含同义词、相关词、上位词、下位词等。

2. 编制检索式

检索式是检索过程中用来表达用户检索提问的逻辑表达式,由检索词和各种逻辑算符按照特定检索系统的语法规则组合在一起。常用组合有逻辑与、逻辑或和逻辑非,如图8-1至图8-3所示。

(1)逻辑与(逻辑乘)。

使用:"and"或"*",例如:太阳能 and 有机薄膜。

(2)逻辑或(逻辑加)。

使用:"or"或"+",例如:太阳能 or 光伏。

(3)逻辑非(逻辑减)。

使用:"not"或"-",例如:太阳能 not 风能。

图 8-1 逻辑与示例

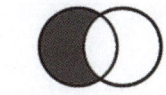
图 8-2 逻辑或示例

图 8-3 逻辑非示例

在检索策略中,主要分扩检和缩检。扩检是指降低专指度,可以使用"or"连接、截词,以扩大检索范围;缩检是指提高专指度,可以使用"and""not"连接、限制检索字段、年代、语种等,以缩小检索范围。

3. 选择检索系统

根据需要选择合适的检索系统进行专利检索,以下仅列举部分系统。

(1)专利信息服务平台。

网址:http://search.cnipr.com

简介:该系统由知识产权出版社开发,支持中国专利全文、失效及运营信息等专业检索,用户可以定义私有的专利库,实时监控最新的专利变化,针对英文专利,特别开发了机器翻译模块,能对检索到的英文专利进行即时翻译。专利信息服务平台首页如图8-4所示。

(2)专利数据搜索引擎 SooPAT。

网址:http://www.soopat.com

简介：SooPAT 本身并不提供数据，而是将所有互联网上免费的专利数据库进行链接、整合，并加以人性化的调整，使之更加符合人们的一般检索习惯。SooPAT 的专利分析功能，可以对专利申请人、申请量、专利号分布等进行分析，用专利图表表示，而且速度较快。SooPAT 搜索引擎首页如图 8-5 所示。

图 8-4　专利信息服务平台网站首页

图 8-5　SooPAT 搜索引擎首页

（3）incoPat。

网址：http://www.incopat.com

简介：incoPat 提供了国外专利的中文标题和翻译，支持用中英文检索和浏览全球专利，多语言版本的信息还有助于提高检索的查全率，避免遗漏重要信息。incoPat 整合了 40 余种常用的专利分析模板，可以快速对专利法律状态、技术发展趋势、竞争对手技术倾向、外国企业在华专利布局等项目进行分析。incoPat 网站首页如图 8-6 所示。

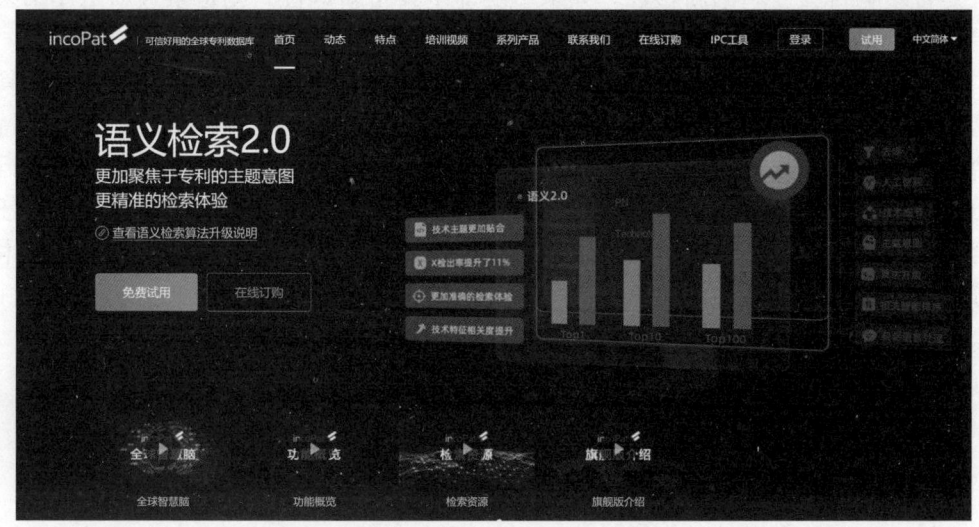

图 8-6　incoPat 网站首页

（4）中国知网。

网址：http://www.cnki.net

简介：与其他的专利数据库相比，每条专利的知网节集成了与该专利相关的最新文献、科技成果、标准等信息，可以完整地展现该专利产生的背景、最新发展动态、相关领域的发展趋势，可以浏览发明人与发明机构更多的论述以及在各种出版物上发表的文献。中国知网网站首页如图 8-7 所示。

图 8-7　中国知网网站首页

4. 具体检索

（1）"缩检"，以最快的速度确定该技术方案的必要技术特征是否具有新颖性。如果检索到目标文件，那么将目标文件与交底书中技术特征进行对比分析，确定目标文件是否影响自己专利的新颖性。如果影响即不具备新颖性，则检索查新工作结束。如果未检索到目标文件，则进行下一步。

（2）"扩检"，通过扩检方式，检索最接近的现有技术，来评价交底书是否具有创造性。具体扩检时，逐个、依次减去技术特征直至检索到具有和交底书中技术特征重合度最高的目标文件，以此为最接近的现有技术，将其与交底书中技术特征进行对比分析，确定交底书中技术方案的区别技术特征有哪些。再以这些区别技术特征任意组合继续进行扩检，直至检索发现这些区别技术特征任意组合后，得到的现有技术大部分也还是重复的，检索结束。

三、实操思考

1. 闯关考验

（1）检索并学习专利交底书的具体内容和写法。
（2）尝试检索一项技术，并梳理检索过程和结论。

2. 课外修炼

（1）搜寻电子商务领域专利并分析其特征。
（2）查阅并梳理专利的类型与申请流程。

四、实操报告

在本实操结束时，填写配套资源中"我的报告"，上交指导教师，可另增附页。

工具实操二　小微企业的注册流程

一、实操目的

1. 理解什么是小微企业及其申请条件。
2. 掌握小微企业的注册流程。

二、实操内容

"小微企业"的定义并无严格界定，《中小企业划型标准规定》根据企业的从业人员、营业收入、资产总额等指标，将中小企业划分为中型、小型、微型三种类型，小微企业是指其中的小型企业和微型企业。

1. 注册前主要准备工作

（1）投资者（股东）资格：确保投资者（股东）符合条件，并提供其身份证及复印件。

（2）企业注册地址：确定企业注册地址，并提供相应的房产证或租赁协议作为证明。

（3）注册资金：采用认缴制，确定企业的注册资金额度。

（4）企业名称：准备 3~5 个企业名称选项，以应对可能存在的重名情况。

（5）股东出资比例：在多股东情况下，明确各股东的出资比例分配。

（6）企业经营范围：确定企业的经营范围，可参考国家统计局发布的《国民经济行业分类》（GB/T 4754—2017）进行分类。

（7）企业章程：根据企业实际情况，编制详细的企业章程。

2. 注册流程

（1）核名。在注册企业时，首先需要将拟定的企业名称上报给工商行政管理局进行核查，以确保没有重名的企业存在。核名通过后，方可继续下一步的注册流程。

（2）提交申请材料。申请材料的提交方式分为线上和线下两种。线上提交是指将所有的材料拍照或扫描后，在相关网站上进行提交；线下提交则是带着相关材料直接到工商行政管理局进行提交。

（3）审核通过并领证。申请材料审核通过后，需携带当时准予设立登记的通知书和本人身份证到工商行政管理局领取企业营业执照。

（4）刻章备案。拿到营业执照后，需携带营业执照副本原件和复印件、法人（负责人）身份证复印件、经办人身份证原件及复印件各一份，对于分支企业，还需提供上级单位出具的刻章介绍信和上级单位营业执照副本复印件一份，到指定的部门进行公章刻制和备案。刻章完成后，由法人或代领人携带由法人亲自签字的刻章委托书进行领取。

（5）企业银行开户。在营业执照和公章成功办理后，可携带企业营业执照正本、副本、企业章程、法定代表人身份证原件及复印件、合伙人或股东身份证复印件、经办人身份证原件及复印件、五章（公章、财务章、法人章、合同专用章、发票专用章）以及当地银行要求提供的其他材料，前往银行进行企业银行开户。

（6）企业税务报到。在成功办理营业执照和公章后，需要到地方国税局进行税务报到。完成税务报到后，需携带银行开户许可证、营业执照副本原件和复印件、公章、财务章、法人章，及时与税务局签订三方协议，并与银行基本户开户行签订三方协议，最后递交税务局。成功后即可实现电子化缴税。

完整的企业注册时间大约需要一个月，各地方的注册流程可能有些许不同。因此，在注册前，建议仔细查询各地的工商注册信息，以确保成功注册。

三、实操思考

1. 闯关考验

（1）检索并学习本地小微企业注册流程，尝试绘制流程图。

（2）尝试为自己设想的企业起名并检索是否重名。

2. 课外修炼

（1）查阅国家统计局发布的《国民经济行业分类》（GB/T 4754—2017），尝试对自己假设的企业做经营范围描述。

（2）查阅并学习企业章程的写法和股东出资比例分配的常见方式。

四、实操报告

在本实操结束时，填写配套资源中"我的报告"，上交指导教师，可另增附页。